Ricardo García Cárcel

ORÍGENES DE LA INQUISICIÓN ESPAÑOLA

EL TRIBUNAL DE VALENCIA, 1478-1530

Prólogo de Henry Kamen

ediciones península ®

*A la memoria de mi maestro,
Juan Reglà Campistol.*

Cubierta de Jordi Fornas.

Primera edición: octubre de 1976.
© Ricardo García Cárcel, 1976.
Propiedad y realización de esta edición (incluyendo el diseño de la cubierta): Edicions 62 s|a., Provenza 278, Barcelona-8.

Impreso en Rigsa, Estruc 5, Barcelona.
Depósito legal: B. 33.455 - 1976.
ISBN: 84-297-1212-7.

Prólogo

Mucho antes de la supresión de la Inquisición en 1834, ya se estaba haciendo imposible escribir su historia. En numerosas ciudades españolas las multitudes saquearon los palacios del tribunal, y desparramaron y destruyeron sus documentos y archivos. Llorente se halló en la posición privilegiada de poder echar mano a algunos papeles importantes, que trajo consigo a Francia donde los utilizó al escribir su *Historia crítica*. Algunos de los documentos originales empleados por Lea en su *Historia* fueron hallados en las calles de Barcelona por un amigo suyo. Casi la totalidad de la documentación sobre el tribunal de Las Palmas desapareció; sólo quedaba una sección que apareció en el siglo XIX en el archivo de un noble escocés.

Un resultado de tales accidentes ha sido que nuestro conocimiento de la mayoría de los tribunales del Santo Oficio en España es fragmentario. La obra maestra de Henry Charles Lea, que se basa fundamentalmente sobre los papeles de los tribunales de Castilla, deja en oscuridad muchos aspectos de lo que ocurrió en otras regiones de la península. En particular los tribunales de la Corona de Aragón han esperado desde hace mucho tiempo una investigación detallada sobre sus primeros años. Se conocen bastante bien las circunstancias de la introducción de la Inquisición en Zaragoza, a causa del papel muy importante de los conversos judíos en la sociedad aragonesa; y, sobre todo, del asesinato del inquisidor Pedro Arbúe. De los principios del Santo Oficio en Barcelona sabemos mucho menos. El tribunal de Valencia es el peor conocido de los tres, y casi no ha sido estudiado.

El problema valenciano era, no obstante, único en España. En Valencia más de una tercera parte de la población, una proporción sin precedente en la península, era de origen semítico. La mayoría eran moriscos, de cristiandad tan dudosa que seguían siendo un problema constante para la Inquisición hasta su expulsión en 1609 y también muchos años después. Una pequeña minoría eran judíos de origen, enemigos intractables del Santo Oficio. De esta minoría, como ya sabemos, vino uno de los hijos más ilustres de Valencia, el humanista Juan Luis Vives, cuyo padre, madre y familia sufrieron enormemente a manos de la Inquisición. Está claro que la Inquisición tuvo un papel decisivo en la historia de Valencia. Siguiendo las cifras de Lea, podemos concluir que el tribunal de Valencia fue uno de los más severos y crueles de la península. Los totales más grandes de víctimas fueron registrados por los tribunales de Sevilla y de Toledo. Tras ellos, el mayor número de víctimas lo tuvo el tribunal de Valencia tanto en su población judía como en la morisca.

El reino de Valencia fue tan opuesto a la introducción de la Inquisición como los demás reinos de la Corona de Aragón. En la primavera de 1484 los cuatro brazos de las Cortes de Valencia denunciaron el nuevo tribunal como una violación de los fueros. Fernando el Católico encontró una oposición determinada en todos los oficiales públicos de Valencia. Parece sin duda que la severidad de la Inquisición fue una de las causas principales. Para el año 1488 ya se habían reconciliado unas 983 personas, y «no menos de un centenar de mujeres son calificadas como esposas o hijas de hombres que habían sido quemados» (Lea, *History*, I, 242), lo que sugiere una cifra de relajaciones un poco más alta que las estimaciones incompletas en la documentación.

A pesar de las investigaciones de tantos historiadores, sabemos muy poco de los primeros años de la nueva Inquisición de Valencia. El presente estudio del doctor Ricardo García Cárcel es por lo tanto un acontecimiento de gran importancia. Dondequiera que la Inquisición aparecía, agravaba las tensiones sociales y políticas. En Valencia provocó no sólo la inevitable lucha de los valencianos por los fueros, sino que también amargó la cuestión racial. Cualquier estudio sobre la Inquisición debe en estas circunstancias ofrecernos una excelente oportunidad de analizar la estructura política y social de la sociedad sobre la cual se impuso el tribunal. Es el gran mérito del libro del doctor García Cárcel: haber explotado esta oportunidad. Él ha escrito el primer estudio científico de uno de los momentos más decisivos de la historia del país valenciano. Su presentación es un modelo de los métodos de la moderna erudición histórica, y establece un nivel para cualquier futura investigación sobre la actividad de la Inquisición en España. Con esta obra, junto con su reciente estudio sobre *Las Germanías de Valencia*, Ricardo García Cárcel se ha puesto entre los más destacados de la nueva generación de historiadores del siglo XVI español.

HENRY KAMEN

Preámbulo

La Inquisición valenciana, tan incomprensible como inmerecidamente, ha suscitado un interés muy precario por parte de la historiografía, tan abundante en el análisis de otros tribunales inquisitoriales. Tan sólo merecen destacarse un trabajo monográfico de Ferrán Salvador sobre la Inquisición valenciana medieval, dos artículos —mimético uno del otro— del padre B. Llorca sobre los orígenes de la Inquisición, el sólido estudio de J. M. Palacio y M. de la Pinta Llorente sobre la familia judía de Luis Vives y las aportaciones más recientes de J. Ventura sobre algunos aspectos concretos (salarios y el proceso de Alcanyç) y M. Ardit —un recorrido superficial a lo largo de toda la historia de la Inquisición valenciana del siglo XV al XIX. Todos ellos tienen un valor esencialmente antológico-ilustrativo sobre la mecánica de la Inquisición, radicando su principal atractivo en la transcripción parcial de determinados procesos.

Subrayar el interés del estudio de la Inquisición valenciana resulta innecesario. Ha de tenerse presente que el tribunal valenciano era el que abarcaba mayor marco geográfico, el de jurisdicción más extensa de toda la Corona de Aragón (todo el antiguo Reino de Valencia con la inclusión de las diócesis de Teruel y Tortosa). El período cronológico (1478-1530) que estudia este libro corresponde al *take-off* de la máquina inquisitorial que condicionaría en gran manera la futura trayectoria de la Inquisición y de la propia sociedad valenciana. La ausencia del fenómeno de la «limpieza de sangre» en la Valencia del siglo XVI, el peculiar *status* morisco valenciano, la revuelta agermanada... pueden explicarse mejor en el contexto creado por la presencia de la Inquisición en estos años.

La documentación utilizada procede de los Archivos

Histórico Nacional de la Corona de Aragón y del Reino y Municipal de Valencia.

Los objetivos metodológicos que hemos perseguido se pueden resumir en una triple matización distintiva:

1. Diferenciación de la Inquisición como entidad-institución de su protagonismo humano, lo que nos ha conducido a la precisión de los integrantes de la plantilla profesional de la Inquisición a lo largo del tiempo, analizando la actuación específica de los diversos inquisidores y matizando las fluctuaciones de la represividad.

2. Deslinde conceptual de la Inquisición en su doble componente: empresarial y soteriológico. De una parte, la Inquisición como empresa nacionalizada paraestatal: con sus ingresos y gastos; de otra, la Inquisición como entidad definidora del sistema de valores a exigir, encargada de fijar las fronteras de la ortodoxia, pero ambas concepciones en plena interrelación. Es evidente que la empresa-Inquisición con su singular trayectoria de peripecias (salarios sin pagar, irregularidad de los ingresos...) determinadas en parte por su tara estructural de origen (la agotabilidad del producto-hereje), más rica o más pobre, fue siempre rentable al disponer del sustancioso monopolio del mercado de las ideologías. Si el Estado, para Lane, es una institución especializada en el control y la organización de la violencia, en función de lo cual emite un servicio fundamental: la protección, la Inquisición sería el instrumento paraestatal que incrementaría la rentabilidad de esa protección al garantizar la inmunidad del sistema de valores institucionalizado.

Pero, por otra parte, parece evidente que las ofensivas ideológicas de la Inquisición estuvieron notoriamente condicionadas por la coyuntura empresarial. ¿Hasta qué punto, por ejemplo, la agresividad contra los moriscos tras las Germanías fue propiciada por la crisis del sistema censalista, sistema en cuyo protagonismo beneficiario figuraba la Inquisición frente a la gran base paciente de los deudores, entre los que se encontraba gran número de moriscos?

3. Diferenciación cualitativa de los procesados entre sí mediante la previa identificación nominal, genealógica, socio-económica y penal de los mismos. No todos fueron víctimas en el mismo grado puesto que la represión nunca fue indiscriminada, sino que siguió unas pautas bien concretas que intentaremos delinear.

El libro lo hemos dividido en tres partes: la trayectoria evolutiva de la Inquisición con sus sucesivos protagonistas, que nos permite describir las tensiones y difíciles relaciones entre la monarquía, el Papado y la sociedad valenciana con la terrible lucha de los correspondientes intereses en tres frentes: el canónico —la dialéctica de las bulas pontificias—; el foral —la dialéctica de las Cortes— y el político —la dialéctica de los sobornos—; el análisis de la Institución como empresa, precisando la composición de su burocracia dirigente, así como la sociología de su base paciente: los procesados, y registrando en detalle la mecánica económica inquisitorial a través del balance de sus ingresos y gastos; y, por último, el estudio de la Inquisición como definidora y garantizadora del sistema de valores institucionalizado, con el examen de sus procedimientos y de su órbita jurisdiccional, y la incidencia de la Inquisición en el complejo mundo de la cultura.

En el capítulo final de agradecimientos he de citar la muy valiosa ayuda prestada en algunos apartados por amigos como Ángel Antón Andrés, Sebastián García Martínez, Gonzalo Zaragoza, la constante y siempre generosa guía directriz de Luis García Ballester, promotor de mi dedicación a este apasionante tema, y la ayuda infatigable de mi mujer, inseparable compañera de tantas horas de trabajo.

Introducción historiográfica

La Inquisición es un tema con indudable garra publicística, tanta que la bibliografía sobre la Inquisición que publicó Van der Vekene en 1963 comprende un total de 1.950 títulos.[1] Me atrevería a decir que ningún otro tema ha merecido mayor atención. No siendo la Inquisición exclusiva de España, ha sido la Inquisición española la que ha acaparado el interés historiográfico, hasta el punto de ser el primer filón de nuestra historia colonizado por la historiografía foránea, ya desde el siglo XVI. Escribir sobre la Inquisición ha constituido —y sigue constituyendo— para los historiadores una inefable plataforma de exhibición ideológica donde se han retratado conservadores y liberales, los que, parafraseando al Brocens, «han tenido captivado el entendimiento a la obediencia de la fe» y los que han despreciado toda atadura.

La historiografía de la Inquisición ha vivido y tomado partido por una de las opciones que planteaba con su rotundidad característica Menéndez Pelayo: «Nunca el criterio de imparcialidad puede aplicarse a una historia de doctrina y libros, en que la crítica ha de decidirse necesariamente por el bien o el mal, por la luz o las tinieblas, someterse a un principio y juzgar con arreglo a él cada uno de los casos particulares. Y entonces el escritor pierde imparcialidad y entra forzosamente en uno de los términos del dilema: o juzgar con el criterio que llamo heterodoxo... o humilla (¡bendita humillación!) su cabeza al yugo de la verdad católica...»[2]

El compromiso definitorio que ha llevado implícito

1. VAN DER VEKENE: *Bibliographie der Inquisition*, Hildesheim, 1963.
2. MENÉNDEZ PELAYO, M.: *La conciencia española*, Madrid 1848, 120.

el acercamiento al tema Inquisición, sin duda, ha provenido de los mil condicionamientos coactivos religioso-nacionales, ideológicos, en definitiva, en el sentido más ortodoxo del término.

Un recorrido por la historiografía sobre la Inquisición a lo largo del tiempo nos aporta un relativismo óptico que, sin duda, constituye un sano ejercicio epistemológico antes de introducirnos directamente en el estudio concreto de los comienzos de la Inquisición valenciana.

Ya desde sus inicios, la Inquisición dividió la historiografía separando y diferenciando la historiografía española y la europea.

La publicística española en el siglo XVI sobre el tema inquisitorial podría dividirse en tres bloques: el aséptico mundo de los tratadistas, la apología justificativa con neta beligerancia antijudía y la crítica, forzosamente tímida, disfrazada y llena de eufemismos.

La Inquisición generó una amplia gama de obras jurídicas, de tratados tan rigurosos como asépticos, entre los que destacan los de Comensis y Teodoro de Beza aplicados a la Inquisición genéricamente, de Villadiego y Pablo García relativos a Castilla y los de Aguilar, Basin y Albert referentes a la Corona de Aragón. Las directrices que presiden estos tratados son, ante todo, de recopilación informativa sobre diferentes aspectos inquisitoriales, especialmente la mecánica procesal. Todos ellos —especialmente el de Albert— aglutinan el viejo *Manual de Inquisidores* de Eymeric con las Constituciones de Torquemada.[3]

Mención aparte merece la obra de Páramo sobre los orígenes de la Inquisición que, con sus muchos errores de detalle, constituye un evidente esfuerzo erudito de acu-

3. COMENSIS, R.: *Maleus hereticorum*, Venecia, 1543; BEZA, T.: *Libellus de haereticis a civili magistratu*, Ginebra, 1554; VILLADIEGO, G.: *Ad illustrissimam reginam hispanie tractatus contra haereticam pravitatem*, Salamanca, 1496; GARCÍA, P.: *Orden de processar en el Santo Oficio*, Madrid, 1568; AGUILAR, A.: *Sermo quando fuerunt traditi brachio seculari sicarii sacrilegi magistri Pedro de Arbues de Epila*, Burgos, 1498; BASIN, B.: *Tractatus exquisitisimus de magicis artibus et magorum maleficiis*, París, 1483; ALBERT, M.: *Repertorium haereticae pravitatis*, Valencia, 1494.

mulación informativa con una clara intencionalidad: justificar la Inquisición demostrando la antigüedad de sus precedentes. El tiempo como razón de ser.[4]

Paralelamente al frío latín de los tratados jurídicos, la Inquisición segregó una estela de justificaciones y alegaciones apologéticas, justificaciones que si en los primeros años del siglo XVI revelaron un cierto afán comprensivo, con la Contrarreforma adquieren connotaciones de beligerancia casi feroz.

En el primer apartado pueden incluirse todos los cronistas de los Reyes Católicos, de entre los que destaca Bernáldez, por su animosidad antijudía, con la excepción de Pulgar que manifiesta claramente su condición de converso.[5]

Desde la publicación en 1525, por segunda vez, de la obra del converso Alonso de Espina: *Fortalitium fidei* (escrita en 1458), concreción de toda una amplia literatura antijudía, de entre la que habría que destacar las obras de Pablo de Santa María, Jerónimo de Santa Fe, Pablo Heredia, Juan López de Salamanca, Pedro de la Caballería o Alfonso Cámara, se radicaliza la estrategia defensiva de la Inquisición.[6]

Si los cronistas de Carlos I guardan un silencio significativo sobre el tema Inquisición y los cronistas de la Corona de Aragón —Zurita, especialmente— reducen al mínimo sus juicios de valor, el *Compendio historial de*

4. PÁRAMO, L.: *De origine et progressu Officii Sanctae Inquisitionis*, Madrid, 1598.
5. BERNÁLDEZ, A.: *Historia de los Reyes Católicos don Ferrando y doña Isabel*, Sevilla, 1869; y PULGAR, F. del: *Crónica de los Reyes Católicos*, Madrid, 1943. Vid. el artículo de CONTRERA, F.: *Fernando del Pulgar y los conversos*, «Sefarad», IV (1944), 295-348.
6. ESPINA, A. de: *Fortalitium Fidei*, Ludguni, 1525; SANTA MARÍA, P. de: *Scrutinium Scripturarum*, Burgos, 1591 (la obra había sido escrita en 1432); Jerónimo Santa Fe escribió: *Hebraeomastix*; Pedro de la Caballería fue el autor de: *Zelus Christi contra Judaeos*; Lope de Salamanca, *Controversiae contra iudeos*; Pablo Heredia, *De misteriis Fidei*; y Alfonso Espina, *De Doctrina christiana*. Vid. KAMEN, H.: *La Inquisición española*, Madrid, 1973, 24-43; y LÓPEZ MARTÍNEZ, N.: *Los judaizantes castellanos y la Inquisición en tiempos de Isabel la Católica*, Burgos, 1954, 83-85.

España de Garibay y, sobre todo, la *Historia pontifical* de Gonzalo de Illescas (publicada en 1.ª edición en 1565) se despacharon a gusto contra las herejías, defendiendo ardientemente la labor de la Inquisición. Illescas llega a llamar a Lutero «el jabalí de la selva, la fiera bestia singular».[7]

Pero mucho más que la historiografía, que adoptó ciertas reservas respecto a su instrumentalización ideológica, fue la literatura la que se lanzó a una campaña tan apologética de la Inquisición como denigradora para todo lo que no se ajustara a la ortodoxia ideológico-racial-religiosa de los cristianos viejos. La literatura antisemítica que ha estudiado Glaser y el reaccionarismo ideológico del teatro del Siglo de Oro, como ha demostrado Maravall, pueden servir de fiel exponente.[8]

El tercer bloque que destacábamos en la publicística del siglo XVI era la crítica, quizás excesivamente minimizada por Kamen, siguiendo a Llorca. La historiografía sólo tiene a un representante en esta dirección ideológica: el padre Mariana que, cuando menos, se atreve a resaltar la gravosidad de los procedimientos inquisitoriales («al principio pareció muy pesado a los naturales») y subrayar que «hubo paresceres diferentes», lo que implicaba que la unidad ideológica no era tan monolítica como parecía.[9]

Naturalmente abundan las veladas alusiones a la Inquisición de las víctimas o de simpatizantes suyos. Obvio es decir que hay que leer entre líneas espigando entre las frecuentes abstracciones. Los abundantes y, vistos desde fuera, paradójicos silencios ante la incidencia inquisitorial, como el de Luis Vives, están lejos de ser una muestra

---

7. GARIBAY: *Compendio historial de España*, Barcelona, 1571, t. 2, cap. XXIX; e ILLESCAS, G.: *Historia Pontifical*, Barcelona, 1606, t. 2, libro 6.

8. GLASSER, E.: *Referencias antisemíticas en la literatura peninsular del Siglo de Oro*, «Nueva Revista de Filología Hispánica», 1954, 39-52; MARAVALL, J. A.: *Teatro y literatura en la sociedad barroca*, Madrid, 1972, 65-73.

9. MARIANA, J.: *Historia General de España*, Biblioteca de Autores Españoles, vol. 31, II, Madrid, 1854.

de una especial estatura moral o de alejamiento de las «mezquindades y resentimientos aldeanos» como por parte de algún historiador se ha dicho, sino más bien de un sentimiento nada metafísico, llamado miedo, miedo a una irreversible situación en la que ellos jugaban el papel de sujetos pacientes. La represión no dejaba margen ni al resentimiento por gratuito ni a las lamentaciones por inútiles.

Las alusiones de fray Luis de León, las directas críticas de fray José de Sigüenza o las amargas recomendaciones del arzobispo Carranza en los famosos versos exhumados por Tellechea son significativos.[10]

Son hoy muy odiosas
qualesquiera verdades
y muy peligrosas
las habilidades
y las necedades
se suelen pagar caro.
El necio callando
paresce discreto
y el sabio hablando
verse ha en gran aprieto;
y será el efecto
de su razonar
acaescerle cosa
que aprende a callar.

Conviene hacerse
el hombre ya mudo
y aún entontecerse
el que es más agudo
de tanta calumnia
como hay en hablar.
Solo una pajita
todo un monte aprende;
y toda una palabrita
que un necio no entiende
gran fuego se aprende
y para se apagar
no hay otro remedio
si no es con callar.

La historiografía extranjera, como ya hemos dicho, no siguió las pautas monocordes de la publicística española. La crítica, lógicamente, fue más intensa, fruto de su posibilismo. Esta crítica puede dividirse en dos apartados: la frívola, irónica y distanciada visión que de la Inquisición aportan los viajeros extranjeros que transitaban por España y la hiriente y resentida imagen de los protestantes europeos. En el primer grupo destacan Guicciardini, Dantisco y Navagiero: «Aquí no se permite nom-

10. TELLECHEA IDÍGORAS, J. I.: *El arzobispo Carranza y su tiempo*, Madrid, 1968, y «El proceso del arzobispo Carranza por la Inquisición», *Historia y vida*, 1970, 24-25.

brar a Lutero, porque inmediatamente acude Vulcano y tapa la boca... escribí hace poco que sin salvoconducto del Emperador no tengo seguridad de salir de aquí incólume.»[11]

Del segundo grupo podrían citarse a John Foxe, Guillermo de Orange, Johan Limborch y, sobre todo, Reinaldo González Montano que publicó su obra por primera vez en Heidelberg en 1558 con un título bien expresivo: *Íntegro, amplio y puntual descubrimiento de las bárbaras, sangrientas e inhumanas prácticas de la Inquisición con los protestantes*, con un éxito extraordinario (en 1569 se había editado en cuatro idiomas además del latín).[12] La imaginación describiendo los procedimientos inquisitoriales por parte de este grupo resulta de una morbosidad casi patológica.

El siglo XVII presenta un panorama similar al del siglo anterior, pero con las posiciones mucho más radicalizadas. La afición a la historia eclesiástica fue enorme. 21 crónicas e historias de las diversas Órdenes religiosas, 7 episcopologios, 16 historias de diócesis particulares y 2 colecciones de concilios son bien significativos.[13] Siguen proliferando los tratadistas (obras de fray José de la Encarnación, Farfán de los Godos, Carena, Guazzini) con la típica oscuridad del lenguaje anfibológico.[14] Ar-

11. *Vid.* GARCÍA MERCADAL, J.: *Viajes de extranjeros por España y Portugal*, Madrid, 1952, 608 y ss.; LISKE, J.: *Viajes de extranjeros por España y Portugal en los siglos XV, XVI y XVII*, Madrid, 1879; y FABIÉ, A. M.: *Viajes por España de Serge de Einghen, del Barón León de Romithal de Blatera, de Francisco Giucciardini y Andrés Navagero*, Madrid, 1879.
12. La primera edición se publicó en castellano; la segunda (Heidelberg, 1567), en latín; la tercera (París, 1568), en francés; la cuarta (Londres, 1568), en inglés; la quinta (Heidelberg, 1569), en alemán; y la sexta (Eisleben, 1569), en alemán, igualmente. *Vid.* KAMEN, H.: *Op. cit.*, 304-307.
13. *Diccionario de Historia Eclesiástica de España*. Introducción historiográfica de L. García Villoslada, Madrid, 1972, 6-8.
14. DE LA ENCARNACIÓN, I.: *Respecto a los decretos del Consejo Supremo de la Fe contra los que no le guardan*, Madrid, 1654; FARFÁN DE LOS GODOS, A.: *Discurso en defensa de la Religión católica contra los alumbrados*, Sevilla, 1634; CORONA, C.: *Tractatus de*

güello recopiló las instrucciones del Santo Oficio, editadas por separado con frecuencia a lo largo de los siglos XVI y XVII.[15]

La publicística más hipertrofiada en este siglo es la apologética, en su mayor parte, a caballo de los épicos esfuerzos en justificar la expulsión de los moriscos. La «solución» del problema morisco por la vía de la expulsión generó la estrategia defensiva de toda una generación historiográfica —de la que cabe exceptuar a Pedro de Valencia—[16] obsesionada en razonar la drástica medida, en empeño indisimulado de limpiar la propia mala conciencia. Onofre Ezquerdo, fray Marcos de Guadalajara, Jaime Bleda y Damián Fonseca son bien representativos de esta ideología «bunkeriana» que no admitió ni el más tímido interrogante que cuestionara la liquidación efectuada. A la militancia moriscófoba se aunó el desaforado antisemitismo del célebre fray J. Torrejoncillo con su *Centinela contra iudios puesta en la Torre de la Iglesia de Dios con el trabajo, caudal y desvelo del Padre*, publicado en Madrid en 1674, y la nota lacrimógena de la evocación mitológica del famoso inquisidor asesinado en Aragón: Pedro de Arbúe, con la obra de García de Trasmiera.[17]

---

modo procedendi in causis sancti officii, Cremona, 1636; GUARZINI, S.: *Tractatus ad defensam inquisitorum, carceratorum, reorum et comdemnatorum super quocumque crimine*, Ludguni, 1672.

15. ARGÜELLO, G. I.: *Instrucciones del Santo Oficio de la Inquisición sumariamente, antiguas y nuevas, puestas por abecedario*, Madrid, 1630.

16. VALENCIA, Pedro de: *Tratado acerca de los moriscos*, Madrid, 1605-1606; GUADALAJARA, fray Marcos: *Memorable expulsión y justissimo destierro de los moriscos de España*, Pamplona, 1613; BLEDA, J.: *Defensi fidei in causa neophitorum sive morischorum Regni Valentiae*, Valencia, 1610; FONSECA, M. F. D.: *Justa expulsión de los moricos de España con la instrucción, apostasía y traición de ellos, y respuesta a las dudas que se ofrecieron acerca de esta materia*, Roma, 1612.

17. *Vid.* el comentario a la obra de Torrejoncillo que hizo Loeb en «Revue d'Études Juives», V (1882), 288-289 y VI (1883), 112-118; GARCÍA DE TRASMIERA, D.: *Epítome de la santa vida y relación de la gloriosa muerte del venerable Pedro de Arbúes, inquisidor apostólico de Aragón*, Madrid, 1664.

La radicalización defensiva de la Inquisición anuló prácticamente todo intento de crítica autóctona. Sólo hubo contestación desde el extranjero. En Amberes se editó, con extraordinario éxito, la obra de Beringer (con el seudónimo de J. Ursinus),[18] definida por N. López Martínez como «panfleto que se arrastra entre la baba de la calumnia, que vierte sobre cuanto pueda tener sabor católico».

En conclusión, podemos decir que la historiografía de los siglos XVI y XVII respecto a la Inquisición se caracteriza por la implicación directa en el contexto racial de la limpieza de sangre, tan magníficamente estudiada por Sicroff, y la obsesiva preocupación por los procedimientos y la técnica jurídica empleada por la Inquisición. El resentimiento racial con la pugna entre cristianos viejos y nuevos y la valoración de la praxis inquisitorial, para unos saturada de crueldad y fanatismo, para otros reducida a la normativa social imperante en aquel contexto histórico, determinan las diversas tomas de posición.

El siglo XVIII es el siglo de la eclosión de la crítica hasta entonces mantenida a niveles catacumbarios. Hay que significar que la enorme cantidad de textos alusivos a la Inquisición en el marco de obras de diversa temática contrasta curiosamente con el escaso número de obras dedicadas directa y exclusivamente a la Inquisición. Por ejemplo, ni *La España Sagrada de* Flórez, ni las diversas historias eclesiásticas de los jesuitas expulsados, aluden para nada a la Inquisición.

Los años de este siglo cubren una auténtica batalla dialéctica entre críticos y apologetas, dirimida por primera vez abiertamente y en relativa igualdad de condiciones. Esta batalla puede estructurarse en tres fases. La primera abarcaría la generación de Feijoo, que puede extenderse hasta 1760, en la que pesa más cuantitativa y cualitativamente la literatura apologética con mucha argumentación residual del siglo anterior y un estilo más

---

18. BERINGER, J.: *Hispanicae Inquisitionis et carnificinae secretiora*, Amberes, 1611 (*vid.* LÓPEZ MARTÍNEZ: *Op. cit.*, 45).

discursivo (y tratados más asépticos de fray Calderón de la Barca y Cándido Muñoz y los discursos más apasionados de Bolero y Muñoz y Monge y la Ripa) con los primeros asomos críticos dirigidos, por primera vez, más que a los procedimientos, a su impacto ideológico represivo (textos del propio padre Feijoo).[19]

La segunda cubriría la generación de Campomanes, que podríamos situar hasta 1789, en la que el tema Inquisición se convierte en caballo de batalla fundamental de la pugna cada vez más radicalizada entre ultramontanos y jansenistas.

La crítica a la Inquisición toma más fuerza, atizada en gran parte por la influencia extranjera (abate Mably, Young, Voltaire...). Destaca como más representativa la obra anónima: *El grito de la conciencia contra la fuerza* (Madrid, 1769).[20]

La publicística apologética encontró su mejor exponente en la defensa de la intolerancia que hizo Forner en su *Apología* contra Masson de Movilliers: «Equivocan, pues, vergonzosamente la libertad con el desenfreno los que forman a nuestro gobierno un odioso capítulo porque no nos permite ser deliberantes ni confundir con el verdadero sabor la perversidad de la reflexión. Su filosofía habituada a maldecir de todo, no se halla en estado de considerar que la legislación más perfecta es no la que impone penas a los delitos, sino la que dispone medios para que no los haya.»[21]

La paradójica defensa de la Inquisición de Macanaz publicada en 1788, una defensa, llena de alusiones críticas veladas, hay que insertarla en el contexto de las peripe-

19. CALDERÓN DE LA BARCA, F.: *Tractatum de reis coram Sancto Inquisitionis Officio*, Madrid, 1701; MUÑOZ, C.: *Question theologico-moral acerca del reo de fe convicto, negativo*, Madrid, 1725; BOLERO Y MUÑOZ, J.: *Discurso apologético y defensorio jurídico*, Madrid, 1720.
20. El subtítulo de la obra era: *Memorial de un ministro de España a su Cattólica Magestad sobre la Inquisición*. No se sabe con seguridad qué ministro pudo ser el autor de este panfleto.
21. Vid. MARÍAS, J.: *La España posible en tiempos de Carlos III*, Madrid, 1963, 59-72.

cias biográficas de Macanaz, tan magníficamente estudiadas por C. Martín Gaite.[22]

La tercera etapa está representada por la generación de Jovellanos, subsiguiente a 1789, la generación que recibe el impacto de la Revolución francesa, la generación del pánico de Floridablanca. Sin duda, este período está dominado por la ofensiva jansenista, que tiene como uno de sus objetivos la abolición de la Inquisición. La obra del padre Marchena, la carta del padre Gregoire al inquisidor general Ramón de Arce, textos diversos de Jovellanos, constituyen fervorosos alegatos en defensa de la tolerancia religiosa atacando la Inquisición, alegatos ahogados por el servicio contrarrevolucionario proporcionado por la Inquisición ante el reto de la Revolución francesa, hipotético modelo a seguir.[23]

En conclusión, respecto a la historiografía del siglo XVIII, podemos decir que se olvidó del método inquisitorial para ocuparse de lleno de su función ideológica. Las disputas sobre el tema estarán todas vinculadas al mismo telón de fondo: la lucha por la tolerancia religiosa. De la Inquisición ya no interesan sus más o menos crueles procedimientos, sino la evaluación de su finalidad coactiva, necesaria para unos, funesta para otros.

El siglo XIX puede estructurarse claramente en dos mitades: la primera mitad prolongada hasta 1868 y la segunda cortada en 1898.

En la primera fase, delimitada y caracterizada por el romanticismo liberal que transpiran estos años, progresistas y conservadores se plantearán por enésima vez la razón o sinrazón de la Inquisición. La polémica, continuación, en tonos más violentos, de la dialéctica abierta en el siglo anterior, tuvo su caja de resonancia ideal en las Cortes de 1812.

22. MACANAZ, M.: *Defensa crítica de la Inquisición contra los principales enemigos que han perseguido e persiguen injustamente*, Madrid, 1788; vid. MARTÍN GAITE, C.: *El proceso de Macanaz. Historia de un empapelamiento*, Madrid, 1970.
23. HERR, R.: *España y la revolución del siglo XVIII*, Madrid, 1962, 227-228 y 341-348.

No me interesa aquí recoger las actitudes allí delineadas, sino tan sólo enumerar algunas muestras representativas en la publicística de la época de ambas tendencias.

La interpretación liberal antiinquisitorial en línea más o menos corrosiva está bien representada por la célebre novela de Luis Gutiérrez: *Cornelia Bororquia*,[24] y los escritos de los seudónimos: Ingenuo Tostado y Natanael Jomtob, el opúsculo de A. Bernabeu, obras todas ellas que encuentran en J. A. Llorente el historiador que da soporte documental a sus invectivas antiinquisitoriales.[25]

La obra de Llorente ha sido condenada con los peores malsonantes adjetivos por la historiografía nacional-católica. Menédez Pelayo despachó a Llorente llamándolo «hombre sin conciencia moral», y De la Pinta Llorente le describe así: «Recae en él uno de los mayores pecados de que puede acusarse a un hombre: el de ser desleal y traidor al viejo solar de sus mayores, a su patria nativa, vendiendo el oro macizo de la tradición peninsular por el plato de lentejas que le ofrecieron los doctrinarios y energúmenos de la grey liberal.»[26] Lo que no se puede discutir a Llorente es el respaldo documental que utilizó en su *Historia crítica*, sin duda su mejor libro.[27] Lo más

---

24. Gutiérrez, L.: *Cornelia Bororquia o la víctima de la Inquisición*, París, 1801. Esta novela tuvo un éxito tal que en el transcurso de 30 años se editó siete veces, la última en alemán (París, 1801; París, 1802; París, 1804; Gerona, 1820; Valencia, 1821; Gerona, 1826, y Stuttgart, 1834).

25. Ingenuo Tostado: *Incompatibilidad de la libertad española con el restablecimiento de la Inquisición*, Cádiz, 1811; Puigblanch, A.: (N. Jomtob): *La Inquisición sin máscara. Disertación en que se prueban hasta la evidencia los vicios de este tribunal y la necesidad de que se suprima*, Cádiz, 1811; Bernabeu, A.: *España venturosa por la vida de la Constitución y la muerte de la Inquisición*, Madrid, 1820.

26. De la Pinta Llorente, A.: *Aspectos históricos del sentimiento religioso en España*, Madrid, 1961, 52.

27. Llorente, J. A.: *Historia crítica de la Inquisición de España*, París, 1817. 2 vols. Falta un estudio bibliográfico profundo de Llorente. Es bien evidente el distinto tono que reflejan sus primeras obras publicadas en 1812 en plena euforia liberal de las

reprochable es su imaginación exuberante en las cifras de víctimas y esa obsesión en apostillar con reflexiones ideológicas cada párrafo que escribe. Pero de esto último, la historiografía del otro frente ha pecado en el mismo grado. Sea como sea, lo cierto es que el llorentismo ha empapado la historiografía de los siglos XIX y XX, generando adhesiones múltiples y críticas por doquier.

Las obras de Castillo y Mayona, así como de los extranjeros Hourdon, Prescott, Motley, Gallois, St. Hilaire y Suberwick, transpiran un mimetismo servil de la obra de Llorente.[28]

Naturalmente, la Inquisición tuvo también sus defensores en este contexto romántico. Merecen mención los anónimos: *Discurso histórico-legal sobre el origen, progresos y utilidad del Santo Oficio de la Inquisición en España* y *Vindicación de la Inquisición y relación exacta de su modo de enjuiciar y proceder*, las primeras res-

---

Cortes de Cádiz de entre los que destaca la *Memoria histórica sobre qual ha sido la opinión nacional de España acerca del tribunal de la Inquisición* y la *Historia crítica* escrita en su mayor parte con el inevitable resentimiento del exilio. Apologetas y críticos de Llorente han cometido, a nuestro juicio, el error de separar al historiador de su entorno histórico. Curiosamente, por otra parte, por unos y otros ha sido mucho más utilizada la *Memoria histórica* —más manejable pero, por su contenido monográfico, menos expresiva de la cosmovisión liberal de Llorente—, que además ha sufrido la manipulación descarada de su título que ha oscilado del morboso *Anales secretos de la Inquisición española* (edición realizada durante el período 1931-1936) al aséptico *La Inquisición y los españoles* (Madrid, 1967).

28. CASTILLO Y MAYONA, J.: *El Tribunal de la Inquisición llamada de la Fe o del Santo Oficio. Su origen, prosperidad y justa abolición*, Barcelona, 1835; HOURDAN: *Petite histoire de l'Inquisition d'Espagne d'après Llorente, precedée d'une introduction*, París, 1826; PRESCOTT, G. H.: *Historia del reinado de los Reyes Católicos, D. Fernando y doña Isabel*, Madrid, 1855; MOTLEY, J.: *The Rise of the Dutch Republic*, Londres, 1855; GALLOIS, C.: *Histoire abrégée de l'Inquisition d'Espagne*, París, 1822; SUBERWICK, V.: *Mystères de l'Inquisition et autres societés secrètes d'Espagne*, París, 1845; ROSSEEW ST. HILAIRE: *Memoire sur les juifs et l'Inquisition en Castille et Aragon*, París, 1850.

puestas críticas a la obra de Llorente, de Bernabé José Cabeza, José de San Bartolomé y, sobre todo, J. Clemente Carnicero, y, por último, la obra de Clemencín mitificando a Isabel la Católica,[29] obras todas ellas en evidente conexión con la estrategia defensiva del pensamiento católico conservador europeo, que tan significativamente representa J. de Maistre, autor de las célebres *Cartas a un gentilhombre ruso sobre la Inquisición española*, obra que vino a ser el catecismo del antillorentismo romántico.[30]

La Restauración generó su propia historiografía, una historiografía caracterizada por el esfuerzo erudito de acumulación documental al servicio de una ideología rotundamente conservadora, cuando no reaccionaria. Obvio es decir que el gran adalid de esta posición historiográfica es don Marcelino Menéndez Pelayo. Los *Heterodoxos* es una obra de un genio que con su formidable acopio documental y una ironía, en ocasiones, sarcástica, barría o pretendía barrer los tópicos sentimentales del romanticismo liberal, pero cayendo a la hora de razonar en el insondable pozo de la metafísica. Su justificación de la Inquisición no tiene desperdicio: «El motivo fue el peligro que la pujanza, la riqueza y el número cada vez mayor de judaizantes castellanos, especialmente los andaluces, creaban para la Corona, en los odios populares y, sobre todo, en la voluntad de Fernando e Isabel de suplicar la ayuda de Dios para la empresa de Granada.»[31]

29. *Discurso histórico-legal...*, Valladolid, 1802, *Vindicación...*, Cádiz, 1812; CABEZA, B. J.: *Memoria para la historia de las persecuciones de la Iglesia Católica y sus ministros en España...*, Madrid, 1814; SAN BARTOLOMÉ, J. de: *El duelo de la Inquisición*, Madrid, 1814; CARNICERO, J. C.: *La Inquisición justamente restablecida o impugnación de la obra de Llorente*, Madrid, 1816; CLEMENCÍN, D.: *Elogio de la reina Católica doña Isabel*, Madrid, 1820.

30. Esta obra se publicó por primera vez en París en 1822, un año después de la muerte de su autor. Su éxito sólo es comparable al de la obra de Llorente. Si de la *Historia crítica* de éste se hicieron 32 ediciones en 6 idiomas antes de 1870; de las *Cartas* se hicieron 24 ediciones antes de 1880 en cuatro idiomas (la versión española se editó en Logroño en 1823).

31. MENÉNDEZ PELAYO, M.: *Historia de los heterodoxos espa-*

El prestigio de Menéndez Pelayo abrió paso a una escuela con la misma preocupación reivindicativa de la Inquisición: las *Historias eclesiásticas* de la Fuente y Gams, los artículos de Romero de Castilla, y Del Perejo y las obras de Ortí y Lara, Manrique Melgares, Cappa y García Rodrigo, son un fiel exponente de esta posición.[32]

Vinculada ideológicamente con esta escuela pero con una óptica diferente es la extensa obra del Padre Fita, que se dedicó a exhumar documentación con escrupulosa rigurosidad, a la vez que exquisita imparcialidad, rehuyendo el apasionamiento en los juicios de valor y destruyendo muchos mitos católicos sobre la naturaleza del Santo Oficio, como el del martirio del Niño de la Guardia. El «Boletín de la Real Academia» fue el principal cauce de expresión de toda esta escuela.[33]

En este contexto político, la crítica a la Inquisición fue escasa. Conviene destacar un panfleto ideológicamente residual de la historiografía de la primera mitad del siglo, de Berenys y Casas, titulado significativamente *La Inquisición fotografiada por un amigo del pueblo*, la seria

---

ñoles, Madrid, 1947, III, 398-400. *Vid.* la crítica de KAMEN en *La Inquisición y los historiadores*, conferencia pronunciada el 6 de diciembre de 1974. Barcelona, 1975, 35-37.

32. DE LA FUENTE, V.: *Historia eclesiástica española*, Madrid, 1873-1875; GAMS, B.: *Die Kirchengeschichte von Spanien*, Regensburg, 1802; ROMERO DE CASTILLA, F.: *Papeles del Consejo Supremo de la Inquisición trasladados al Archivo de Simancas*, «Rev. de Archivos, Bibliotecas y Museos», 3 (1873); PEREJO, J. del: *La ciencia española bajo la Inquisición*, «Revista Contemporánea», 1877; ORTÍ Y LARA, J. M.: *La Inquisición*, Barcelona, 1932; MANRIQUE, C.: *Apuntamiento para la vida de Felipe II y para la historia del Santo Oficio*, Madrid, 1868. Hasta Cánovas del Castillo fue tentado por el estudio de la Inquisición escribiendo un breve artículo sobre el proceso de don Esteban Manuel de Villegas en la «Revista Hispanoamericana», 1882.

33. De 1883 hasta 1900 en todos los números de la revista «Boletín de la Real Academia de la Historia», se publicaron artículos del padre Fita. Especialmente interesantes son los dedicados al estudio de la problemática suscitada por el martirio del Santo Niño de la Guardia («Bol. Ac. Hist.», 11 (1887) y 14 (1889).

biografía de Eymerich que hizo Grahit y la monumental obra prosemítica de Amador de los Ríos.[34]

Pero fue, sobre todo, la historiografía extranjera la principal continuadora de la línea de Llorente. Cabe citar a Giraud y, especialmente, a los historiadores judíos Kauffmann, Graetz y Loeb, a caballo de la «Revue des Études Juives», que serviría de medio de difusión de las reivindicaciones historiográficas prosemíticas.[35]

Los historiadores judíos, que siguen las pistas documentales proporcionadas por el padre Fita, se ocupan fundamentalmente de romper los mitos católicos sobre el judaísmo, ya respecto al número de judíos, ya respecto a su perversidad. La Inquisición es considerada como una «policía» —un artículo de Graetz se titula, incluso, así— al servicio de un sistema, destacando significativamente junto a su crueldad, su coherencia represiva, poniendo bien el acento en la fuerza del judaísmo, juzgada acertadamente como peligrosa para la Inquisición.

La literatura, a lo largo del siglo XIX, sirvió de instrumento catalizador de la crítica a la Inquisición con una visión ridiculizadora, a veces grotesca, siempre amarga, de ésta, a través de múltiples novelas pseudohistóricas como la de Florencio Luis Parreño y una serie de novelas por entregas que ha registrado J. I. Farreras.[36]

Del siglo XIX podemos decir que recogió y aglutinó las interpretaciones que sobre la Inquisición se habían dado en los siglos anteriores, continuando la polémica

---

34. BERENYS Y CASAS, J.: *La Inquisición fotografiada*, Barcelona, 1871; GRAHIT, E.: *Catalanes ilustres. El Inquisidor Fr. Nicolás Eymeric*, Gerona, 1878; Amador DE LOS RÍOS: *Historia social, política y religiosa de los judíos en España y Portugal*, Madrid, 1876.

35. KAUFFMANN, D.: *Notes sur l'histoire de l'Inquisition et des judaisants d'Espagne*, «Revue des Études Juives», 37 (1898); GRAETZ, H.: *Histoire des juifs*, París, 1893, y *La police de l'Inquisition d'Espagne à ses debuts*, «Revue des Études Juives», 20 (1890); LOEB, I.: *Notes sur l'histoire des juifs en Espagne*, «Rev. Ét. Juives», 5 (1882), 283-289.

36. FARRERAS, J. I.: *La novela por entregas (1840-1890). Concentración obrera y economía editorial*, Madrid, 1972.

sobre la misma temática y añadiendo un nuevo punto en el orden del día del contexto dialéctico sobre Inquisición: su entidad política, su servicio prestado al absolutismo monárquico, aspecto éste que el regalismo borbónico admitió interesadamente, en todo momento, y nunca se debatió en el siglo XVIII y que, en cambio, el romanticismo libertario del siglo XIX lo puso sobre el tapete, por primera vez, cuestionando, en definitiva, las relaciones Iglesia-Estado.

El siglo XX se abre con la obra de Lea, tan denigrada por la historiografía nacional-católica posterior, como no consultada: «Lea ha de ser censurado por sus tendencias sectarias en todo lo que se refiere a la Iglesia católica», señalaba con singular dogmatismo De la Pinta Llorente.[37] Despreciar a Lea, como ha señalado Kamen, es «como decir que el trabajo de Hamilton sobre los precios en España, o el estudio de Braudel sobre Felipe II, son inútiles para la historia».[38] La obra de Lea es un pozo insondable de información, documentada rigurosamente. Sus supuestos prejuicios protestantes —el más destacable quizás es su esfuerzo en mostrar la riqueza que transpiraba la Inquisición— son absolutamente aleatorios respecto a la extraordinaria validez científica de su obra.[39]

Hasta la guerra civil española la historiografía toma dos direcciones: el postllorentismo, absolutamente repetitivo y que nada nuevo aporta, y un neopositivismo de herencia menendezpelayista.

De la primera tendencia cabe citar, como más representativas, la obra de Quintiliano Saldaña, y, por supuesto, las múltiples obras de escritores extranjeros como

37. DE LA PINTA LLORENTE, M.: *La Inquisición española*, Madrid, 1948.
38. KAMEN, H.: *La Inquisición y los historiadores*, conferencia pronunciada..., 34.
39. La obra de Lea es amplia. Destacan 4 libros: *Superstition and Force*, Filadelfia, 1870; *A history of the Inquisition of the Middle Ages*, Nueva York, 1887; *The Moriscos of Spain. Their Conversion and Expulsion*, Londres, 1901; y, sobre todo, *A history of the Inquisition of Spain*, Nueva York, 1906-1907. De todos ellos, especialmente del último, se han realizado múltiples ediciones.

Kezzler, Langlois, Reinach, Heus, Legrand, Gorham, Nickerson, Schoonjas y, sobre todo, Sabatini, Lucka y Cazal.[40]

En el otro frente destaca la obra de Julián Juderías y los trabajos de Serrano Sanz, Cagigas, Ferrán Salvador, Castellano de la Peña, Floriano, León Bendicha y diversos artículos del «Boletín de la Real Academia de la Historia», de discípulos de Fita, así como las importantes aportaciones extranjeras de Schäfer y Pfandl, tan hábilmente explotadas, especialmente la obra del primero, un alemán protestante que escribió sobre la Inquisición con indudable prudencia y moderación.[41]

La bipolarización ideológica respecto a la Inquisición desemboca en 1936, año del inicio de la guerra civil española. Paralelamente, 1936 marca un hito también en la historiografía de la Inquisición. En este año se publican las obras fundamentales de Braunstein, Llorca y el segundo volumen de la obra de Baer, que serán los modelos representativos de tres tendencias dominantes en la historiografía: el eruditismo liberal heredado de Lea, el conservadurismo apologético y el semitismo científico, todos ellos con menor encono ideológico y más

40. SALDAÑA, Q.: *La Inquisición española (1218-1834)*, Madrid, 1930; KEZZLER, G.: *L'Inquisition. Son rôle religieux, politique et sociale*, París, 1900; LANGLOIS, Ch.: *L'Inquisition*, París, 1901; REINACH, S.: *L'Inquisition et des juifs*, París, 1900; HEUS, A.: *Histoire populaire de l'intolerance de l'Inquisition et de la liberté*, Bruselas, 1894; LEGRAND, M.: *L'Inquisition. Son origine, sa nature*, Bruselas, 1912; GORHAM, Ch.: *The spanish Inquisition*, Londres, 1916; NICKERSON: *The Inquisition; a political and military study of its establishment*, Nueva York, 1923; SCHOONJANS, J.: *L'Inquisition*, Bruselas, 1932; SABATINI, R.: *Torquemada and the Spanish Inquisition. A history*, Londres, 1913; LUCKA, E.: *Torquemada und die Spanisch Inquisition*, Leipzig, 1926; CAZAD, E.: *Histoire anecdotique de l'Inquisition d'Espagne*, París, 1923.

41. JUDERÍAS, J.: *La Leyenda Negra*, Barcelona, 1900; SERRANO SANZ, M.: *Francisco Hernández y el Bachiller Antonio de Medrano, sus procesos por la Inquisición*, «Bol. Real Academia Historia», 1902; CAGIGAS, I.: *Libro Verde de Aragón*, Madrid, 1929; FERRÁN SALVADOR: *Fr. Andrés Ros, primer inquisidor general de Valencia*, Castellón, 1922; CASTELLANO DE LA PEÑA, G.: *Un complot terrorista en el siglo XV*, Madrid, 1927; FLORIANO, A.: *El Tribunal del Santo*

seriedad documental que sus precedentes respectivos.[42]

Obvio es significar que de esas tendencias en la historiografía española de los años 40 sólo pudo prosperar una de ellas.

En los años del triunfalismo monolítico de la «España sin problema» no cabía otra alternativa autóctona que el silencio riguroso o la beligerancia ortodoxa. Las obras de Izquierdo Terol, el primer libro del padre De la Pinta Llorente y un artículo de Cayetano Alcázar, demuestran una mística de cruzada proinquisitorial extraordinaria. A pesar de que De la Pinta Llorente, en su prólogo, hace una aparente apología del diálogo: «El mundo exige cada día más imperiosamente la comprensión y la cordialidad —modos perfectos de llegar a una inteligencia— y ya es hora de hacer alto en el camino, abandonando gazmoñerías, rutinas y prejuicios que sólo servirán para seguir incrementando, la desorientación y las discordias», a lo largo de su libro hace gala de un resentimiento feroz contra todo lo que sea asomo de crítica a la Inquisición, crítica que pasa a ser representativa de los «fariseos» y «filisteos» que tanto preocupan al padre De la Pinta.[43] Ese

---

Oficio en Aragón, Madrid, 1925; LEÓN BENDICHA, J.: *Disertación histórico-crítica sobre la varia suerte experimentada en España por los hebreos*, «Bol. Real Academia Historia», 76 (1920); SCHÄFFER: *Beitrage zur Geschichte des spanischem Protestantismus und der Inquisition im XVI Jahrunder*, Gütersloh, 1902; PFANDL, A.: *Spanische Inquisition*, 1932.

42. BRAUNSTEIN, B.: *The Chuetas of Majorca. Conversos and the Inquisition of Majorca*, Scottdale, 1936; BAER, F.: *Die Juden im christlichen Spanien*, Berlín, 1936; LLORCA, B.: *La Inquisición en España*, Barcelona, 1936. La historiografía semítica tendrá tras de Baer su mejor representante en C. ROTH, autor de *The Spanish Inquisition*, publicado en Londres en 1937.

43. IZQUIERDO TROL, F.: *San Pedro de Arbúes, primer inquisidor de Aragón*, Zaragoza, 1941; DE LA PINTA LLORENTE, M.: *La Inquisición española y los problemas de la cultura y de la intolerancia*, Madrid, 1943; ALCÁZAR, C.: *Aportación a la polémica sobre la Inquisición española*, «Revista de Estudios Políticos», XI (1945). La historiografía extranjera se sumó también a esta historiografía apologética de la Inquisición. El mejor testimonio es la obra de WALSH: *Personajes de la Inquisición*, Madrid, 1948.

apasionamiento es reconocido y criticado hasta por un historiador poco sospechoso de ideas revolucionarias como N. López Martínez.[44]

La liberalización intelectual de los años 50, que ha descrito bien Elías Díaz, lleva consigo la resurrección historiográfica de temas conflictivos y el deshielo del tabú Inquisición, paralelo a un intento de desideologización por la vía de un neopositivismo de influencia francesa.[45] Múltiples trabajos como los de Goicoechea, Voltes, Ruiz Álvarez, Domínguez Ortiz, Santamaría, Cabezudo Astrain, Sánchez Moya y, sobre todo, el libro de López Martínez —tan conservador como honesto— sobre los judaizantes castellanos, son bien expresivos de este esfuerzo de las nuevas corrientes de investigación, caracterizadas por su neta preocupación por el microanálisis local que evitara los problemas interpretativos, salvándose así de todo compromiso.[46]

La desideologización que se denota tanto en otras áreas historiográficas —el tratamiento de los moriscos por parte de J. Reglà, por ejemplo— se consiguió mucho menos en este terreno. La obra de Palacio Atard y, sobre

---

44. López Martínez, N.: *Op. cit.*, 41.
45. Díaz, E.: *Notas para una historia del pensamiento español actual (1939-1972)*, «Sistema», 2 (1973).
46. Goicoechea, C.: *Notas para la historia de la Inquisición logroñesa*, «Berceo», 1951; Voltes, P.: *Documentos para la historia del Tribunal de la Inquisición de Barcelona, durante la guerra de Sucesión*, «Analecta Sacra Tarraconensia», XXVI (1953); Ruiz Álvarez, A.: *La Inquisición de Canarias y el Cristo de Taraconte*, «Revista de Historia», 1953; Domínguez Ortiz, A.: *El proceso inquisitorial de Juan Núñez Saravia, banquero de Felipe IV*, «Hispania», XV (1955); Santamaría, A.: *En torno a la situación de los judíos conversos de Mallorca en el siglo XV*, «Boletín de la Sociedad Arqueológica Luliana», 1955-1956; Cabezudo Astrain, J.: *Los conversos aragoneses según los procesos de la Inquisición*, «Sefarad», 1958; Sánchez Moya, J.: *Aportación a la historia de la Inquisición aragonesa y turolense*, «Sefarad», 1958. En la misma línea podrían citarse algunos trabajos de investigadores extranjeros como Beinart y Longhurst. Los múltiples artículos del padre de la Pinta publicados en esta década parecen reflejar una disminución de la beligerancia en favor de la erudición documental.

todo, el trabajo de Benito Durán, son un fiel reflejo de lo que decimos.[47]

Bajo la nueva mística del desarrollo y del economicismo de los años 60 se va cambiando el enfoque dado a la Inquisición, relajándose las tensiones que suscitaba el tema. El problema religioso, hoy día, ha sido convertido en problema sociológico. Actualmente se encuadra la Inquisición en el marco de los controles sociales institucionales. La Inquisición fue mantenida por la clase social dominante para garantizar, bajo el hermetismo ideológico, el inmovilismo social.

Como ha dicho Pérez Vilariño: «Aunque la Inquisición haya desaparecido de las sociedades industriales, los procesos de cuantificación y tecnocratización plantean en el centro de la problemática actual la estructura social como represiva. Los medios de comunicación de masas, el sistema educativo y las técnicas de la informática se revelan como posibles centros neurálgicos del control social, con un alcance y una eficacia insospechados por las hogueras inquisitoriales.»[48] El tema de la Inquisición, desde este punto de vista, gana en actualidad lo que pierde en objeto de evaluación moral. Su responsabilidad histórica empieza y acaba en sus peculiares connotaciones sociales.

La obra de Kamen responde plenamente a estas nuevas coordenadas interpretativas del tema Inquisición. Su rotundo éxito —desde su publicación por primera vez en inglés, en 1965, se ha traducido ya a casi todas las lenguas europeas— revela el acierto de Kamen al asumir la interpretación sociológica de la Inquisición, con notorio y conseguido afán superador de etiquetas y clisés rígidos.[49]

---

47. PALACIO ATARD, V.: *Razón de la Inquisición*, Madrid, 1954, y BENITO DURÁN, A.: *Siguiendo el pensamiento de M. Pelayo en el tema de la Inquisición española*, «Boletín de la Biblioteca de Menéndez Pelayo», 1957, 39-71.
48. PÉREZ VILARIÑO, S.: *Inquisición y constitución en España*, Madrid, 1973, 5.
49. KAMEN, H.: *La Inquisición española*, Madrid, 1973.

Toda la historiografía posterior sigue, en líneas generales, este enfoque sociológico. Las diversas obras publicadas sobre el tema aportan poco a la concepción genérica de la Inquisición. Únicamente merece mención el nuevo enfoque dado por la historiografía judía a la Inquisición. Baer reconocía «que la mayoría de los conversos real y esencialmente eran judíos» y que «los conversos y los judíos eran un solo pueblo, unidos entre sí por los lazos de la religión, el destino y la esperanza mesiánica», lo que le inducía a avalar el punto de vista de la Inquisición en su valoración del carácter de los conversos. En cambio, actualmente, Netanyahau sostiene que «la mayor parte de los marranos en la época del establecimiento de la Inquisición no eran ya judíos, sino separados del judaísmo y, en verdad, cristianos». La Inquisición, a su juicio, operó, más que con hechos, con una ficción, ya que el judaísmo había entrado en un proceso asimilatorio de total inanidad, proceso interferido violentamente por la Inquisición. Por último, llega a decir que no fue un poderoso movimiento judío el que provocó el establecimiento de la Inquisición, sino que fue precisamente la instauración de la Inquisición lo que causó el resurgimiento del movimiento judío.

El proceso historiográfico, pues, sigue adelante. Los 739 títulos recogidos en la bibliografía de Van der Vekene de 1900 a 1961, que superan netamente los publicados en el siglo XIX (629 títulos), son el mejor síntoma de que el interés por la Inquisición sigue más vivo que nunca.[50]

50. La bibliografía en los últimos años ha sido tan abundante que hemos renunciado a reseñarla. Nos remitimos para su identificación a la extraordinaria síntesis que sobre la historia de los judeoconversos escribió DOMÍNGUEZ ORTIZ: *Los judeoconversos en España y América*, Madrid, 1971, que recoge las últimas mejores aportaciones sobre este tema (de Márquez a Sicroff pasando por Asensio y tantos otros) en lógica conexión con la Inquisición y al apéndice bibliográfico que sobre la historia de los moriscos, igualmente emparentada con la Inquisición, ha insertado L. GARCÍA BALLESTER en su libro: *Medicina, ciencia y minorías marginadas: los moriscos* (en prensa).

Primera parte
TRAYECTORIA DE LA INQUISICIÓN VALENCIANA

I. Los oscuros orígenes (1478-1484)

La Corona de Aragón conocía la Inquisición desde finales del siglo XII. El primer documento conocido de la Inquisición en Cataluña data nada menos que de 1194 y es un texto de Alfonso I dirigido contra los valdenses.[1] Según Llorente, la institución inquisitorial funcionó con normalidad en la Corona de Aragón desde 1232.[2]

El Tribunal de la Inquisición se constituyó con carácter propio para Valencia, según Páramo,[3] a instancias de Alfonso V el Magnánimo en 1420, año en el que el papa Martín V expidió —exactamente el 20 de marzo— la bula «Romanus Pontifex», en la cual se ordenaba al provincial de la Orden de Predicadores el nombramiento de jueces inquisitoriales especiales para la ciudad y reino de Valencia. El primer inquisidor nombrado fue Andrés Ros, del que escribió una pequeña biografía Ferrán Salvador.[4] Sin embargo, las referencias de Páramo, seguidas bastante fielmente por B Llorca, han de ser puestas en duda, por cuanto los dietarios como el *Llibre de Memòries* mencionan inquisidores propiamente de Valencia y para Valencia desde 1402, con la particularidad de que se trata de tres inquisidores, representantes uno de los nobles, otro de los juristas y otro de los *ciutadans*. Sea como sea, lo cierto es que la Inquisición valenciana funcionó como tribunal autónomo a lo largo del siglo XV.[5]

1. FORT i COGUL, E.: *Catalunya i la Inquisició*, Barcelona, 1973, 31.
2. LLORENTE, J. A.: *Historia crítica de la Inquisición de España*, Barcelona, 1880, I, 51-52.
3. PÁRAMO, L.: *De origine et progressu officii Sancti Inquissitionis*, Madrid, 1598, 187-188.
4. FERRÁN SALVADOR, V.: *Fr. Andrés Ros, primer inquisidor general de Valencia*, Castellón, 1922.
5. *Llibre de Memòries de Valencia (1308-1644)*, Valencia, 1935, I, 276, 278, 297, 304, 325, 353, 378, 483, 488-489, 507-512.

Tradicionalmente, se ha considerado que la Inquisición medieval era todo un fósil a finales del xv, lo que propiciaría y, de hecho, justificaría la nueva Inquisición para compensar y superar la supuesta inutilidad de la vieja Inquisición. Tal inutilidad, sin embargo, no parece ser cierta, por lo menos en lo que se refiere a Valencia. Conocemos múltiples procesos desarrollados a lo largo del siglo xv, procesos que se radicalizan precisamente alrededor de los años 60 de aquel siglo con los inquisidores fray Rafael García, fray Francisco Pineto y fray Juan Simeón.[6]

De 1460 a 1467 tenemos documentados un total de 15 procesos inquisitoriales a Aldonça Aldomar, Aldonça Alfonso, Gonstança Alfonso, Gonzalo Alfonso, Esperanza Cifuentes, Leonor Cifuentes, Aldonça Colom, Joan Colom, Leonor Colom, Pere Giner, Angelina Pardo, Juan Pardo, Jaime Tori, Tolosana Tori y Clara Vilanova, todos ellos por judaísmo. De los 15, 13 fueron penitenciados, 1 absuelto —Aldonça Colom— y 1 condenado a muerte —Clara Vilanova.[7]

No creemos, por tanto, que se tratara con la nueva Inquisición de restablecer una eficacia perdida o recuperar un *modus operandi*. ¿Qué frontera diferencial cabe trazar, pues, entre la Inquisición medieval y la moderna? ¿Qué hay bajo la etiqueta de *renovationem universalem* con la que Páramo bautizó el tránsito de una a otra Inquisición?

Realmente son dos fundamentales novedades las que diferenciarán conceptualmente la Inquisición medieval y la moderna: el regalismo monárquico y la nacionalidad castellana, y ello, en función, no de un capricho autoritario o de una enfermiza obsesión antiforal, sino de la necesidad de potenciación del recién nacido Estado moder-

---

6. LLORCA, B.: *La Inquisición en Valencia*, «Miscel·lània d'estudis literaris històrics i lingüístics en homenatje a Rubió i Lluch», Barcelona, 1936, 397.
7. Archivo Histórico Nacional (AHN). Inquisición de Valencia, leg. 537 (5).

no, para lo que se había descubierto un instrumento realmente idóneo.[7 bis]

* *

Los primeros años de la Inquisición moderna constituyeron un debate dialéctico entre un tímido y contradictorio derecho reflejado en las bulas pontificias y la presión de una praxis acelerada por los intereses específicos del rey.

Hasta la definitiva consolidación institucional pueden distinguirse tres fases en la postura pontificia:

1. 1-XI-1478 a 29-I-1482. Período que el padre Fita bautizó como el de la Inquisición «subrepticia» o «anormal», por la absoluta discordancia entre la concepción pontificia de la naturaleza de la Inquisición y la interpretación particular del rey de las bulas papales.[8]
2. 29-I-1482 a 23-II-1483. Etapa caracterizada por la dura resistencia pontificia a la «constantinización» eclesiástica propugnada por la monarquía española.
3. 23-II-1483 a 17-X-1483. Fase final, representada por la definitiva sumisión papal. El rey había ganado.

Pero veamos en detalle este proceso dialéctico monarquía-pontificado.

El punto de partida es el breve de Sixto IV, del 1 de noviembre de 1478, a través del que concedía a los Reyes Católicos facultades para nombrar dos o tres inquisidores que debían ser varones (obispos o presbíteros seculares o regulares) de reconocida honestidad, mayores de 40 años, maestros o bachilleres en teología y doctores o licenciados en cánones.[9]

Las facultades concedidas por el papa eran lo suficien-

---

7 bis. MARAVALL, J. A.: *Estado moderno y mentalidad social*, Madrid, 1972, I, 216-239.

8. FITA, F.: *Nuevas fuentes para escribir la historia de los judíos españoles. Bulas inéditas de Sixto IV e Inocencio VIII*, «Boletín de la Real Academia de la Historia», XV (1889), 447.

9. LLORENTE, J. A.: *Op. cit.*, I, 92.

temente abstractas como para que éstos las aprovecharan en toda su dimensión. El 27 de septiembre de 1480, los Reyes Católicos, cimentándose en su versión —interesada y anticanónica versión, como demostró el padre Fita— de la bula reseñada, nombran tres inquisidores para Castilla, dejando a la vez bien patente su voluntad de establecer la Inquisición en la Corona de Aragón. Los recién nombrados inquisidores castellanos, Morillo y San Martín, en enero de 1481, al instalarse en Sevilla, entre el largo soporte jurídico que exhiben, presentan una carta de los Reyes Católicos en la que se precisa que «Su Santidad nos ovo concedido é otorgado cierta facultad para que nos podiésemos eligir é deputar dos o tres Obispos o Arzobispos, o otros Varones próvidos é honestos, que fueren presbíteros, seglares o religiosos... para que los tales por nosostros elegidos e deputados fueren Inquisidores, *en cualesquier parte de los dichos nuestros Reynos é Señoríos para donde eligiésemos e deputasemos...*».[10]

El rey, en noviembre de 1481, recomendaba taxativamente a su embajador en Roma, Gonzalo de Boteta, que consiguiera una bula papal para establecer la Inquisición en la Corona de Aragón: «Porque cumple al servicio de Dios que por el zelo que tengo al servicio suyo y a la religión y a la fe christiana, en los reynos míos de Aragón, Valencia y Cathalunya, los heretges, si algunos se falleran, seran punidos e castigados y el officio de la Inquisición sera fecho... porque este negocio en el qual, por ser publicado, se poría en ello poner algún empacho, vos havreys en él, muy secreto y cautamente, de manera que no venga a noticia de los cardinales sobredichos, nin del general del orden de preycadors, ni de otras algunas personas, que destorbo o empacho alguno en ello pudiessen dar o poner...» La carta es todo un testimonio de la sagacidad política del rey, a la vez que del complejo mundo de intereses contrapuestos en el establecimiento de la nueva Inquisición.[11]

10. Fita, F.: *Op. cit.*, 449.
11. Archivo de la Corona de Aragón (ACA), Real Cancillería, 3684, f. 2-5.

Y, efectivamente, la máquina inquisitorial se puso en marcha. De 1481 escribía el dietarista del *Llibre de Memòries*: «Los Reys Catholics feren començar la Sancta Inquisició en sos regnes e foren presos molts conversos, dells cremats y dells confiscats los bens y trets a penitencia.» [12]

El papa tardó en reaccionar. Por fin lo hizo en la bula del 29 de enero de 1482, en la que paralelamente a recomendaciones de menor severidad en el ejercicio inquisitorial, negaba rotundamente a los reyes capacidad jurídica para nombrar inquisidores en los Estados de la Corona de Aragón.[13]

Pero menos de un mes después, el 11 de febrero de de 1482, Sixto IV ratificaba la primitiva bula de 1478 concediendo a los Reyes Católicos la facultad de nombrar 8 inquisidores más para los reinos de León y Castilla. En el penúltimo lugar de esa lista de 8 inquisidores nombrados figuraba un oscuro bachiller que pronto sería famoso: fray Tomás de Torquemada.

El 17 de abril del mismo año, Sixto IV, por primera vez, da por hecha la institucionalización inquisitorial en la Corona de Aragón y prescribe la normativa que ha de seguirse en las causas de fe, normativa al margen de la jurisdicción foral, insistiendo en la necesidad de evitar los abusos.[14]

El 13 de mayo de 1482, el Rey Católico pedía directamente al papa la confirmación de los nombramientos de Gualbes y Orts como inquisidores de Valencia que, de hecho, ya estaban instalados allí, por lo menos desde fe-

12. *Llibre de Memòries*, II, 675.
13. «Petitioni vero vestre deputationes Inquisitorum in aliis Regnis et Dominiis vestris, ideo non annuimus, quia in allis Inquisitores iuxta Romane ecclesie consuetudinem per Prelatos ordinis fratrum Predicatorum iam deputatos habetis, sine quorum dedecore et iniuria ac violatione Privilegiorum ordinis predicti, alii non deputarentur» (FITA, F.: *Op. cit.*, 459-560).
14. «Quod officium inquisicionis haereticae pravitatis non zelo fidei et salutatis animorum sed lucri cupiditate ab aliquo tempore citra exercetur...» (FITA, F.: *Op. cit.*, 465); LEA, H. Ch.: *A History of the Inquisition of Spain*, Nueva York, 1906-1907, II, 588).

brero de 1482, siendo sin duda el Tribunal de la Inquisición valenciana el primero cronológicamente de la Corona de Aragón en ponerse en marcha.[15]

Sea por las presiones del capital judío, como considera Llorente, sea por la conciencia de menoscabo jurisdiccional que desataba la avalancha del progresivo regalismo monárquico, el hecho cierto es que el papa Sixto IV dio una notoria marcha atrás en su flexibilidad concesiva, desencadenando lo que Fita llamó «la marejada jurisdiccional». El 10 de octubre de 1482, Sixto IV suspendió para la Corona de Aragón toda la normativa inquisitorial ya trazada y puesta en práctica.[16]

Pero la escalada de la monarquía, por su parte, había avanzado demasiado y era irreversible. Tras una carta aclaratoria de la reina Isabel —primera intervención específica de la reina en el contexto dialéctico que estamos describiendo y expresiva muestra del prestigio con el que contaba Isabel la Católica en determinadas esferas—, Sixto IV reniega de su anterior agresividad el 23 de febrero de 1483 y vuelve a ser el fiel intérprete de la voluntad monárquica.[17]

15. «Dignetur iccirco eodem S.V. hic mihi concedere circa inquisitones predictas videlicet quod sanctitas vestra quampsimum confirmet predictos fratrem Joannem Cristoforum de Gualbes et fratrem Joannem Orts in dicto inquisitionis officio...» (ACA, Real, 3684, f. 4-5).

16. «Motu proprio et ex certa sciencia presentium tenore suspendimus, volentes, nihilominus et vobis ac cuilibet vestrum mandantes ut officium vestrum laudabiliter continuare, et tam in procedendo quam iudicando in concernentibus huiusmodi crimina contra reos illius Decreta sanctorum patis, donec per nos sedem apostolicam aliud de super vobis mandatum et ordinatum fuerit. Non obstantibus predictis litteris et aliis in contrarium editis quibuscumque» (FITA, F.: *Op. cit.*, 466).

17. «Ceterum, quoniam non sine admiratione, quod tamen non ex mente tua seu prefati carissimi filli nostri, sed ministrorum vestrorum, qui dei timore posthabito falcem in messem alienam immittere non verentur provenire arbitramur, libertatem scilicet atque immunitatem ecclesiasticas in dictis Regnis per varias novitates infringi, et provisiones nostras atque mandata apostolica eorumque executionem per quedam regia edicta sine ullo respetu censurarum impediri vel retardari, id cum nobis ad

La sumisión papal estaba conseguida. Ya no volverá a plantear el papa la legalidad jurisdiccional de la Inquisición en la Corona de Aragón. Sus únicas intervenciones serán para poner el acento en asuntos muy específicos y concretos. El 25 de mayo de 1483, el papa escribirá personalmente a los reyes denunciando los abusos del inquisidor Gualbes y pidiendo fuera destituido. Aunque no se precisan en las cartas los abusos de Gualbes, por referencias indirectas de otros textos, hemos deducido que las acusaciones a Gualbes por parte del papa procedían de supuestas ofensas verbales hacia el propio pontífice, de manera más o menos pública.[18]

El 2 de agosto de 1483, el papa establecerá que en la Corona de Aragón se admita la reconciliación secreta, caballo de batalla reivindicativa de gran masa de judíos, como veremos más adelante. Pero el 17 de octubre del mismo año —según Sánchez Moya fue el día 7— el papa cerrará definitivamente una etapa de tira y afloja difícil nombrando a fray Tomás de Torquemada inquisidor general para la Corona de Aragón.[19]

* *

Poco sabemos de la ejecutoria concreta de los dos primeros inquisidores, fray Juan Cristóbal de Gualbes y fray Juan Orts.

Entraron en Valencia en diciembre de 1481, aunque la

---

modum grave et a consuetudine statuque vestro, ac in nos et Sedem apostolicam reverentia et equitate vestra alienum sit tue serenitati scribendum duximus» (FITA, F.: *Op. cit.*, 468-469).

18. FITA, F.: *Op. cit.*, 473-474.
19. «Nos igitur qui de circunspeccione, probitate atque integritate tua plurimum confidimus, ut dictorum Principium desiderio simulque nostros pastoralis officio debite satifateque in dictis Aragonum et Valencie Regnis atque Principatu Cathalonie prefatis, Inquisitionem heretice pravitatis tenore presentium, deputamus, constituimus et hordinamus, dilecto filio Thome de Turrecremata, priori monasterii de Sacre Crucis Segobie...» (FITA, F.: *Op. cit.*, 475-476); LLORENTE, J. A.: *Op. cit.*, I, 106; SÁNCHEZ MOYA: *Aportaciones a la historia de la Inquisición aragonesa y turolense*, «Sefarad», 1958, 286-287.

confirmación papal no les llegó hasta el 28 de diciembre del año siguiente.

Conocemos un edicto de gracia suyo en mayo de 1482, al que sólo se presentaron 11 individuos. El equipo burocrático de estos dos primeros años de la Inquisición se redujo prácticamente a los dos inquisidores y al alguacil, Gracián de Agramunt.[20]

Interesa destacar tres caracteres de este período previo a la consolidación institucional que, desde luego, se constituirían en constantes de la ejecutoria inquisitorial a lo largo del tiempo:

1. La pésima labor ejercida por Gualbes, que suscitó múltiples críticas de diversa procedencia que conducirían a la carta papal del 25 de mayo de 1483 pidiendo su destitución: «A nos llegaron los deméritos de Cristófol de Gualbes, que fuera Inquisidor del Reino de Valencia. Él era digno de grave suplicio porque obró imprudente e impíamente. Es necesario, por tanto, y así lo exhortamos, que sea eligido otro maestro en Sagrada Teología, que tenga temor de Dios y que brille por sus virtudes, para ejercer el mismo oficio de Gualbes...»[21]

El rey, aunque hizo esfuerzos por proteger a Gualbes enviando a Roma a Francisco Vidal de Noya como intercesor, acabó cediendo ante la presión papal, destituyéndolo en agosto de 1483. El 8 de agosto de 1483, el rey ordena se le paguen por los servicios prestados 40 libras, cantidad ínfima si constituyó el único salario cobrado como inquisidor por Gualbes.[22]

2. El extraordinario papel desempeñado por el *micer* Macià Mercader, vicario general del obispado y representante de la jurisdicción episcopal en Valencia. Lo vemos presente en todos los procesos inquisitoriales de este período. Sus fricciones serían constantes con Gualbes y posteriormente con Epila. Hay que tener bien presente

---

20. Escolano, G.: *Décadas de la historia de Valencia*, Valencia, 1611, lib. X, VI, 1440-1442.
21. Fita, F.: *Op. cit.*, 473-474.
22. ACA, Real, 3684, f. 11 y Lea, H. Ch.: *Op. cit.*, I, 239-242.

que la diócesis de Valencia no tuvo obispo residente en la ciudad durante todo el período cronológico que nos hemos propuesto abarcar en nuestro estudio sobre la Inquisición. Los diversos obispos de Valencia: Rodrigo de Borja (1458-1492), César de Borja (1492-1498), Juan de Borja (1498-1500), Luis de Borja (1500-1511), Alonso de Aragón (1511-1520) y don Erardo de la Marcha (1520-1538) residieron fuera de Valencia. La ausencia física del obispo, aparte de facilitar de principio la escalada inquisitorial, supuso la inflación de funciones del vicario general de que es buen testimonio la ambiciosa subrogación de prerrogativas de Macià Mercader, que lógicamente chocó frontalmente con la acción ejecutoria de los inquisidores. El residuo episcopalista de la Inquisición medieval sería pronto barrido por el rey, nombrando vicario general a uno de los dos inquisidores desde 1484.[23]

3. El intervencionismo absoluto del rey a niveles de protagonismo extraordinario. La Inquisición es manejada como una entidad económico-religiosa en la que el rey actúa como señor feudal. Dictamina los salarios que se han de pagar, los procedimientos a seguir, la jurisdicción a abarcar y hasta se permite actuar como calificador teológico, descendiendo a terrenos de casuística superdetallista, pasando revista a todo con escrupulosidad notoria: «que el voto de estos letrados sobre la manera de la confesión e abjuración nos parece muy bien...», etc., y cuidando, de modo nada discreto, de la absorción de los bienes de los procesados, estrechando paralelamente el cerco a los judíos (revocación de *guiatges* a judíos el 6 de marzo de 1483).[24]

Por otra parte, merece significarse las curiosas muestras de «protección» personal hacia determinados judíos por parte del rey, a los que intenta abstraer de la jurisdicción inquisitorial o les permite defensas —presentación de bulas de perdón papal— a otros vedadas.

23. DIAGO: *Apuntamientos para continuar los Anales del reyno de Valencia*, II, 17-20.
24. ACA. Real, 3684, f. 10 v.

Tal es el caso de Gil Roiz en enero de 1482 por recomendación directa de Luis de Santángel, cuyo «caso» pone en manos de los inquisidores: «Veran que es en lo que por la disposició de la sglesia en aquest cars se pot fixar, que nostra voluntat e intenció es que ab aquells vos haiam ab tota aquella pietat e misericordia que per disposició de la sglesia en aquest cars haver vos pugan e fixarse puga, pero es nostra voluntat e vos manam que apres de haver vist e examinat e concordat lo que ferse deu no preceexcau a ninguna execució, fins havernos lo consultat e havernos trames la dita concordia e apuntamente...»[25]

En Cataluña, igualmente, cabe citar el descarado proteccionismo dispensado a los Sánchez, Pau Tolosa, Jaime de Casafranca, *micer* Franch, Antoni Benet y otros.[26]

---

25. ACA. Real, 3684, f. 2.
26. VENTURA, J.: *La Inquisición española y los judíos conversos barceloneses (XV-XVI)*. Tesis doctoral inédita, Univ. de Barcelona, 1973, I, 320.

II. La consolidación institucional (1484-1492)

LA PRIMERA BATALLA FORAL

El nombramiento de Torquemada, en octubre de 1483, como inquisidor general de los Estados de la Corona de Aragón fue el punto de partida de una nueva Inquisición, doméstica de la monarquía y de uniforme nacional castellano. Torquemada, que, por encima de todas las connotaciones oscurantistas que la historiografía romántico-liberal ha visto en su figura, fue un honesto, fiel, gris y, desde luego, eficaz alto cargo administrativo, movilizó pronto los resortes de la burocracia y del funcionariado. En abril de 1484 fueron nombrados inquisidores de Aragón la pareja Juglar-Arbúes. Un mes después, eran nombrados inquisidores de Cataluña la pareja Franco-Caselles. Paralelamente, en marzo, fue destituido en Valencia Orts y nombrados en su lugar Juan Epila, dominico, y Martín Iñigo, canónigo de Valencia.[27]

El rey, con fecha de 7 de mayo de 1484, desde Tarazona mandaba a las autoridades de Zaragoza, Valencia y Barcelona instrucciones similares: «Vos dezimos, encargamos e mandamos so incorrimento de la nuestra ira e indignación e pena de diez mil florines de oro que a los inquisidores o otros oficiales e ministros de la Inquisición los onreys e reverezcays para complir e poner por obra todos los actos que se hauran de facer en la dicha inquisició...»[28]

Por otra parte, Fernando el Católico buscaba del papa una bula definitiva «que vinga molt fort e be clausulada» que garantizara su omnipotencia en el ámbito inquisitorial.

27. LLORENTE, J. A.: *Op. cit.*, I, 114-118.
28. ACA. Real 3684, f. 14-15.

El rey escribe repetidas cartas, en agosto de 1484, a su buen amigo Joan Margarit, obispo de Gerona y cardenal de reconocida influencia en los círculos de Roma, instándole a que consiga del papa una bula revocando todos los residuos de la Inquisición medieval «e que la Sanctitat sua, faça inquisidors les persones que per lo dit Prior de Santa Cruz —Torquemada— o per nos o per la Serenissima Reyna seran nomenats, e que los tals Inquisidors no sian comissaris mas inquissidors principals... pero que sia en facultat de nosaltres de poderlos revocar e metre altres, tota ora, e quant be vist nos haia».[29]

Esa bula definitiva no llegó, pero el rey actuó en todo momento como si, de hecho, la hubiera recibido.

La respuesta de la Corona de Aragón a la institucionalización inquisitorial no fue sumisa, ni mucho menos. Su oposición a la Inquisición tuvo tres manifestaciones fundamentales: la primera en Zaragoza, donde adoptó la forma de expresión más violenta, con el asesinato del propio inquisidor Arbúes el 15 de septiembre de 1845; Teruel, con el veto político de las jerarquías locales turolenses, obligando a los inquisidores a trasladarse a Cella y planteando un grave caso de insubordinación política que acabaría con el procesamiento por la propia Inquisición de estas jerarquías por el delito de «impedientes» y Cataluña-Valencia, a través del enfrentamiento por la vía dialéctica sin salirse nunca de las fronteras legalistas, con matices diferenciales, desde luego, entre Cataluña y Valencia (más fuerte la contestación catalana por el respaldo episcopal y la plataforma foral de las Cortes, que por una serie de circunstancias faltaron en Valencia o no pudo explotar adecuadamente la sociedad valenciana).

La fricción dialéctica se produjo en el marco de las Cortes de 1484-1488, ocasión ideal de esgrima social de *greuges*.

Por parte de la historiografía ha sido casi un lugar común —quizá por la fidelidad en seguir a Zurita— el atribuir la resistencia valenciana exclusivamente a la cla-

---

29. RCA. Real 3684, f. 26-27.

se nobiliaria. Ello es absolutamente falso. Un buen análisis de toda la documentación revela la homogénea y exhaustiva hostilidad social a la Inquisición, hostilidad paralela cronológicamente a la resistencia mostrada por Cataluña y que describió bien Carreras.[30]

La oposición valenciana a la Inquisición puede dividirse en tres tiempos bien marcados:

1. De julio a octubre de 1484, en forma de *greuges* de los Tres Brazos en la tramoya de las Cortes, *greuges* que acaban siendo recogidos en una carta escrita al rey por el síndico de Valencia, Bartolomé Abbat.

2. De octubre a diciembre de 1484, por la embajada del rey que está en Setenil, embajada que dirige Ruiz de Eliori y que tuvo el mismo nulo éxito que la que Cataluña envió, presidida por Joan Bernat de Marimón.

3. De 1485 en adelante, rotura de negociaciones y canto de cisne reivindicativo reflejado en el extraordinario estudio jurídico del tema realizado en marzo de 1486, en el que se rebaten con criterio riguroso las razones del rey.

Vamos a analizar las argumentaciones que empleó la sociedad valenciana a lo largo del proceso reivindicatorio, cuya morfología hemos descrito.

En el primer período señalado, la argumentación defensiva se reduce a poner el acento en la transgresión foral que significa la condición de extranjeros por parte de los inquisidores: «E com a noticia dels tres braços eclesiastich, militar e real als quals toca e pertany... la defensió dels dits furs e privilegis, usos e bons costums, sia pervengut que a la present ciutat de Valencia es vengut e arribat mestre Joan Epiella, frare del orde de Sanct Domingo, natural segons es diu de Aragó e per inquisidor e ab assessor, notari, adguasir e comissari, procurador e advocat fiscal strangers e no naturals del dit

30. CARRERAS I CANDI, F.: *La Inquisició barcelonina instituïda per la Inquisició castellana (1446-1487)*, «Anuari de l'Institut d'Estudis Catalans», Barcelona, 1909, 130-177.

regne, les quals coses son fetes e provehides per la Real Majestat contrafurs...»[31]

Por otra parte, se adopta una actitud flexible respecto a la Inquisición: «E supplicat la Majestat real *no per que la Inquisició cessas ni cesse*, sino, hon mester fos, se faça ab persones naturals del regne, axi religioses com ecclesiastiques e legues cristianissims e catholics, cristians de bona vida, fama e consciencia amants Deu e la Sancta Fe Catholica, ab los quals se pot fer e obrar a tal effecte que la Sancta Iglesia mana se faça, les quals faran la Inquisició sens salaris alguns, dan e dampnatge e detriment del dit regne...», proponiendo unas reformas concretas en el procedimiento de la Inquisición (extinción de la acusación en caso de muerte del procesado antes de la sentencia; anulación de la automática confiscación de bienes a los penitenciados; imposibilidad de ser encausados de nuevo una vez declarados inocentes de un cargo), y apelando a que no funcionaba la Inquisición con normalidad todavía en Barcelona y Aragón: «No es cosa decents ni deguda que aquest dit regne deja esser tractat ab tanta defavor e desagualtat dels altres regnes», argumento barrido por la evidencia de los hechos.[32]

Al final esta exposición de *greuges* se acaba con una lacrimógena versión del futuro de Valencia, como consecuencia de la Inquisición, destinada a sensibilizar al rey: «E los habitadors en aquella no poran ne poden viure de lurs rendes, com la ciutat e general no pora pagar lurs carrechs e los menestrals no poran viure de lurs obres e treballs e los mercaders e altres gents despoblaran aquesta ciutat e regne e sen hiran a poblar en Aragó, Catalunya e altres parts, hon puixen viure e sien affavorits e ben tractats, e axí cessarà lo comerci mercantivol, sens lo qual segons diu lo gran philosof Plató, nos pot star ni habitar be ni benaventuradament en les ciutats ni lo regne ni cosa publica se pot sostenir...»[33]

31. Archivo del Reino de Valencia (ARV). Real Cancillería, 513, 166v-167.
32. *Ibídem*, f. 167-168.
33. *Ibídem*, f. 168 v.

Paralelamente a la suscripción de estos *greuges* por parte de los tres brazos, los brazos militar y eclesiástico elevan quejas particulares. El brazo militar pone el acento en el peligro de imperialismo jurisdiccional que la Inquisición presupone. El eclesiástico se hace eco de los problemas económicos que la implantación de la Inquisición suscita. He aquí las suspicacias eclesiásticas: «Novament es agreviada la sglesia e persones ecclesiastiques per los officials de vestra Altesa, car procehint los Reverents Inquisidors de la heretica pravitat contra los heretges e observants la judayca secta, han condemnats molts de aquells e confiscats llurs bens, los quals son sots directa senyoría de la sglesia de Valencia, stablides e otorgades in emphiteosim, de los quals responien cens los dessus dits a la dita sglesia... supliquem vostra celsitud quens placia ab acte de cort declarar que los dits bens en lo dit cars pertanyen als directes senyors ecclesiastichs, e los que tenen occupats vostres officials, manar sien tornats e restituhits als directes senyors eclesiastichs sots graus penes...»[34]

Es indiscutible que esta reivindicación sería el núcleo fundamental de las fricciones a que más arriba aludíamos entre la Inquisición y Macià Mercader, representante episcopal en Valencia, fricciones que tienen en constante telón de fondo la escalada amortizadora de la Iglesia, en la que chocó de plano con la Inquisición, que en su barrido de herejes le quitaba deudores a la Iglesia valenciana y, sobre todo, erosionaba la base paciente de la pirámide feudal.

El rey procuró suavizar las tensiones mediante continuos halagos al clero valenciano, el gran beneficiario de las gananciales forales de las Cortes de 1484-1488 (prohibición al gobernador de intromisión en el cobro de los diezmos y primicias, apoyo a los recaudadores eclesiásticos, exenciones tributarias, delimitación de jurisdicción especial para el clero...).[35]

34. ARV. Real 245, f. 98-98v.
35. BELENGUER CEBRIÁ, E.: *Cortes del reinado de Fernando el Católico*, Valencia, 1972, XXIII.

El hecho cierto es que los *greuges* de las Cortes respecto a la Inquisición fueron asumidos con unanimidad y para darle mayor operatividad se le pidió a Epila un compás de espera para observar el curso de la negociación con el rey: «Per ço los dits braços exorten e preguen a vos mestre Joan Epila, per bons e necessaris respectes concernents lo servey de nostre senyor Deu de se la Majestat del senyor rey, benefici util e repos del present regne, que estant lo dit greuge e purgació de aquell vullam sobresente en lo sermó o en qualsevol procehiment de la Sancta Inquisició...»[36]

La respuesta del rey llegó en forma beligerante, desencadenando una ofensiva para precipitar la ejecutoria inquisitorial, ahogando el derecho en el saco sin fondo de los hechos, como veremos más adelante.

Desde octubre de 1484, la actitud del rey conduce a la necesidad de una gestión negociadora directa a través de una embajada. Es enviado Juan Ruiz de Eliori con unas instrucciones concretas, instrucciones redactadas con mucha mayor fuerza. La argumentación, ya empleada antes, se amplía con nuevas aportaciones jurídicas. Tres son las principales innovaciones:

1. La patentización de que Epila no fuera nombrado por el papa, ni subdelegado por el provincial, ni residente en el monasterio de Valencia. Se precisa que «fue requerido el dicho mestre Epila que mostrase su facultat y poder con que exercir intendía e no lo quiso hacer...».[37]

2. Se descarga toda la ofensiva dialéctica en la cuestión-clave de la Inquisición: los testimonios, exigiendo que no sean secretos: «Porque la vengança suele venir a veces de antigua memoria de danyos reçebidos es no menos necessario que tal inquisidor y sus ministros sean como el privilegio y los fueros ordenan porque mejor con el conocimiento de la gente vengan a la perfection de su arbitrio ni no se deze esto sin causa, que de algunos

36. ARV. Real 513, f. 170.
37. *Ibídem*, f. 203-204.

se sabe que malicia les fize acusar y creherse de muchos, pues saben que testimonios no son de publicar que vengan su corazón y su malicia, y puesto que los males deven esser primidos sin algun refugio, mucho se deve mirar de algunos o muchos injustamente culpados no pereixquan...»[38]

3. Precisión de limitaciones al sistema de confiscación de bienes: «Que la confiscación de los bienes de aquellos que seran condempnados se entiendan rematados las dotes de las mugeres y las deudas que parescían verdaderamente por aquellos esser devidos, con auténtica prova *entendiendo la confiscación del dia de la sentencia, e no del que cometieron el peccado.*»[39]

La respuesta del rey a la embajada no pudo ser más acre. La infructuosidad de las gestiones para doblegar al rey de su dogmática postura condujeron a una concienciación de la imposibilidad de la negociación sobre el tema-Inquisición. En los primeros meses de 1486 era evidente la irreversibilidad de la situación a la que la irreductibilidad del rey había conducido.

Ante esta desembocadura sólo había dos opciones: o la vía revolucionaria —vetada por la heterogeneidad del componente social de la contestación antiinquisitorial, heterogeneidad de imposible sintonía— o el penoso conformismo. Se optó por la segunda alternativa, pero el conformismo no fue silencioso. En marzo de 1486, en respuesta a un pregón agresivo del rey, se publicó un manifiesto donde se exponía con minuciosidad escrupulosa la serie de contrafueros cometidos por el rey en el *affaire* Inquisición, indicando incluso el fuero específico que había sido transgredido. Cinco contrafueros merecen destacarse especialmente:

1. El que los abjurados y reconciliados tengan que necesitar licencia para vender sus bienes. Contra el fuero 1 de Jaime I: «Los homes de la ciutat del regne de Va-

38. *Ibídem*, f. 204.
39. *Ibídem*, f. 204 v.

lencia puixen quant ques volran vendre tots lurs bens e el preu que de aquells bens hauran puixen absuportar la hon voldran francament e licitament sens algun enbargament...»[40]

2. El que los bienes de los penitenciados fuera del tiempo de gracia tengan que ser confiscados. Contra el fuero de Martín I en «rúbrica de crims»: «Qui sostendra pena corporal posat sots la present rubrica, ordenam que algun que haja abjurat de la heretgia o sia admes en penitencia per la sglesia *no perda alguns de sos bens...*»[41]

3. El que sean confiscados los bienes desde el tiempo en que se cometió la herejía *(a tempore comissi criminis)*. Contra el fuero de Jaime I: «Que los bens dels heretges son e seran confiscats a tempore sentencie e non a tempore comissi criminis.»[42]

4. El que los contratos hechos por los reconciliados o condenados sólo sean válidos hasta 1479 y no de esta fecha en adelante. Contra tres fueros: dos de Jaime I y uno de Martín I: «Prometem que nos no revocarem les vendes o les penyores de les coses movents o semovents per prechs ni per stancia de nengunes persones, ne encara de nostre plen poder, dementre empero que seran feytes segons les costums de la ciutat de Valencia...»[43]

5. El que se amenace al que haga fraude fiscal con 100 azotes y señal de fuego en la cara. Contra el fuero de Jaime I: «Aquell que soferra justicia corporal o perdra son membre, no perda altres bens, sens ans pusque fer testament de aquells bens e jaquir als hereus...»[44]

Hemos seguido la marea reivindicativa que suscitó la implantación de la Inquisición. Todas las resistencias fueron barridas por el rey. Vamos a analizar ahora en profundidad la posición de éste.

Su postura fue siempre autoritaria. A los primeros

40. *Ibídem*, f. 242 v.
41. *Ibídem*, f. 243.
42. *Ibídem*, f. 243.
43. *Ibídem*, f. 243 v.
44. *Ibídem*, f. 244.

greuges que el tema suscitó en las Cortes, el rey contestó desencadenando una ofensiva en julio de 1484, escribiendo a los jurados y a los nobles de la ciudad de Valencia, con recomendaciones tajantes: «Vos dezimos, encargamos y mandamos so incorrimento de nuestra ira e indignacion e pena de diez mil florines de oro e privación de vuestros officios que a los inquisidores e otros officiales e ministros de la Inquisición los honreys a cada uno segunt su grado, estado e condición e todas las veces e cada e quando vos requiriran les deys todo favor e ayuda que vos demandaran e hauran menester cada uno para regir su officio e ministerio...».[45]

Los peones que utilizará fundamentalmente para frenar la marea contestataria fueron el racional de la ciudad, fiel doméstico suyo, al que encarga: «Que en ninguna manera donen loch que embaxadors per part de aquixa ciutat vingan, ne huna sola ora la inquisició sia empachada...», el abogado fiscal, *micer* Dalmau, destinado a respaldar jurídicamente la maniobra de la introducción de la Inquisición y «postponer la advocació de la ciutat» y el gobernador, al que se le recomienda mano dura ejecutiva: «Vos manam que rebau informació de qui son stades les dites persones malignes que menaçan als inquisidors....» Incluso, el 31 de julio el rey envió a Valencia a Juan Fernández de Heredia como delegado personal suyo con una carta, que «fagays publicamente leer», cuyas contraargumentaciones a los *greuges* de las Cortes son dignos de conocerse:

1. Pudieron y debieron protestar antes del establecimiento de la Inquisición. Según el rey, cuando en Tarazona se deliberó el envío de los inquisidores, nadie protestó: «En la dita deliberació, la qual fonch manifesta a tots les persones que lavors en la dita Cort residien e si los semblava que en alguna cosa als furs, privilegis de aqueix regne se contrafeya *bé pogueren haverlo dit e per nos de continent se fora degudament provehit...*»[46]

---

45. ACA. Real 3684, f. 25-26.
46. ARV. Real 513, f. 200 v.

2. Los fueros no pueden justificar herejías: «No es de creure que tant catholichs regnícoles e habitadors de aqueix regne com foren los que impetraren los furs e privilegis impetrasen cosa que fos en favor de la heretgia...»[47]

3. Declaración de buenas intenciones, religiosas, no económicas: «E no negam que per lo interes o utilitat que de la cort se nos poría seguir ne per degun altre propi o particular interes haiam apostposar la honra e servey de nostre senyor Deu e exaltació de Sancta Fe Catholica, ans aquell ha de procehir a tot altre interes per gran que sia.»[48]

El cínico pragmatismo del rey se radicalizaría de agosto a diciembre de 1485. La versión que Ruiz de Eliori, el embajador enviado por las Cortes valencianas ante el rey, dio de la actitud de éste es bien expresiva: «Trobi altre mon que no havia deixat per que finalmente ninguna rahó admetía sino quen havia fet tot mirar y era cert que de res no demanavem justicia, sino que eram sobornats com altra vegada ens havia dit e que creya erem tots escomonicats... el rei estava tan encarat en aço que apenes se reduhí a creure que de bons ni havía, mas que tota via la passió eran gran e que per cosa del mon ell no atorgaría altre del que havia donat resposta sino al alguazir e que rompria la cort lavors no y havria greuge...»[49]

Paralelamente a una mayor presión sobre sus peones y un estímulo constante a los inquisidores: «Vos encargamos que si ya como creemos vos dexan facer vuestro oficio lo fagays segunt que de personas temerosas de Dios quales vosotros soys...», el rey descarga su atención sobre dos objetivos concretos, destinados a barrer las resistencias encontradas.

El primero es la consecución de todo un seguro de defensa anticanónico, consciente de las alternativas de la

---

47. *Ibídem.*
48. *Ibídem.*
49. BELENGUER, E.: *Op. cit.*, XXVI

política pontificia y de las presiones por el papa recibidas. El 15 de diciembre de 1484, el rey dicta una pragmática prohibiendo que puedan presentarse bulas aplicadas contra la Inquisición, pragmática que ratificaría nuevamente casi un año después, en noviembre de 1485: «Considerando que algunas personas del dicho delicto y peccado sospechosas como dalsas e iniquas informaciones perseverando en sus errores y malos propositos han impetrado de nuestro muy Sancto Padre bullas e rescriptos para obrir y detomar la dicha Sancta Inquisición de las quales bullas y escriptos sin esperar de nos mandamientos ni executoriales han usado y usan publicamente en grandissima offensa de la divina Majestat e menosprecio de la nuestra justicia; por tanto queriendo en ello devidamente proveer con tenor de la presente nuestra pragmatica statuimos, ordenamos y mandamos que ningun subdito natural o vassallo nuestro o otra qualquier persona eclesiastica o secular de qualquier estado, grado, dignidad o condicion que sea, no ose ni presuma presentar nengunas bullas, indultos, sescriptos o provisiones apostolicas, assí de nuestro muy Sancto Padre, como de legados, nuncios o comissarios, ni de aquellas, ni ninguna manera usar en todo nuestro Reyno de Aragón, que por vía directa o indirecta vengan o venir puedan contra la dicha Sancta Inquisición o contra la libre essecución o prosecución della o contra los inquisidores, ministros e officiales de aquella, sin special licencia, consentimiento, facultat e executoriales nuestras passadas por nuestra cancilleria.»[50]

La segunda jugada del rey fue la orden transmitida al gobernador de que sean impedidas las fugas el 3 de noviembre de 1484: «Porque havemos sabido que algunos malos christianos de los habitantes en essa ciudat e regno, mas temerosos de la pena corporal que de la perpetua spiritual por no obviar los errores en que fasta aquí han vivido e reducirse a verdadero condenamiento e confession de la Sancta Fe Catholica con coloradas escusas se absentan de essa ciudat e Regno con sus bienes e se van

50. ACA. Real, 3684, f. 34-34 v. y 64 v.

a Cathalunya e a Regnos nuestros e ahun a los estrangeros en gran offensa de Dios nuestro senyor e deservicio nuestro e danyo de la cosa publica dessa ciudat e Regno; es nuestra voluntat por ende que a su malicia sin como conviene proveydo e porque meior se faga vos encargamos que luego ajuntays conseio real en el qual fareys se faga la provision necessaria *para que ninguno no pueda hir ni transportar sus bienes...*»[51]

Asegurado el monopolio jurisdiccional y bloqueadas las hipotéticas víctimas, el rey liquidó o intentó liquidar todas las resistencias con una enésima, pero quizá más tajante que nunca, prohibición de impedimentos a la labor inquisitorial: «Perque a los inquisidors les prenem e posam sots nostra salvaguarda, comanda, proteccio, special guiatge, fe e deffensa real, manam que algu o alguns confiant de nostra gracia e mercé no sia gosat ne presumeixca a los dits Inquisidors molestar, damnificar, vexar, injuriar ni los fer mal ne dany en lurs persones e bens...»[52]

El último obstáculo que tuvo que salvar el rey fue la presencia de la representación episcopal en la persona de Macià Mercader, que ya había tenido fricciones con el inquisidor Gualbes, según dijimos, y que, de hecho, seguía creando problemas a la ejecutoria inquisitorial. El Rey Católico envió a su secretario Antoni Salavert con órdenes terminantes de liquidar a Mercader, apelando en caso de que hiciera falta al gobernador:

Item les direys que proque somos certificados que la assistencia e intervención del artiaca Mercader destorba e ahun danya la negociació mas que aprovecha ni endreça; que nuestra voluntat es que daqui adelante no entienda mas en ello ni como ordinario por nos que maestre Martin lo es como el, ni en virtut de la bulla porque no queremos que usse mas dells, antes los embiamos a mandar que nos la embie, por ende que daqui adelante no lo llame en nada ni curen del.
Item dareys su carta al dicho artiaca, e le direys que ya

51. *Ibídem*, f. 28.
52. *Ibídem*, f. 28 v.

sabe que a causa del cabitol entraron tales zizanias y passiones entre el y maestre Gualbes que fueron causa de tanto deservicio como a Dios nuestro senyor e fizo en el destorbo de la Sancta Inquisición e danyo en aquella ciudat e Regno por haverse porregado porque es cierto que quanto antes sera acabada antes seran los buenos fuera de la congoxa e infamia en que agora estan por la maldat que tales no son; porque somos certificados que ya entre el y maestre Epila hay tales principios de malicia que sino se atajassen produzirian tal destorbo que sera peor que lo passado. Por ende que nuestra voluntat es e assi se lo mandamos que por via directa ni indirecta no netienda mas daqui adelante en los negocios de la Sancta Inquisición ni por ordinario ni por virtut de la bulla...[53]

Efectivamente, Mercader fue sustituido por otro vicario, Martí Trigo, borrándose la injerencia episcopal.

Ahogadas todas las fuerzas contrarias, encargó el Rey Católico a Pere Miquel, prior de San Agustín y a *micer* Pedro de Luna que elaboraran en enero de 1485, un serial de justificaciones teóricas que respaldaran a posteriori el *coup de force* monárquico. El memorial es enormemente interesante. Sus puntos fundamentales eran:

1. Que los inquisidores habían mostrado, en todo momento, sus poderes y comisión a los oficiales eclesiásticos.

2. Que los fueros no comprenden el oficio de la Santa Inquisición ni otros oficios eclesiásticos creados por el papa y que por otra parte «todos los inquisidores que fasta aqui han sido de la herética providat en aquella ciudat o reyno lo han sido con comissiones del maestro de la orden o de los vicarios privinciales los quales han sido e son strangeros del reyno».

3. Que el alguacil y demás ministros todos son apostólicos y no reales y, por tanto, no adscribibles al régimen foral.

4. «Que no se faze agravio ni contrafuero en la con-

---

53. *Ibidem*, f. 35.

fiscación e mucho menos en la sequestración e inventariación, pues aquello se faze porque estén en seguredat los bienes para fazer dellos lo que la Inquisición por justicia mandaren que se faça.»

5. Que la reducción de la herejía tiene prioridad sobre cualquier iniciativa: «En ninguna cosa puede ser Dios nuestro senyor tanto servido ni aquel reyno tan beneficiado como en corregir tan abominable delicto.»

6. Que la Inquisición no podía ejercer como en el pasado y que los inquisidores actuales eran de toda confianza: «Mas ha parecido e parece por la obra como a causa de las sobornaciones e interesses e actos deshonestos que los inquisidores pasados han fecho por ser hombres de poca conciencia e solos en el ministerio, ha convenido que agora se hayan puesto personas doctas e de buena conciencia e acompanyadas e con tal conseio e ministros que ahunque algo sea acometido de fazer lo que no deva, los otros no lo consientan, ni den lugar a ello; e que en las cosas de la fe no se pueda poner tancta auctoritat e solemnidat que mucho mayor no se requiera e que si en aquel reyno hay tan pocos hereges como dizen tanto es la maior admiración que tengan temor de la Inquisición...»[54]

La ironía final venía a ser el contrapunto suave a la previa exhibición de fuerza.

La resistencia volvió a tomar fuerza en las nuevas Cortes de 1510, como veremos, pero fue diluyéndose apelando al intento de soborno de la monarquía si abolía el sistema de confiscaciones de bienes. De 1488 a 1491 se le llegó a ofrecer al rey 50.000 ducados, sin que llegara a fructificar el pacto.[55]

El dominio del rey de la situación no lo perdería ya en ningún momento, especialmente desde la ascensión al trono pontificio de Alejandro VI en 1492. Las reticencias

---

54. *Ibídem*, f. 36-37.
55. Llorente, J. A.: *Op. cit.*, I, 130-145; y Llorca, B.: *Los conversos judíos y la Inquisición española*, «Sefarad», VIII (1948), 369.

de Sixto IV (1471-1483) e Inocencio VIII (1484-1492) se transformarían en la docilidad de Alejandro VI (1492-1503), tan hábilmente aprovechada por el Rey Católico.[55 bis]

LA PUESTA EN MARCHA

Hemos recorrido con cierto detalle la primera *batalla foral* mantenida entre el rey y los representantes de las Cortes en torno al establecimiento de la Inquisición, que vino a ratificar y consolidar la victoria del rey tras la primera *batalla canónica* dirimida con el papa.

A la sombra del beligerante proteccionismo monárquico, la Inquisición echó a andar.

La Valencia del período que estudiamos era una ciudad efervescente. Sanchis Guarner ha etiquetado el período 1411-1521 como el del *esplendor flamígero de la Valencia burguesa*. La estabilidad monetaria, la actividad mercantil, la vitalidad artesanal, la expansión agrícola constituían los soportes económicos sobre los que se sustentaba una burguesía eminentemente consumista que exhibía su exultante euforia en la abundancia de construcciones suntuarias y en el derroche de su vitalidad humanística, que tanto impresionara a viajeros desde Nicolaus von Popplow a Jerónimo Münzer.[56]

Por debajo del dulce encanto de la burguesía valenciana, existía un sustrato moral de profunda laxitud en las costumbres en las que se conjugaba una indiscutible corrupción, el crecimiento del hampa, la prostitución y los juegos prohibidos.

Danvila describía así la situación moral: «Acostumbrados unos al servicio de la hueste, imbuidos otros por las demoledoras ideas que transpiraban de Italia y Alemania, frecuentadores éstos de fiestas, jolgorios, taber-

---

55 bis. LLORCA, B.: *Op. cit.*, 364-365.
56. SANCHIS GUARNER, M.: *La ciutat de València*, Valencia, 1972, 129-160.

nas y mancebías; amigos aquéllos de revueltas y motines, y todos dispuestos a pasar alegremente la vida, sin curarse para nada del porvenir, odiaban la sujeción de la tarea manual y vivían en la estrechez cuando no en la miseria, siempre dispuestos a la vagancia... La culpa era de la turba de extranjeros, vagabundos, rameras, mendigos, negros libertos, moriscos pobres, aventureros y demás gente holgazana y viciosa... esparcida esta lepra social por talleres, mesones, tabernas, garitos, mancebías, puertas de las iglesias, porterías de conventos y demás sitios públicos y viviendo del vicio o crimen, inficcionaba fácilmente a la parte menos honrada de la clase plebeya... ella le transmitía sus hábitos licenciosos y desordenados, sus salvajes concupiscencias del bien ajeno, su odio a los nobles y su indomable rebeldía a los poderosos que la enfrenaban. Levadura del mal... destruía la influencia de los hombres honrados y avivaba el fuego de las malas pasiones.»[57]

Pero, sobre todo, eran bien patentes las contradicciones intrínsecas al régimen feudal.

La variopinta producción agraria valenciana arrastraba una crónica crisis de subsistencias por la subproducción triguera que hacía posible la promiscuidad de la gula burguesa y el hambre popular. La vitalidad artesanal encubría una sorda lucha de clases dentro de cada gremio, así como una celosamente reaccionaria defensa del monopolio del mercado local, defensa innocua por la invasión del capital mercantil exógeno, promocionado por las exigencias cuantitativas de una demanda caracterizadamente consumista. La demografía reflejaba la alternancia de los tirones expansivos producidos por el heterógeneo y difícilmente integrable aluvión inmigratorio y las recesiones ante el siempre duro impacto de las pestes.[58]

57. DANVILA Y COLLADO, M.: *Las Germanías de Valencia*, Madrid, 1884, 34-35.
58. Para una panorámica general de la Valencia de este período vid. GARCÍA CÁRCEL, R.: *Las Germanías de Valencia*, Barcelona, 1975, 20-94.

La crisis del sistema feudal presuponía las lógicas respuestas defensivas por parte de sus privilegiados detentadores. La nobleza pisó el acelerador de la explotación agudizando la represión de sus vasallos a través de las múltiples fórmulas que sus prerrogativas jurídicas le permitían (incremento de los censos, aplicación del comiso...).
En este contexto hay que insertar el establecimiento de la Inquisición en Valencia.

* *

De agosto de 1484 a marzo de 1487 el Tribunal de la Inquisición valenciana estuvo en manos de Johan Epila, dominico y Martín Iñigo, destacado teólogo, canónigo de Valencia.
Aunque sabemos que el 7 de agosto de 1484 el inquisidor Epila se proponía poner en marcha la máquina inquisitorial: «lo reverent mestre Johan Epila, inquisidor de la heretica pravitat ha deliberat en lo dia de demà fer lo sermó per principiar la Sancta Inquisició a ell comesa per lear e gloria de Jhesucrist...», las resistencias encontradas retrasaron su puesta en marcha hasta noviembre de 1484. En este mes un edicto de gracia abría paso a la acción inquisitorial.[59]
En este edicto de gracia fueron reconciliados 5 individuos presentados dentro del plazo de tiempo de gracia —un mes— y 14 individuos confesos después del plazo de gracia.
El 22 de junio de 1485 Epila e Iñigo publican un nuevo edicto de gracia que sería prorrogado nuevamente el 18 de agosto de 1485. A la primera convocatoria acudieron 158 personas; a la segunda, 196.[60]
Inicialmente los reconciliados no sufrieron confiscación de bienes, sino tan sólo imposición de multas o composiciones que, por otra parte, no se aplicaban a tí-

59. ARV. Real 513, f. 178; y LEA, H. Ch.: *Op. cit.*, I, 239-242; y LLORCA, B.: *La Inquisición en Valencia*, en *Homenatge a Rubió i Lluch*, II, 1936, 397-398.
60. AHN, leg. 597 (4), 282-297.

tulo individual sino colectivo, generalmente por ciudades: «Item vos condenam e penitenciam que aiam a donar e donem de vostres bens en almoyna, pietat e subvenció pera adjutori de la guerra quel rey nostre Senyor fa contra los infiels e pera la subvenció d'aquest sacre offici de la Inquisició, per lo qual son trets de apostasia perfidia judayca e infidelitat e portats a la unió e gremi de Sancta Mare Sglesia... llibres, moneda de Valencia, no egualment per persones pagadores sino segons la tacha del que cascú de vosaltres tindrà en dues taules eguals...»[61]

En los edictos de gracia de 1484 a 1488 la ciudad de Valencia tendrá que pagar 11.720 libras, Xàtiva, 1.000 y Gandia, 720 libras.[62]

La penitencia no sólo era económica; comprendía también ayuno y misa, así como privación de exhibicionismo suntuario; imposición del sambenito y prohibición de salir de la ciudad.

Las penas en la Inquisición de Valencia, contra lo que dice Llorca, no fueron, pues, menos suaves que las de la Inquisición de Toledo u otro cualquier tribunal inquisitorial. Cabe destacar, desde luego, el largo período de gracia que es siempre superior al mes teórico que señalaba el artículo 3.º de las constituciones de 1484.[63]

Pero lo que resulta más penoso de los edictos de gracia es su demostrada inutilidad. La mayor parte de los abjurantes espontáneos, presentes en los edictos de gracia de 1484-1485, los vemos posteriormente procesados, de lo que se deduce que estos edictos de gracia no eran sino el punto de partida identificatorio de un largo y sufrido camino represivo que acababa con sentencias infinitamente más graves.

El 11 de febrero de 1486, fue definitivamente consolidado Torquemada por el papa Inocencio VIII como inquisidor general. El fin de la interinidad del mandato de

61. AHN, leg. 597 (2).
62. *Ibídem*.
63. LLORCA, B.: *La Inquisición española y los conversos judíos o «marranos»*, «Sefarad», II (1942), 509-515.

Torquemada se evidenció en una radicalización de la mecánica confiscadora y una mayor interconexión de los tribunales de Aragón, Cataluña y Valencia. A este respecto son significativas las «deposiciones» de diversos testigos en la Inquisición de Zaragoza contra valencianos: Jayme Borrás, corredor de lonja, *mestre* Colom, *mestre* Mas, Martín de Santpol, Jayme Navarro, con sus mujeres, madres, suegros e hijos fueron denunciados y procesados por iniciativa del Tribunal de Zaragoza.[64]

El 14 de febrero de 1486, Epila e Iñigo publicaron su último edicto de gracia al que acudieron 265 personas dentro del tiempo de gracia —hasta agosto de 1486— y 44 fuera del tiempo de gracia.[65]

En marzo de 1487 el equipo inquisitorial fue renovado, siendo designados Pere Sans de la Calancha, canónigo de Palencia, y Juan Lop de Cigales, canónigo de Cuenca.[66]

En los nuevos capítulos que se añadieron en enero de 1485 a las constituciones de octubre de 1484, en la primera cláusula, se precisa que «aya dos inquisidores con un buen asesor, los quales sean personas letradas de buena fama e conciencia». Efectivamente, junto al nuevo equipo inquisitorial figurará un asesor, presente en la figura de Francesch Soler, canónigo de Lérida, experto en derecho, asesor, que a falta de calificadores teológicos en este período, cobrará una gran importancia.

Asimismo, será nombrado un receptor de bienes confiscados que sustituye en esta función al maestre racional Joan Ram que, lógicamente, no puede hacer frente al progresivo aluvión de trabajo que originarán las confiscaciones de bienes. Será designado para este puesto Joan Claver, un hombre que gozaba de prestigio tras desarrollar esta misma función en Teruel, desde noviembre de 1486.[67]

64. LLORCA, B.: *Los conversos judíos y la Inquisición española*, «Sefarad», VIII (1948), 374-379, y AHN, leg. 597 (3).
65. AHN, leg. 597 (4), 307-325.
66. PÁRAMO, L.: *Op. cit.*, 188-189.
67. ARV. Maestre Racional, 8322 y 8347.

De la labor efectuada por la tríada Sans Calancha, Cigales y Soler conocemos dos edictos de gracia: en abril de 1487 y en febrero de 1488. Del primero ignoramos el número de personas presentadas, pero en el de febrero acudieron un total de 421, dentro del tiempo de gracia y 45 fuera de él.[68]

Las penas impuestas fueron similares a las de anteriores edictos de gracia: ayuno, durante un año los viernes (salvo «prenyades o parides que criaren»), privación de oficios y honores públicos y prohibición de llevar oro, plata y joyas, domicilio forzoso en Valencia, profesión pública con un cirio en la mano durante cinco domingos seguidos y tres vueltas en las tres pascuas de cada año (Navidad, Pascua de Resurrección y Pentecostés).

En 1488, fue destituido el equipo inquisitorial. Las razones de tan corto mandato las ignoramos.

El nuevo equipo constituido por frailes (fray Miquel de Montemunio, prior del monasterio de Dueñas, fray Diego Magdaleno, prior del monasterio de San Alfonso de Toro y Joan Ardiles, como asesor, aunque Soler seguiría realizando estas funciones, con gran disgusto de Torquemada), no por canónigos, limitó los edictos de gracia que fueron reducidos a dos: uno en 1489, del que nada sabemos y otro en abril de 1491 en el que se manifestaba:

Considerat que los conversos de la present ciutat humilment han supplicat la Real Magestat del Rey Nostre Senyor y lo Reverent senyor prior de Sancta Cruz com a Inquisidor general que les donassen edicte de gracia, dient que moltes persones o pressos de alguns errors per ventura vindran a manifestar sos errors e reconciliarse a la Sancta Mare Yglesia... per tant nos dits Inquisidors volent per los respectes damunt dits y altres tornar les ovelles perdudes al verdader camí e usant mes en aquestes parts de clemencia y pietat que de rigorosa justicia, cridam, citam, notificam, manam y amonestam per primera, segona y tercera mencó a tots los damunt dits y qualsevol de aquells que en qualsevol manera

68. AHN, leg. 597 (2).

han transpassat e delinquit contra la Sancta Fe Catholica guardant ritus e cerimonies judayques, paganicas, gentilicas o mahometicas o blasfemant hereticalment de nostre Salvador y Redemptor Jhesucrist, que aquesta nostra letra de edicte de gracia sera legida e publicada en la esglesia maior e catedral de la present ciutat de Valencia per que millor vingua o se presumeixca venir a ses noticies o de aquella sabran en qualsevol manera fins trenta dies... compareguen personalment donant nosaltres en la dita ciutat de Valencia en nostra audiencia que assi quam tindrem en lo palaci real de Valencia portant un scrit en forme de full major entregue les sues confessions scrites de llurs errors, excessos, heretgias y apostasías...»[69]

Las penas impuestas fueron juzgadas como demasiado leves por Torquemada que en septiembre de 1491, destituidos ya los inquisidores, afirmaba tajantemente que «mi instrucción y voluntat no fue que los presos citados ni relapsos gozen del edicto de gracia que se mandó dar y que a los que veniren a confessar impongan penitencias pecuniarias y corporales y que a los otros ya reconciliados que stavan y stan presos y han confesado en el edicto de gracia que se les diere carcel perpetua con confiscación de bienes y que a los que stavan y stan en carcel perpetua que assimismo han confessado en el dicho tiempo de gracia que los reciban y si se puede mas agraviar el carcer se haga con confiscación de bienes...»[70]

La acre actitud de Torquemada se ratificó con la revocación de Soler y Ardiles como asesores así como la orden de reducción del complejo burocrático, quitando un notario.

---

69. AHN, leg. 597 (3).
70. AHN, *Ibídem*.

III. La escalada hacia la madurez (1492-1516)

LA EXPULSIÓN DE LOS JUDÍOS

En 1491 eran relevados Magdaleno, Ardiles y Montemunio, y sustituidos por un nuevo equipo jerárquico constituido por Joan de Monasterio, canónigo de Burgos, y Rodrigo Sanç de Mercado, canónigo de Zamora, el primero de los cuales era un experto en jurisprudencia ya baqueteado en la problemática inquisitorial, pues venía de la Inquisición de Cartagena, mientras que Mercado era un buen político de extraordinarias relaciones en la Corte.[71]

El mandato de Monasterio y Mercado empieza con una radicalización por parte del rey de su avidez económica. Tras la destitución del receptor Claver por la escasa claridad de sus cuentas y tras un período de interinidad en la que se encargaron de la receptoría de Teruel, Martín de Coca y de la de Valencia, *mossèn* Blay Asensi, el 12 de febrero de 1492 es nombrado receptor Joan de Astorga, con incremento de poderes de que hablaremos más adelante, que sería sustituido el 16 de septiembre de 1493 por Amador de Aliaga, un funcionario de absoluta confianza del rey que permanecería en su cargo hasta 1524.[72]

La expulsión de los judíos es el acontecimiento más representativo de este período.

Por nuestra parte, sólo nos interesa la expulsión en función de la incidencia inquisitorial y por otra parte, ciñéndonos al marco geográfico que estudiamos.

¿Qué trascendencia tuvo la Inquisición en el fenó-

---

71. PÁRAMO, L.: *Op. cit.*, 189.
72. ARV. Maestre Racional, leg. 340, C 8331.

meno de la expulsión? Tradicionalmente, desde Páramo, se ha atribuido al fanatismo personal de Torquemada, que «conminó» a los Reyes Católicos a tomar tal drástica decisión tras el *coup de force* verbal del «Judas vendió una vez al Hijo de Dios por 30 dineros de plata. Vuestras Altezas piensan venderlo por segunda vez por treinta mil. ¡Ea, señores, aquí le tenéis, vendedlo!», escena reflejada modernamente por Emilio Sala en un cuadro conservado en el Museo de Arte Moderno de Madrid.

Aun partiendo de una realidad indiscutible —las presiones económicas de los judíos sobre los reyes, ejercidas a lo largo del tiempo y radicalizadas en 1492 con la oferta de 300.000 ducados, según Llorente— no creo que hoy nadie se crea que una medida tan trascendental como ésta sea la derivación de una frase y de una actitud *épatante*.[73]

El fenómeno de la expulsión es enormemente complejo. Las versiones sobre sus intrínsecas motivaciones han sido múltiples. Desde Menéndez Pelayo que carga la mano en «la *necesidad* casi piadosa de salvar aquella raza infeliz del continuo y feroz amago de los tumultos populares» a la historiografía judía que ha dado su interpretación puramente racista del hecho, se ha escrito mucho sobre el particular.

La explicación hay que verla, a nuestro juicio, en el largo manifiesto que acompaña la disposición de expulsión:

porque nos fuemmos ynformados que en nuestros Reynos avía algunos malos christianos, que judaysavan e apostatavan de nuestra Santa fe católica, de lo cual era mucha cabsa la comunicación de los Judíos con christianos... e otrosí ovimos procurado e dado horden commo se hiziese ynquisición en los dichos nuestros Reynos e Señoríos; la qual commo

---

73. LLORENTE, J. A.: *Op. cit.*, I, 152-155; LÓPEZ MARTÍNEZ, N.: *Los judaizantes castellanos y la Inquisición en tiempos de Isabel la Católica*, Burgos, 1954, 354-360; y DOMÍNGUEZ ORTIZ, A.: *Los judeoconversos en España y América*, Madrid, 1971, 27-47.

sabeys, ha más de dose años que se ha fecho e fase, e por ella han fallado muchos culpantes, segund es notorio e segund somos ynformados de los ynquisidores e de otras muchas personas religiosas e eclesiásticas e seglares; consta e paresçe el gran daño que a los christianos se ha seguido y sigue de la participación, conversación, comunicación que han tenido e tienen con los judíos; los quales se pruevan que procuran sienpre, por quantas vías e maneras pueden, *de subertir e subtraer de nuestra Santa fe católica* a los fieles christianos, e los apartar della, e atraer e pervertir a su dañada creençia e opinión, ynstruyéndolos en las çeremonias e observançias de su ley, hasiendo ayuntamiento donde les leen e enseñan lo que han de creer e guardar segund su ley, procurando de çircunçidar a ellos e a sus fijos, dándoles libros por donde rezasen sus oraçiones, e declarándoles los ayunos que han de ayunar, e juntándose con ellos a leer e enseñarles las estorias de su ley...[74]

El texto extractado pone el acento en la imagen que del judaísmo tenían los responsables de la expulsión que lo consideraban como una plaga subversiva a extirpar, una ideología marginal peligrosamente activista, en un contexto de acusado miedo a la contracultura judía, miedo excitado más que por los coyunturales *affaires* del Niño de la Guardia —que según Llorente se repitió en Valencia— o del médico aragonés Ribas Altas, por el terrorismo intelectual emanado de determinadas élites de conversos ultrapuritanos entre los que destacaría la obra de Alonso de Espina: *Fortalitium fidei*, junto a otros muchos como Pablo de Santa María con su *Scrutinium scripturarum*, Jerónimo de Santa Fe con su *Hebraeomastix*, Pedro de la Caballería con su *Zelus Christi contra Judaeos*, Pablo Heredia con su *De misteriis fidei*, Juan López de Salamanca con sus *Controversiae contra iudeos*...[75]

En el texto reseñado se cita a la Inquisición como instrumento represivo de culpas: «por ella han fallado muchos culpantes» y como órgano consultivo suministrador de información sobre la situación judía. Creemos que

74. Transcrito por LÓPEZ MARTÍNEZ, N.: *Op. cit.*, 355.
75. KAMEN, H.: *La Inquisición española*, Madrid, 1973, 42-43.

la función de la Inquisición en la expulsión no pasaría de este significado.

El duro decreto del 31 de marzo de 1492 fue seguido de una campaña de auténtica repesca religiosa por parte del Rey Católico, de promoción de la conversión, de apelación a la integración. El contraste entre la rigidez del decreto de marzo con su inflación del subversivismo judío y esta, por lo menos, aparente, apertura liberal es tan radical, que parece responder a dos visiones dispares del mundo judío, a dos enfoques teológicos y dos alternativas ante el problema: ¿extracción de la marginalidad para garantizar la ortodoxia unitaria o integración para su aprovechamiento colonial?

La pragmática dada por el rey, del 18 de marzo de 1492, es bien representativa de la segunda alternativa enunciada:

...notificamos y fazemos saber a todos y qualesquieras judios e judias en los nuestros reynos y senyorios stantes y habitantes e a los que a ellos venran e declinaran que los que dellos y dellas se convertirán a la sancta fe catholica y recebiran el sancto buautismo para vivir y morir en la fe e religión christiana como buenos y catholicos christianos, que los tales como estos nos serán acceptos y los tenemos en nuestra gracia y los tractaremos y mandaremos tractar favorablemente y no permetiremos que por su conversión sean maltractados en sus personas y bienes ni sean iniurados, escarnidos ni improperados, e que si alguno o algunos los iniuriaran de palabra o de fecho en personas o en bienes mandaremos penar y castigar rigorosamente y de tal manera que a los qui tal fizieran sea castigo y a los otros enxemplo, como sea razón que a los qui vienen a la fe sean de meior condición que no eran antes que a ella viniesse. E mas ahun proveymos y mandamos que persona alguna no sea osado a los tales que a la Sancta fe catholica se convertirán llamar o vituperar de nombres iniuriosos o si alguno lo contrario fiziera que incida en la pena que nos o nuestros officiales por nuestro arbitrio o suyo attendida la qualidat de la persona iniurante o iniurada le pusieremos o pusieren e que gozaran segunt que por la presente proveymos y mandamos que gozen de todos los fueros, usos, costumbres, constituciones, capítulos o leyes pragmatiquas o privilegios que los otros christianos en comun y en general gozan...[76]

Sabido es el buen número de conversiones anteriores a la expulsión denunciadoras, por otra parte, de la profunda desintegración de la cultura judía enormemente afectada desde el siglo XIV por la influencia del escepticismo averroísta tal y como ha subrayado Netanyahu.[77]

Pero ¿qué podemos decir específicamente de la expulsión de los judíos en Valencia? Los dietaristas y cronistas de la época no aportan ninguna referencia de interés sobre el tema. Tan sólo el *Llibre de Memòries* reseña: «En est any lo Senyor Rey Don Ferrando y la Senyora Reina dona Ysabel llansaren de tots los Regnes los juheus que nos volgueren batejar.»[78] La insensibilidad económica de las aljamas del Reino de Valencia a la expulsión, que ha estudiado Piles y la inexistencia de corte en la trayectoria genealógica de las familias procesadas por la Inquisición antes y después de 1492, nos sugiere que la cuantía de los expulsos debió de ser mínima.[79] Hay que tener bien presente que en Valencia, igual que en Barcelona, tras las matanzas de 1391 y las predicaciones de san Vicente Ferrer a comienzos del siglo XV, hubo conversiones masivas. Las 1.000 familias judías valencianas —cifra de Baer— del siglo XIV se convertirían casi en su totalidad. En 1492 había ya muy pocos judíos que expulsar en Valencia.[80]

Piles ha demostrado que los escasos judíos expulsa-

76. ARV. Real, 148 f. 5-5v.
77. NATANYAHU, B.: *The Marranos of Spain from the late 14th to the Early 16th Century*, Nueva York, 1966.
78. *Llibre de Memòries de València (1308-1644)*, Valencia, 1935, II, 704. Este dietario retrasa la fecha de la expulsión *real* de los judíos hasta 1494.
79. PILES ROS, L.: *La expulsión de los judíos de Valencia. Repercusiones económicas*, «Sefarad», XV (1955), 89-101.
80. BAER, F.: *Toledot ha-yehudin bi-Sefarad ha hostrit (Historia de los judíos en la España cristiana)*, Tel-Aviv, 1945, II; y MILLÁS VALLICROSA, J. M.: *Historia de los judíos españoles*, «Sefarad», V (1945), 436-437 y VI (1946), 174-175.

dos fueron tratados con notoria benignidad por parte del rey. Incluso fue nombrado un delegado, Juan Guart, para que se encargara del pago de deudas pendientes. Por nuestra parte, hemos comprobado documentalmente el detallismo asombroso con el que Fernando el Católico fue resolviendo la compleja casuística —especialmente en torno a las deudas pendientes— suscitada por la expulsión, con indiscutible sentido proteccionista hacia los expulsos, como reflejan los *guiatges* concedidos.[81]

La Inquisición valenciana en 1492 sólo procesó a 10 individuos (Luis Almudever, Alfonso Delgado, Isabel Amorós, Juan Aragonés, Juana Desfar, Juan Domenech, Bernardo Macip, Gabriel Matrell, Francisco Palau y Francisco Torrellas), acelerando su ritmo de actividades en 1493.[82]

DE TORQUEMADA A DEZA

En 1498 a la muerte de Torquemada fue nombrado inquisidor general fray Diego Deza. La etapa Deza se caracteriza por una ampliación del radio de acción jurisdiccional de la Inquisición que se extenderá a la usura, la sodomía y la bigamia y por una apertura formal reflejada en la suavización de la normativa procesal manifestada especialmente en los 7 artículos de la 5a. Instrucción de Sevilla de junio de 1500, apertura contrapesada por la agudización de la represión ideológica (disposición de septiembre de 1499 prohibiendo el regreso de judíos tras la expulsión; rigidez con los moros granadinos en 1501 que les llevaría a su expulsión o forzosa reconversión).

El mandato de Deza como inquisidor general repre-

---

81. PILES ROS, L.: *Op. cit.*, 95. Vid. del propio PILES: *Los judíos en la Valencia del siglo XV. El pago de deudas*, «Sefarad», VII (1947), 151-156; y *Los judíos valencianos y la autoridad real*, «Sefarad», VIII (1948), 78-96.

82. ARV. Maestre Racional, leg. 339, C. 8327 y leg. 340, C. 8331-8332.

senta, por otra parte, una cierta relajación descentralizadora que propiciaría la salida del anonimato de algunos inquisidores locales, de lo que es buen reflejo el caso Rodríguez Lucero en Córdoba. La aceleración represiva que significó Deza se evidenció en la acentuación del número de procesados en Valencia (de 15 procesados en 1496 se pasó a 63 en 1499) y en la decisión de afrontar asuntos pendientes, congelados por diversas presiones, como el de la sinagoga valenciana, cuya existencia se conocía o sospechaba desde bastante tiempo y que se decidió liquidar en 1500.

En enero de 1500 fue descubierta la sinagoga de Valencia que estaba situada en casa del matrimonio compuesto por **Salvador Vives Valeriola** y **Castellana Guioret** —tíos de Luis Vives. Ella y su hijo Miquel Vives fueron procesados y condenados a muerte en 1501. Salvador Vives había ya muerto en el momento del descubrimiento de la sinagoga.

Veamos cómo describía el fiscal de la inquisición de Valencia el momento de la entrada inquisitorial en la casa-sinagoga:

...en este Sancto Officio teniamos vestigio como en una casa de un converso desta ciudat llamado Miquel Vives todos los sabados se encendian gran multitud de candelas y lumbres y *hazia mas de medio anyo sabiamos lo continuavan*. E sus reverencias visto esto aunque havia information que de los sabados e otros dias hazian grande differencia en los guardar proveyeron que se procediesse a caption de los de la casa y que un viernes a la noche fuessemos por los fallar con el furto en la mano, e assy por estar el alguazil doliente y viejo el hermano Martin Ximenes y Joan Perez e yo que con los Sennores Inquisidores solos specialmente el caso sabiamos y otros dos que nos acompanyavan, despues de anochecido, que vimos de una parte la luminaria, fuemos dissimuladamente a la puerta de la casa por ver siestava abierta y hallamosla cerrada... y con ayuda de Dios e zelo de la fe augmentaronse las fuerzas y dieron con la dicha puerta en tierra y entrados dentro hallaron en la dicha camara la qual estava muy bien ataviada las cosas siguientes. Primeramente tres lamparas grandes encendidas. Item en medio de la camera colgado un candelero o candil de laton en que ardian ocho mechas con aceyte. Item a la una parte de la dicha camera estava una mesa cuberta con una alcalifa muy rica y a los quatro cantones de la mesa y en medio de una parte y otra seys candelas de cera a forma de velas... Yo y mi compañero mientre esto se faszia y veya, deffendimos la puerta no dexando sallir ni entrar a nadye aunque todos los que estavan dentro quisieran y tentaron ni pudieran sallirse y yrse y assy el hermano Martin Ximenez y Joan Perez dexando uno arriba en la camara que mas verdaderamente Synagoga se puede dezir para que la guardasse baxaron baxo y prendieron al dicho Miquel Vives senyor de la casa que estava a mi costado porfiando por sallirse y a su muger que es de las mas gentiles desta ciudat y fallamos menos a la madre de dicho Vives o no la podiamos fallar ni el fijo ni la nuera no querian dezir donde estava y aassy tomamos una mochacha de casa y con temores que le fizimos dixonos donde estava que era un studio que la puerta no parescia sino un armario...[83]

El descubrimiento de la sinagoga y su secuela de ajusticiados debió provocar la serie de tensiones que denunciaba el receptor en mayo de 1500: «Han comensat greus discordies les quals me han donat grans fatigues hi treballs y dificultats pera seguir lo carrech que yo tenía...», tensiones que condujeron al relevo de Monasterio y Mercado que fueron sustituidos por Juan de Loaysa, canónigo de Zamora —que entraría en funciones el 12 de mayo de 1500— y Justo de San Sebastián, canónigo de Palencia —que tomaría posesión el 2 de noviembre de 1501.[84]

LA NUEVA OFENSIVA FORAL

La labor de Loaysa y Justo de San Sebastián fue de continuación de la agudización represiva con un total de 126 procesados en el período de su mandato.

83. ACA. Real 3684, f. 168.
84. ARV. Maestre Racional, leg. 339, C. 8329.

En octubre de 1505 se incorporó como inquisidor en Valencia Toribio de Saldanya y en junio de 1506 lo haría el teólogo Gaspar Pou, quedándose Loaysa como asesor hasta 1509, año en el que se va a Roma como representante general de la Inquisición ante el papa, con el objetivo de frenar toda maniobra antiinquisitorial.[85]

Poco después del relevo del Tribunal en Valencia dimitió Deza ante las presiones de Felipe I el Hermoso, según Llorente. En 1507 se desglosó por primera vez la Inquisición en dos entidades con el nombramiento de dos inquisidores generales, uno para Castilla (Cisneros) y otro para la Corona de Aragón, fray Enguera, valenciano, obispo de Vic y dominico. En 1513 fue nombrado para este cargo Luis Mercader, obispo de Tortosa, que lo ocuparía hasta su muerte en 1516, año en el que se volvería a la primitiva uniformidad.

El período 1507-1516, único período de autonomía de la Inquisición en la Corona de Aragón, independiente de Castilla, se caracteriza por un ritmo normal de procesamientos, sin suavización alguna. En noviembre de 1509 entraría como nuevo inquisidor en Valencia, Gisbert Joan Remolins, canónigo de Lérida, sustituyendo a Saldanya. Remolins y Pou serían sustituidos en 1512 por Andrés Palacios, buen jurista, y Juan Calvo, canónigo de Calatayud.[86]

Los años de autonomía de la Inquisición en la Corona de Aragón sirvieron para fraguar la segunda gran contraofensiva de los conversos, apoyada en parte en el papa León X, sucesor de Alejandro VI, que había sostenido incondicionalmente la política monárquica en todos sus puntos, muerto en 1503.

Como en 1484 la plataforma del ataque a la Inquisición fueron las Cortes. Las Cortes de Monzón de 1510 prolongadas en Barcelona en 1512 desencadenaron una andanada crítica contra la ejecutoria inquisitorial.

---

85. PÁRAMO, L.: *Op. cit.*, 190.
86. *Ibídem.*

Los *greuges* planteados fueron 35, que pueden estructurarse de la siguiente manera:[87]

A) Relativos al tribunal.

1. Sobre los funcionarios:

— Limitación de abusos de oficiales y control de las prerrogativas de los familiares (capítulos 1, 2, 3, 5, 16, 24, 25, 27, 28 y 29): «Que si alguna persona haurà comes delicte algu grave, per lo qual meresques esser punit de pena corporal, no sie admes a esser Oficial, ni familiar del dit Sanct Offici» «e de present Sa Reverendissima Senyoría modera lo nombre de la familia del Sancto Offici a trenta homes del qual nombre no abusarà».

— Prohibición del ejercicio del comercio a los oficiales de Inquisición (capítulos 6 y 31): «Que si algun Official de la Inquisició exercirà art mercantivol, que sie privat del offici que tindrà de la Inquisició.»

— Resolución de las exenciones de los oficiales y ministros del Santo Oficio y no redención del pago de impuestos (capítulos 10, 19 y 32): «Que los officials y ministres del Sanct Offici paguen e contribueixcan en les impositions e drets de la ciutat hont habitaran.»

— Exigencia de cumplimiento de todos los capítulos a los Inquisidores (capítulos 33, 34 y 35): «Que lo Reverendissim Senyor Inquisidor y altres particulars qui de present son en lo Principat de Cathalunya hajan de jurar ab acte public, de tenir y servar y complir ab effectes totes e sengles coses en les presents capitols contengudes.»

2. Sobre la competencia:

— Sustracción de la jurisdicción inquisitorial de la bigamia, blasfemia y usura (capítulos 4, 7 y 20): «Que los

---

87. *Constitucions i altres drets de Cathalunya*, Barcelona, 1704, lib. I, 18-23.

Inquisidors no conegan de blasfemia, exprimint alguns casos que sapiam manifestan haeresiam, com es negant esser Deu o negant omnipotencia en Deu», «que los Inquisidors no se entrametran, sino que mal sentissen del Sagrament del matrimonio», «que no se entrametra de les dites usures, sino en cas que algu affermas, que usura no es peccat».

— No intromisión de los inquisidores en lo referente a los diputados de la Generalidad (capítulo 11).

— Exigencia de mayor intervención del ordinario en las causas de herejía (capítulos 26 y 30): «Item per quanto per disposició de dret les Ordinaris o Diocesans han de concorrer ab los inquisidors en la cognitió y decisió dels crims e causas de heretgia, que placia a Sa Atesa e lexar als Ordinaris que se hajan en la cognició, declaratió e executió rejens per dret comun, es disposat e ordenat.»

B) Referentes a los procesados.

1. Reivindicaciones que les atañen propiamente a ellos:

— No excomunión por crimen de herejía si no se es perseverante durante un año (capítulo 9): «Que sie entes del excomunicat declarat per excomunicat, e publicat, perseverant per un any, o mes en dita excomunicatió, o no de altre excommunicat no declarat, ni publicat, pues empero no sie excommunicat per crim de heretgia.»

— Consesión de un amplio margen a la apelación judicial (capítulo 17): «Que las appellations interposaderas dels Reverents Pares Inquisidors se interposen per al dit Reverendisim Senyor Inquisidor General, lo qual ab los del Consell Reyal vejam, e judiquem las appellations; e que penjant tals appellations no sie feta execució de la sentencia, dat empero temps competent per a les causes de appellatió, ço es, vint dies per introduir la causa de appellatió o trenta de ferse com es introduida...»

— Advertencia respecto a los falsos testimonios (capítulo 18): «Que en cas que per alguns testimonis falsos deposants de los zelos algu haurà estat relaxat, alias liurat a la Cort Secular que en tal cas lo Inquisidor faça iusticia, tant quant les Sagrades Canones li permeten...»

2. Reivindicaciones que afectan a su familia:

— Posibilidad de recobrar la dote por parte de la mujer, inocente de la culpa del marido o del suegro (capítulo 13): «Que si lo marit o sogre serà condemnat per heretge y lo fisc occuparà los bens de aquells, que sie obligat restituir lo dot a la muller catholica que haurà portat, constant legitimament lo dit dot esser pagat o rebut per lo marit o per lo sogre condemnat, ab aço que lo marit fos reputat per bon christià...»

3. Reivindicaciones que benefician a personas en relación mercantil con ellos:

—Validez de las transacciones de bienes y de las liquidaciones de deudas, aunque el vendedor de estos bienes o el deudor de estas deudas hayan sido condenados posteriormente por la Inquisición: «Que si algu bona fide y sens frau haurà pagat o pagarà algun deute ans de esser condemnat per heretge o sos hereus, que en tal cas verdaderament haja pagat e no en frau, no puga esser impedit del dit deute, ni per la dita rahó, ni molestat per lo fisc, ne per altra persona de la Inquisició.» «Que si algunes persones hauran comprat o compraran algunes propietats, o altres coses de alguns que apres de la compra seran estats condemnats per heretges o hauran pagat lo preu e aquell preu feurit versum vere, vel presumptive en utilitat del patrimoni condemnat per heretge, tal preu sie restituit si lo Fisc volrà reivindicar les dites coses.»

— Protección total al poseedor de bienes inmuebles durante 30 años, que hayan pertenecido con anterioridad a herejes e imposibilidad de exigir las deudas de herejes no reclamadas judicialmente durante 30 años, especificándose que los 30 años sean considerados continuos y no intermitentes y sin ninguna reducción: «Que los que hauran posseit, e posseiran bens inmobles, que sien estats de heretges, per titol honeros o lucratiu, per temps de trenta anys, no sien per lo fisc del dit Sanct Offici ni per altres persones molestats, ni vexats, ni a aquells dits bens los pugan esser demanats per lo dit Fisc del dit Sanct Offici de la Inquisició.» «Que les deutes e credits com altres que son estats de dits heretges que per trenta anys no seran estats demanats judicialment, que no pugan esser demanats ni exigits.»

— Levantamiento de la prohibición de comercio con conversos (capítulo 15): «Que sie levada tota prohibició, si alguna ni ha feta, que algu no prenga, ni lo cambi de fet ab conversos o altrament negocie ab aquells, per que nos seguexca dany a la negociatió mercantivol, e perill per ignorantia de algu.»

* *

Paralelamente se ofrecía al rey la cantidad de 600.000 ducados, según Llorente, si establecía que los procesos fueran públicos, conociéndose los nombres de los testigos.[88]

La validez de los capítulos fue pronto puesta en entredicho por el rey que intentó anular su juramento a la observancia de esta concordia, e incluso el papa, en un documento del 30 de abril de 1513, le eximía del juramento hecho en las Cortes de seguir los fueros y actas de corte. Pero ante la oposición encontrada, el propio papa León X revocó su anterior bula y optó por ratificar las conclusiones de las Cortes el 12 de mayo de 1515. En agosto de 1516 una bula del mismo pontífice confirmaba las conquistas sociales frente a la Inquisición, estableciendo, severamente, que los inquisidores respeten las instrucciones dispuestas en las Cortes.[89]

En enero de 1516 moría el Rey católico. Según Lloren-

---

88. LLORENTE, J. A.: *Op. cit.*, I, 215-221; y FORT I COGUL, E.: *Catalunya i la Inquisició*, Barcelona, 1973, 218-225.
89. LLORENTE, J. A.: *Op. cit.*, I, 216-217.

te, fue el propio Cisneros el que promovió el nombramiento de Adriano de Utrech, maestro del príncipe Carlos, como inquisidor general. El hecho cierto es que en noviembre de 1516 Adriano de Utrech fue nombrado inquisidor general, único para Castilla y la Corona de Aragón, cargo que ostentaría hasta septiembre de 1523, varios meses incluso después de su elección como papa en enero de 1522.[90]

---

90. LLORENTE, J. A.: *Op. cit.*, I, 214-215.

IV. La difícil prueba (1515-1523)

CARLOS I: ESPERANZA FRUSTRADA

La ascensión al trono español del nieto de los Reyes Católicos hizo abrigar esperanzas de suavización en la línea monárquica seguida respecto a la Inquisición, esperanzas fundadas, en gran parte, en la actitud de sus consejeros flamencos y en la predisposición aparente del rey a la aceptación de los sobornos ofrecidos.

Pero la tan deseada relajación en la rigidez represiva no se produjo. Hubo, eso sí, algunos cambios en la trayectoria inquisitorial que merecen destacarse:

1. El retorno a la uniformización inquisitorial bajo el clisé castellano y en la persona del inquisidor general, cardenal Adriano.

2. El absentismo del rey de la problemática inquisitorial, desde 1520, entre otras razones por la extraordinaria influencia personal del cardenal Adriano, futuro Adriano VI, inquisidor general de 1518 a 1523. Carlos I delegó de manera total sus poderes el 12 de septiembre de 1520 en el inquisidor general: «Confiando de vuestra grande suficiencia y recto juizio, industria y prudencia, con tenor de las presentes de nuestra cierta ciencia y autoridad real, vos damos y cometemos nuestro poder cumplido y bastante con plena y entera facultad y comissión porque, durante la dicha nuestra ausencia de los reynos de Espanya, vos el dicho Inquisidor general podays proveher, crear y nombrar en todos los Inquisiciones de los dichos nuestros reynos y senoríos de las Coronas de Castilla, Aragón y Navarra, por quanto fuese nuestra voluntad, juezes de bienes confiscados e otros qualesquiere personas y qualesquiere otros officiales y mi-

nistros...» La compleja actividad de su condición imperial le llevaría a abstraerse por completo de la Inquisición.[91]

3. Mayor centralismo administrativo con exigencia, incluso, de contribución económica de los Tribunales provinciales de la Inquisición al Consejo de la Suprema.

Pero la mayor significación del reinado de Carlos I en la ejecutoria inquisitorial fue su decidida ratificación de la Inquisición como tal, abortando la ofensiva antiinquisitorial, ofensiva como siempre adherida a la plataforma reivindicativa implícita en las Cortes. Ya Cisneros, en el interregno entre la muerte del Rey Católico y la llegada del rey Carlos I, consciente de la campaña de los conversos, advertía en marzo de 1517 al rey que la Inquisición era un Tribunal tan perfecto que «on jamás parece tendrán necesidad de reformación y será pecado mudarlos».[92]

La invitación al inmovilismo inquisitorial por parte de Cisneros estaba en función de una reforma estructural que se rumoreaba estaba fraguando el papa León X. El proyecto de reforma en cuestión —que no llegó nunca a cuajar— lo conocemos a través de una carta del rey Carlos I a su embajador en Roma, Lope Hurtado de Mendoza, el 24 de septiembre de 1519, carta en la que, como veremos, el rey consagró todo su esfuerzo en suspender el proyecto en cuestión:

...y explicad cómo agora, pocos días ha, por letras de algunas personas que en aquella su corte residen, fuimos avisado que su santidad estava en acuerdo de mandar hazer y despachar una bula sobre las cosas del santo officio de la ynquisición, y revocar por ella todos los privilegios y statutos particulares y generales que por lo pasado se ayan fecho y concedido en favor de la Ynquisición, y assí mesmo las exepciones y rescriptos dados en su perjuicio en favor de qualesquier persona, y juntamente revocar todos los Ynqui-

91. ARV. Maestre Racional, leg. 342, C 8340.
92. Fita, F.: *Los judaizantes españoles en los cinco primeros años (1516-1520) del reinado de Carlos I*, «Boletín de la Real Academia de la Historia», XXXIII (1898), 330.

sidores que al presente están proveydos y entienden en hazer la ynquisición contra el delito de heregía, y que solo puede por Ynquisidor general el muy Reverendo Cardenal de tortosa de nuestro conseio, é que para crear nuevos ynquisidores se guarde la orden que los prelados con sus cabildos nombren cada dos personas, cuyos nombres se presenten al dicho Inquisidor general para que haga election de los que toviere por más ydoneos para ser ynquisidores, y los notifique á su santidad, que los mandará confirmar, los quales de dos en dos años estén á syndidado; y que la intención de su santidad es que la forma del proceder se guarde el derecho común y lo que está ordenado por los sacros cánones, teniendo esto por cosa muy santa y buena...[93]

Es decir, el proyecto consistía en realzar la capacidad —primitiva capacidad— de los obispos para nombrar inquisidores locales, que tendrían, por otra parte, un mandato fijo bianual y el retorno al procedimiento jurídico del derecho común.

Paralelamente a las presiones de los conversos en Roma promocionando el proteccionismo pontificio, en España las Cortes, como decíamos, desencadenaron una campaña —el tercer intento de apertura— de erosión de la identificación del rey con la Inquisición. En las Cortes de Valladolid de febrero de 1518 se le arrancó al rey una concordia de 40 artículos, el último de los cuales pedía tajantemente: «Que Su Alteza provea que el oficio de la Santa Inquisición proceda de modo que mantenga la justicia, y que los réprobos sean castigados y no sufran los inocentes.» De las peticiones de las Cortes emanaron unas instrucciones, que bajo el patrocinio de Jean le Sauvage, canciller del rey, propugnaban que los jueces no recibieran participación en los bienes de los condenados; moderación en las cárceles y tormentos; no comprometer a los hijos y los nietos de los condenados; borrar los nombres de los condenados y reconciliados y que en los procedimientos se seguiría el derecho canónico.[94]

93. FITA, F.: *Op. cit.*, 331.
94. GUTIÉRREZ NIETO, J. I.: *Los conversos y el movimiento comunero*, «Hispania», XXIV (1964), 256-257.

En las Cortes de Zaragoza, de mayo de 1518, se ratificaban los progresos conseguidos en 1512 con una nueva concordia de 31 capítulos, similar en su contenido a la castellana. El rey intentó, a través de su embajador en Roma, Jerónimo de Vich, que el papa le concediera la revocación de los artículos y la dispensa del juramento que había hecho de observarlos. Las Cortes, sin embargo, habían ya dado el paso de hacer que la firma de Carlos fuera autentificada por Juan Prat, notario de las Cortes. Las intrigas en Roma han sido bien descritas por Llorente. El papa pareció favorecer los intereses de los conversos dictando el 14 de diciembre de 1518 un breve al cardenal Adriano facultándole para imponer penas a los testigos falsos.[95]

La reacción de la Inquisición fue violenta. Juan Prat fue detenido, acusado de falsificar los artículos redactados en las Cortes. El nuevo canciller Gattinara redactó documentos nuevos que envió a Roma pretendiendo que éstos eran los genuinos, y los anteriores falsos. La disputa constitucional fue acre y en tonos extraordinariamente violentos. El papa intervino en la disputa a favor de los intereses conversos exponiendo su intención de reducir los poderes de la Inquisición a los límites de la jurisdicción canónica ordinaria y revocando anteriores privilegios.

La ofensiva diplomática del rey en Roma, a través de los representantes diplomáticos Jerónimo de Vich y don Juan Manuel, señor de Belmonte, embajada que sería incrementada con la presencia de don Lope Hurtado de Mendoza, consiguió abortar la bula papal sin que llegara a publicarse.[96]

La maniobra fue denunciada y transmitida por los diputados aragoneses a los catalanes, con el objetivo de que conocieran la situación e hicieran frente común en las Cortes que se iban a reunir en Barcelona. La carta cons-

---

95. LLORCA, B.: *Los conversos judíos y la Inquisición española*, «Sefarad», VIII (1948), 387-389.
96. LLORENTE, J. A.: *Op. cit.*, 225-230; y KAMEN, H.: *Op. cit.*, 75.

tituye todo un testimonio de solidaridad interregnícola:

...en las cortes que agora celebraron en este reyno por parte de aquell fue supplicado al rey nuestro senyor mandasse observar los apuntamientos que en las cortes generales de Monçón se concordaron y más provehir y remediar los abusos que por los officiales y ministros del officio de la Sancta Inquisición se hazían, no solamyente en estos reynos, más aun en esse Principado y en el reyno de Valencia y como quyere que su alteza tuvo por bien de hacerlo por acto aparte en el folio testificado por Joan Prat, notario de las Cortes de este reyno, con intervención del senyor arzobispo de Saragosa y del vicecanceller e iusticia de Aragón que fueron testigos del acto y se sussignó en aquel el grande canceller y juró su alteza complir lo contendido en aquella capitulación y acto como vuestras mercedes entendemos no deben ignorar, a fin que las costas del officio de la Inquisición se executassen que se debe iusta al drexo canónico porque de allí no se excediessen, el qual acto en forma pública fuere enviado en Roma, sabemos de cierto nuesso muy Sancto Padre stava para lo confirmar salvo que algunos que se studiaron en destorvar el negocio dixeron que ell acto no era vertadero sino falso y allí se turbo la confirmación y ahora por dar color a lo que han dicho del acto susodicho el reverendissimo senyor cardenal e inquisidor general a provehido que el dicho Joan Prat que recebió y testificó el dicho acto consedido y jurado por su alteza, sobre esto fuesse preso como lo ha sido por los inquisidores de esta ciudad... y assí pareciendo a todo este reyno que sto es cosa muy exorbitante y preiudicial no solo estos reynos e contra la libertades de aquell, mas ahun es interesse comun y que no menos toca a los desse principado, a los de Valencia por ser cosa nueva y nunca vista ni hoida en estos reynos y porque este reyno tiene de vestras mercedes confiansa muy cierta que en qualquyere cosa propia que lo toque, tanto mas en esto que es de muy grande importancia y toca ygualmente interesse a los desse principado, que se han de emplear con todas sus fuerces y medios para que se compla lo jurado por su alteza a los stamyentos deste reyno en tiempo de cortes, que si esta introducción se diesse, ninguna cosa estaría segura a los destos reynos...[97]

97. ACA. Generalidad, 1007, f. 42-43.

En las Cortes de 1519, en Barcelona, se trató del polémico tema de la Inquisición, pero no con la virulencia temida por el rey. La contestación a la Inquisición fue frenada por las fuerzas vivas nobiliarias representativas de los intereses del rey, especialmente el duque de Cardona. En noviembre de 1519, ya muy avanzadas las Cortes, todavía el brazo militar deliberaba si convenía o no enviarle una embajada al rey, entonces en Molins de Rey, para tratar del *affaire* de la Inquisición. La oposición del duque de Cardona, con tan sólo dos votos en contra y diecisiete abstenciones —la mayoría de ellas porque «la hora es passada y no vol votar»—, ahogaría, una vez más, la iniciativa nobiliaria que hubiese podido ser muy fructuosa ante la necesidad pecuniaria del rey que propiciaba su claudicación.[98]

De hecho, en los fueros, la Inquisición, una vez más, salió bien librada. Sólo en las actas de Corte quedó plasmada la intencionalidad limitativa respecto a la Inquisición por parte, fundamentalmente, del brazo real. De una parte, se fijaba la no exención para los oficiales del Santo Oficio de la jurisdicción ordinaria en asuntos que no concernieran a la Inquisición; pero las disposiciones más importantes se encaminaron a proteger a los compradores o adquirientes de bienes de condenados por herejía, si la compra se hizo antes de que el vendedor fuera procesado, aunque no hubieran pasado los teóricos treinta años, período, inicialmente, estipulado para la prescipción de los hipotéticos bienes de los procesados:

Si qualsevol particular, persona, collegi o universitat, de qualsevol persona de crim de heretgía condemnada, e la condemnacio del qual era publicament denunciada, o de altre qualsevol cosa, per contracte, o quasi en altra manera obligada, drets y accions ab bona fe haura acquirits axi per titol oneros com lucratiu, encara que apres de la dita tal acquisició lo dit alienant de quiles tals coses ab bona fe seran acquirides o a qui la obligació de les dites coses per tangues, apres del dit crim de heretgia, fos trobat avisat o convençut

98. ACA. Generalidad, 1009, f. 196.

y haver caygut en dit crim ans de la alienació o acquisició de la obligació... no pugan en qualsevol manera ser molestats, enquietats e trets per officials o el fisch del Sanct Offici de la Inquisició...[99]

VALENCIA, FUERA DE JUEGO DE LA LUCHA ANTIINQUISITORIAL

En pleno desarrollo de las Cortes de Barcelona de 1519, el rey se planteó la obligación de prestar su juramento en el Reino de Valencia, comprometiéndose a respetar los fueros y privilegios del país. La actitud del rey fue netamente absentista y nada complaciente respecto a las presiones —fundamentalmente nobiliarias— de venida a Valencia, camuflando, desde luego, su posición, entre un cúmulo de excusas y justificaciones de toda índole.

El 28 de junio Carlos I es elegido, por unanimidad, emperador, aunque no sea coronado; sólo es proclamado Rey de Romanos. El 6 de julio la ciudad de Valencia tiene noticia de la elección del emperador manifestando los jurados que «molt nos som alegrats perque speraven la inmensa bontat que sera per a servey de aquella e bé de la cristiandat e dels subdits e vassalls de aquella...».[100]

El 12 de julio de 1519 el rey escribía al gobernador en los siguientes términos: «havemos visto hun fuero del rey don Pedro I desse Reyno que trata del juramento que se ha de prestar por los sucesores en aquel, al qual no restrinye a que el dicho juramento se haya de prestar en la dicha ciutat de Valencia y specialmente en tiempo de sospencha de peste...» y se ordena al gobernador que «hagays juntarse los del Consejo Real desse Reyno y hablándoles acerca desto de nuestra parte fagays que tomen resolución y acuerdo si dichas Cortes pueden con-

99. ACA. Real 3897, f. 97-98.
100. Archivo Municipal de Valencia (AMV), Lletres Misives, g³-41, f. 111.

vocarse para otra parte que para esa ciutat», exigiéndole que le envíe noticias de ello.[101]

El 16 de julio el rey notifica al *bayle* la convocatoria de Cortes en San Mateo para el 30 de agosto de 1519. El 25 de julio notificaría al mismo *bayle* la convocatoria citada. El 26 de julio el rey escribe al gobernador informándole de la convocatoria de las Cortes en Sant Mateu, a la vez que le ordena intervenga para que no entre en dicha villa persona alguna proveniente de Valencia, con riesgo de propagación de la peste. En los mismos términos se envía otra carta a los jurados el antedicho día.[102]

El 12 de agosto, los jurados piden que las Cortes se celebren en Valencia. El 22 de agosto, con todos los preparativos ya gestionados para recibir al rey, éste escribe desde Barcelona a *mossèn* Ferrer expresándole su imposibilidad de llegar a Sant Mateu para la fecha fijada —30 de agosto— y ordenándole que acuda a esta villa para establecer una prórroga para el 10 de septiembre.[103]

Al mismo tiempo, traslada las Cortes convocadas para el 10 de septiembre a Orihuela, prorrogándolas al 7 de octubre. El mismo 7 de octubre el rey escribe al abogado fiscal y patrimonial dictaminando una nueva prórroga de las Cortes de Orihuela para el 3 de noviembre. La justificación invocada para el retraso de las Cortes de Orihuela, al no poder esgrimir la tan utilizada peste, alude a las «otras muchas ocupaciones que se offrescen de grande importancia».[104]

El mismo día el rey escribe a los jurados y Consejo de Orihuela para que previniesen aposento para él y su Corte anunciando que enviaba a sus aposentadores para disponerlo todo. El 8 de octubre el rey ordena al gobernador trate con los estamentos del reino el tiempo y lugar en que debe prestar juramento, evitando que tenga lugar en la capital, por no exponer su persona al contagio.

101. ARV. Real, 250, f. 15.
102. ARV. Real, 250, f. 27-31.
103. AMV. Lletres Misives, g³-41, f. 117; y ARV, Real 250, f. 50.
104. ARV. Real 250, f. 51-54.

La carta es enormemente hábil, pues a la vez que se revela extraordinaria buena voluntad para cumplir con el obligado juramento, se insiste con una coacción moral impresionante en la trascendencia agobiante de sus asuntos, eludiendo, por cierto, toda alusión al Imperio, auténtica razón de sus inquietudes:

que si no fuesse por lo mucho que a los del dicho Reyno amamos y tenemos voluntad de visitarlos como fidelissimos, desde aquí tomaríamos nuestro camino para Castilla por lo mucho que importa y nos ha de tener en mucho el yr ahí...[105]

El mismo 8 de octubre escribe el rey, en idéntico sentido, a *micer* Figuerola, regente de la Cancillería y a su tío, don Alfonso de Aragón, duque de Segorbe.

El 27 de octubre el rey, a través de una carta a don Pedro Maça Carroç, prorroga nuevamente para el 10 de noviembre las Cortes que debían empezar el día 3 de noviembre. El 16 de noviembre las prorrogaría nuevamente para el 15 de diciembre. Tras tanta dilación el rey acaba desvelando sus reales pretensiones. El 23 de noviembre escribe al deán de Besançon, don Álvaro Ossorio y a *micer* Figuerola con las instrucciones de ir a Valencia a persuadir a los nobles para aplazar indefinidamente las Cortes. Con estos emisarios envió cartas al gobernador, al *bayle*, a don Enrique de Aragón, a don Alfonso de Aragón, al arzobispo de Zaragoza y Valencia, al duque de Gandía, al marqués de Zenete, al conde de Oliva, al conde de Albaida, al conde de Concentaina, al Capítulo de la Catedral de Valencia, al obispo de Segorbe y al maestre de Montesa, es decir, la plana mayor del brazo nobiliario y eclesiástico, buscando apoyo para el deseado aplazamiento de las Cortes. Asimismo manda con los enviados antedichos 21 cartas sin el nombre del destinatario que comenzaban: «Noble, magnífico y amado nuestro...», cartas cuyo destinatario sería el que los dos mensajeros estimasen oportuno.[106]

105. ARV. Real 250, f. 54-56.
106. ARV. Real 250, f. 158-165.

El deseo monárquico, al parecer, no fue muy atendido por los receptores de las cartas, pues el 12 de diciembre escribió el rey a don Rampston de Viciana, pidiéndole una nueva prórroga de las Cortes para el 2 de enero de 1520. El 30 de diciembre, desde Molins de Rei, volvió a escribir a don Rampston de Viciana para fijar una nueva prórroga: para el 14 de enero de 1520.

Los titubeos dilatorios culminaron con una última prórroga. El 12 de enero de 1520 el rey escribió desde Barcelona a los tres brazos manifestándoles que puesto que la peste que afligía a Valencia había terminado, prorrogaba las Cortes para el 24 de enero habiéndose de realizar éstas en Valencia.[107]

La estrategia retardataria del rey, justificable por el agobio de sus inquietudes imperiales, daría paso a un *coup de force* autoritario: la imposición del cardenal Adriano, inquisidor general, como representante suyo para que jurase los fueros en nombre del monarca. La nominación del cardenal Adriano la hizo el 17 de enero de 1520, es decir, tan sólo siete días antes de la teórica iniciación de las Cortes. El mismo día escribió al duque de Segorbe invocando su apoyo al referido enviado y otorgó al cardenal múltiples cartas de recomendación para las altas jerarquías del brazo nobiliario y eclesiástico. El 23 de enero de 1520 el rey salía de Barcelona en dirección a Castilla.[108]

Ante esta situación, cerrada la salida de la contestación burguesa, vía Cortes, con la Inquisición como principal móvil reivindicativo, las tensiones sociales valencianas se proyectaron en otra dimensión más popular y radical con unas expectativas distintas, que conducirían a la revuelta agermanada.

---

107. ARV. Real 250, f. 170-175.
108. ARV. Real 250, f. 177-179.

LA DERROTA DEFINITIVA DE LOS CONVERSOS

El rey transigió a las ligeras concesiones de las Cortes de 1519 en Barcelona, respecto a la Inquisición, en función de las 250.000 libras que esperaba obtener —y obtuvo— de estas Cortes.[109]

Su pensamiento, sin embargo, estaba lejos de la apertura pretendida por los sectores afectados. Las ideas de Carlos I acerca de la Inquisición las conocemos a través de la extensa y bien meditada instrucción que envió a don Lope Hurtado de Mendoza, embajador extraordinario ante León X, desde Barcelona. La instrucción contiene 27 recomendaciones de las que interesa destacar:[110]

1. Exaltación de la ejecutoria justa y honesta de los inquisidores y de toda la burocracia inquisitorial: «que el dicho inquisidor general, después que tiene este cargo, con toda solicitud y studio, ha procurado de tener y conservar en el officio hombres de letras y conciencia, personas honestas de buena vida...», «...que el Reverendo Cardenal con toda facilidad oye las quexas de quantos a él recorren...», «...que los Inquisidores no exceden en su proceder de lo que los santos cánones statutos y privilegios de la sede apostólica está ordenado y proveydo...», «...que el inquisidor general ha tenido y tiene sus visitadores», «...de todo lo cual su santidad puede bien collegir si el dicho santo officio está desordenado, ó tiene necessidad de nueva reformación, teniendo por cabeça al dicho muy Reverendo cardenal, persona de tanta religión, conciencia y doctrina...»

2. Recomendación de que no se lleve adelante el proyecto de reforma por una serie de razones:

a) Porque la renovación de los inquisidores supondría una nota de infamia para ellos y para los Reyes Católicos; significaría que tienen razón las críticas a la Inqui-

---
109. *Vid.* mi artículo: *Las Cortes de 1519 en Barcelona: una opción revolucionaria frustrada*, en *Homenaje al Dr. D. Juan Reglà Campistol*, Valencia, 1975, 248-249.
110. FITA, F.: *Op. cit.*, 332-336.

sición; y se causaría gran perjuicio por los secretos que conocen los actuales inquisidores lo que «sería mucho perderse de lo que hasta aquí está fecho».

b) Ningún hombre de honra querría aceptar ser inquisidor por no más de dos años.

c) Los ordinarios y cabildos no deben elegir personas para inquisidores, porque en los cabildos hay muchos conversos.

d) El período bianual es demasiado corto, pues habría problemas para hallar tantos jueces que merecieran confianza y guardaran secreto.

e) La fidelidad al derecho común llevaría consigo la revocación de privilegios y bulas apostólicas beneficiosas.

3. Exaltación del activismo judaico y de la peligrosidad de las herejías.

4. Amenaza terminante: «Nos tenemos de consejo y estamos determinados a no consentir, ni dar lugar que tal forma de bula se publique ni execute en nuestros Reynos.»

5. Acusación de conversos a algunos consejeros del papa en Roma, como Diego de las Casas y Juan Gutiérrez.

La respuesta del papa fue un breve dirigido al cardenal Adriano, el 12 de octubre de 1519, en una línea, tan ambigua, que ha sido interpretada de modo absolutamente contradictorio, en la que venía a manifestar que, aunque tenía la intención señalada, no pensaba promulgar la bula sin consentimiento del rey, pero haciendo a la vez constar que debería ser reformada la Inquisición porque «de quorum avaritia et iniquitate grave and nos querela omnibus ex locis quotidie deferentur».[111]

La velada advertencia pontificia surtió su efecto. En abril de 1520 el rey escribía a todos los inquisidores de la Corona de Aragón encargándoles que administren bien la justicia, con rectitud y honestidad, sin desórdenes ni abusos, tal y como había sido jurado en las Cortes.[112]

111. FITA, F.: *Op. cit.*, 346-347; y LLORENTE, J. A.: *Op. cit.*, I, 231-233.
112. ACA, Real 3684, f. 175.

El último recurso de los conversos fue la presentación de un memorial, en el mismo mes de abril de 1520, en el que se pedía al rey la supresión de las confiscaciones a cambio de 400.000 ducados —no los 800.000 que cita Llorca. El rey respondió con una tajante carta a León X en octubre del mismo año, bien definitoria de su actitud ante la Inquisición:[113]

Después que postreramente escrevi a vuestra Santidat dandole gracias por lo que respondió a don Joan Manuel nuestro embaxador en esa vuestra corte sobre la reuocación de la nueva Bulla proveyda en derogación del sancto officio de la Inquisición, he sabido que vuestra santidat se escusa y pone en ello alguna dilación porque le dan a entender que mi voluntad es que la dicha Bulla passe y haya essecución y effecto, de que la verdad es en contrario. Porque yo estoy en lo mesmo que siempre he scrito sobresto a vuesta beatitud y pensaria poner mi alma en peligro si a otra cosa diesse lugar, visto la necessidad quel dicho sancto officio tiene de ser favorecido y conservado en nuestros reynos de España y Sicilia. Por ende muy humildemente suplico a vuestra santidat que sin dar fe ni credito a otra cosa en contrario desto, le plega luego revocar la dicha bulla como lo ha otrogado y proveher las otras cosas que por mis letras le tento suplicado en favor de la Inquisición e ministros della; que con otro correo se enviarán a vuestra santidat ciertas scrituras, por donde vera si con razón me muevo a favorecer este negocio e si cumple el servicio e honrra de Dios nuestro Señor que la dicha bulla se revoque y las cosas del dicho sancto officio se traten más favorablemente que en lo pasado, en que vuestra beatitud hara muy santa provisión y justa, e yo por el zelo que tengo al bien t augmento de nuestra sancta fe catholica lo recibiré en muy singular gracia de vuestra santidat...

León X, ante la radicalización de la postura de Carlos I, se echó atrás. El 1 de diciembre de 1520 se definía el papa tras una serie de presiones inmensas. En la bula confirmaba no la concordia, sino la confirmación de la concordia que había hecho el rey, ratificación que constituía la

---

113. LLORCA, B.: *Los conversos judíos y la Inquisición española*, «Sefarad», VIII (1948), 372.

clave del problema por su deliberadamente oscura redacción al expresar su voluntad de «que en todos los capítulos propuestos se observasen los sagrados cánones, ordenanzas y decretos de la silla apostólica».[114]

En enero de 1521 fue liberado Prat, el notario de las Cortes de Zaragoza apresado desde enero de 1519. Algo tenía que cambiar para que todo siguiera igual. El triunfo del rey había sido total. En su victoria, como afirma Llorente, debió de influir la hábil política diplomática ejercida en Roma cargando el acento en las amenazas de apoyo al incipiente luteranismo.

LA INQUISICIÓN Y LAS GERMANÍAS

Gutiérrez Nieto ha demostrado el importante papel jugado por los conversos en el protagonismo de las Comunidades de Castilla, poniendo el acento en la presencia de destacadas figuras de conversos entre las filas comuneras y, sobre todo, en la oposición a la Inquisición que se refleja en las múltiples alegaciones de los comuneros.[115]

En las Germanías, por el contrario, no hemos visto ninguna reivindicación contra la Inquisición. Es evidente la presencia de conversos entre los agermanados. Podríamos citar una larga lista: Alfonso Aragonés, los Andreu, Ambrós Artés, Jaume Almenara, Pere Baga, Bernat Ballestar, Joan Beltran, los Benet, Guillem Blanes, Lucas Bonet, los Çaragoça de la Vila-joiosa, Francès Cardona, Miquel Castell, Andreu Castellar, Johan Castelló, los Català, Nicolau Celma, los Cervera, los Climent, los Colom, Ausiàs Costa, los Ferrandiz, los Ferrer, Perot Fuster, Joan Gabriel, Jaume Gil, los Giner, Martín Guitart, los Joan, Joan Jordi, los Lop, los Llorens, los Martí, Antoni Miquel, los Navarro, los Pérez, Perot Ramon, los Ros, Luis Sal-

---

114. LLORENTE, J. A.: *Op. cit.*, I, 231-233.
115. GUTIÉRREZ NIETO, J. I.: *Op. cit.*, 250-260.

vador, los Sans, Miquel Sanchis, Bertomeu Serra, los Soler, Joan Solsona, Bernat Stheve, Joan Vicent, algunos de los cuales habían sido procesados por la Inquisición antes de la revuelta agermanada como Almenara, Costa, Fuster, Gabriel, Jordi, Miquel, Salvador, Solsona, Stheve y Vicent.

Desde luego de los líderes más representativos sólo Llorens era converso. Ni Sorolla, ni Peris, ni Urgellés, ni Estellés, ni Monfort eran conversos. Por otra parte, es bien patente también la presencia de conversos en el frente antiagermanado, especialmente entre la baja nobleza y la burguesía mercantil (Baltasar Vives, tío de Luis Vives, Gaspar Jeroni Rosell, Ausiàs Despuig, Guillem Ramon Català, Gisbert Pardo, Frances Bellvís, Luis Pallás, Francés Joan, Jaume Dixer, Pere Dixer, Pere Andreu, Joan Natera, Joan Pelegrí, Perot Sanchis, Frances Martínez), siendo también algunos de ellos procesados por la Inquisición como Andreu y Natera.

Hay que tener bien presente que el cardenal Adriano, inquisidor general, estuvo en Valencia como enviado del rey en los comienzos de las Germanías, por lo menos, hasta mayo de 1520. Su actitud fue netamente favorable al armamento gremial, así como pareció identificarse con las primeras reivindicaciones agermanadas.

Durante la revuelta agermanada la actividad inquisitorial siguió e incluso se recrudeció. Conocemos 3 autos de fe durante las Germanías: uno el 19 de mayo de 1520, dos días antes de la entrada del virrey en Valencia (con 68 víctimas), otro el 14 de febrero de 1521 en la cúspide cronológica de la revuelta (con 50 víctimas) y otro el 1 de marzo de 1522 (con 37 víctimas), unos días antes del famoso discurso del Encubierto en Xàtiva.[116]

No parece, pues, que el importante número de conversos presentes entre los agermanados encaminara la revuelta hacia una línea antiinquisitorial, sino todo lo contrario.

116. ARV. Maestre Racional, leg. 341, C. 8337; leg. 342, C. 8340; leg. 345, C. 8354 y 8354 bis; leg. 347, C. 8372; leg. 338, C. 8321; leg. 341, C. 8338; leg. 343, C. 8356.

El período radical de la revuelta desde julio de 1520 se caracterizó por un puritanismo racial-religioso que se plasmó en la agresividad antimudéjar. Escolano escribe que se «les despertó a los plebeyos el antiguo odio que tenían contra los moros de la tierra».

Examinando la crónica de Viciana y los datos aportados por Luis de Quas, se entrevén cuatro momentos de especial paroxismo antimudéjar.

El 20 de mayo de 1521, con motivo del asesinato de dos muchachos por unos moros, tras un conato de incendio de la morería de Valencia, son ajusticiados los reos al margen del legalismo penal. El subrogado del gobernador logró frenar los impulsos antimudéjares con gran esfuerzo, «porque todos desseavan salir de la ciudad a correr el reyno y matar todos los agarenos».[117]

Hacia finales de junio de 1521 se produce un segundo momento de agresividad antimudéjar, con las campañas de Estellés por el Maestrazgo, saqueando especialmente Alcalà de Xivert. Tras su derrota en Oropesa, como reacción, se atacó los «lugares de agarenos» de la huerta de Valencia (Campanar, Bétera, Nàquera y Serra, especialmente). A la excitación antimudéjar contribuyeron decisivamente las predicaciones del fraile setabense Miguel García, cuya consigna era «Viva la fe de Jesu Christo y guerra contra los agarenos». El marqués de Zenete se erigió en el principal defensor de los mudéjares. El 15 de julio de 1521, tras un nuevo asesinato de otros dos muchachos por los mudéjares de Petrés, salieron más de 400 hombres al asalto de la morería de Murvedre. Sobre la veracidad de tal asesinato existe polémica. Viciana lo atribuye indiscutiblemente a los moros. Quas, en cambio, considera que se trataba de un falso testimonio que pretendía justificar la agresividad agermanada, comprensible después de la derrota de Almenara.[118]

El tercer momento de la represión antimudéjar viene

---

117. VICIANA, M. de: *Crónica de la ínclita y coronada ciudad de Valencia*, edición facsímil, Valencia, 1972, IV, 255-256.
118. VICIANA, M. de: *Op. cit.*, IV, 317.

protagonizado por Vicent Peris y Bocanegra. Tras la victoria de los agermanados en Gandia, Peris se dedica a correrías con bautismos más o menos forzosos en Xàtiva, Gandia, Oliva y marquesado de Dénia. En Palop fueron pasados a cuchillo de 600 a 800 moros. El suceso lo cuenta así Viciana: [119]

> Otro día llegaron a Palop donde havía en el castillo algunos cristianos y muchos agarenos con sus mujeres e hijos. Vicent Peris mandó a los cristianos que le entregasen el castillo y a los agarenos que se bautizasen, y pues no quisieron obedecer plantó la artillería y batió la tierra muy reciamente quatro días, los cercados pues no fueron socorridos, huvieron de tratar partido con Vicent Peris desta manera que le entregarían el castillo y que darían cierta suma de dinero y que los Agarenos se bautizarían con que les guardasse las personas y bienes que allí tenían. Concluydo el negocio los Agarenos fueron bautizados y hechos cristianos. Vicent Peris mandó que todos entrassen en la barancana; porque dixo que tenía aviso que 111 mil Agarenos havía en Chirles lugar de la mesma varonía de Palop, que venían a socorrer a Palop. Pues Vicent Peris tenía los nuevos cristianos acorralados y no sin mucho pesar por no poder gozar de las joyas de oro, plata y ropas de los moriscos; llevantose fama que los de la Barancana tenían intelligencia con los Agarenos de Chirler que viniessen a cierta hora y matarían a Vicent Perix y lo de su compañía; con esta fama morieron: «Mueran, mueran y ansi el XVIII de agosto fueron degollados más de DCCC bautizados y tomaron el rico despojo que codiciavan los matadores.

Paralelamente a las actividades de Peris, el célebre aventurero agermanado, el capitán Bocanegra, bautizó, forzosamente, en Vilallonga a unos 4.000 agarenos, haciéndoles pagar unos 15 sueldos por cada casa.

El último momento del proceso antimudéjar de las Germanías hay que registrarlo en marzo de 1522 con la personalidad del Encubierto, del que hablaremos más adelante.

Es significativo que durante el período moderado la

---

119. VICIANA, M. de: *Op. cit.*, IV, 338.

actitud de los agermanados hacia los mudéjares fue más bien pasiva y displicente. El 11 de marzo de 1521, Pere Llorenç, en nombre de los Trece, declara ante una requisitoria del gobernador por los rumores de que «han se fet crucifixis y altres aparells per anar a predicar als moros per convertir aquells a la Sancta Fe Christiana» que «semblants novitats no eren arribades a noticia sua e dels dits tretze ni podien aprovar aquells, ans ell y tots los dits tretze esser e son dever e parer que sobre los dits senyals de moros no sia provehit ne invocat sino que la Cesarea Magestat sia consultada...»[120]

El 20 de marzo de 1521, cuando se delibera en el Consell «el que los moros vaguen senaliats», Caro y con él los Trece estiman que no se tomará ninguna decisión sin consultarse previamente con el rey.

La técnica del bautismo ha sido el aspecto más polémico tratado por la historiografía posterior. Escolano habla de que «los primeros que bautizaron por fuerza fueron todos los de Gandía, grandes y pequeños, y bautizándolos con escobas y ramas mojadas en una acequia». El exótico instrumental empleado para bautizar, dejando aparte su pintoresquismo, planteó la gran interrogante subsiguiente al bautismo de los mudéjares: ¿Hubo o no hubo coacción en el acto del bautismo? Las ya tópicas escobas, ¿constituyeron hisopos improvisados por el carácter masivo de los bautizados o por la naturaleza laical de los ministros? La mayoría de los historiadores se esfuerzan en demostrar que, en gran cantidad de pueblos (Xàtiva, Llaurí, Alberic, Alcosser, Antella, Montesa y otros), el bautismo se hizo con el consenso de los mudéjares, lo que en definitiva servirá de justificante a la postura de la Inquisición ante estos hechos, como veremos más adelante.[121]

Con o sin coacción, es indiscutible la concentración cronológica (verano de 1521) y geográfica de las iniciati-

---

120. AMV. Manual de Consells, A-59, f. 300-320.
121. DANVILA Y COLLADO, M.: *Las Germanías de Valencia*, Madrid, 1884, 473-481.

vas agermanadas contra los mudéjares. Salvo la esporádica mención de Alcalà de Xivert, las actividades agermanadas incidieron sobre los moriscos de las zonas de regadío.

EL ENCUBIERTO DE VALENCIA

El Encubierto es un personaje histórico difícil de estudiar. En primer lugar, por su intencionada oscuridad biográfica y, sobre todo, por el increíble mutismo de la historiografía testigo de sus andanzas. De las 7 crónicas directas de las Germanías localizables, sólo M. García y J. de Molina aportan información sobre él; de los cronistas de la Corona de Aragón, sólo Viciana y Escolano lo mencionan con algo de detalle; de los cronistas de Carlos I que hablan de las Germanías, sólo Santa Cruz y el mucho más tardío Sandoval lo nombran, y de los dietarios, todo lo ignoran salvo el de Jeroni Soria.

A la hora de abordar el estudio del Encubierto nos encontramos con grandes dificultades al entremezclarse tres imágenes diversas de la misma figura que dificultan el análisis del personaje: el Encubierto visto por sí mismo, el Encubierto visto por la sociedad de su entorno y el Encubierto real, el auténtico.

La autopresentación del Encubierto era tan imaginativa como ambiciosa. Entonaba la lacrimógena versión de que era el hijo de don Juan —y por lo tanto nieto de los Reyes Católicos—, víctima de las intrigas de Felipe el Hermoso, el marido de doña Juana —su presunta tía— con el cardenal don Pedro González de Mendoza, los cuales queriendo el gobierno de España «cuando el príncipe murió, había quedado la princesa preñada y siendo encomendado al cardenal don Pedro González de Mendoza, parió un hijo y el cardenal concertó con la partera que dijese era hija y que murió luego; entendiéndose con el archiduque don Felipe de Austria, porque pudiese suceder en los estados de España. Dijo más, que el niño que era él, lo traspusieron a las partes de Gibraltar, donde lo crió una pastora...». La versión además de folletinesca era inteligente, pues inspiraba animadversión hacia el odiado cardenal Mendoza, padre del virrey don Diego.[122]

Respecto a sus pretéritas actividades decía que había estado al servicio, en Orán, del mercader Juan de Bilbao, con cuya mujer o hija había tenido relaciones sentimentales que provocaron la lógica ira del mercader y su despido. La siempre «comercial» imagen donjuanesca quedaba ratificada por sus posteriores contactos con la manceba de un corregidor que motivaron fuera condenado a cien azotes.

Sobre lo poco que dijo de sí la sociedad forjó su propia versión, versión que parte de la imagen que de él dieron los testigos de su discurso de marzo de 1522 en la plaza de la Seo de Xàtiva. A algunos de estos testigos los conocemos por el eco de denuncias y confesiones que ante la Inquisición suscitó el herético discurso de presentación histórica del Encubierto, hasta ese momento absolutamente desconocido e ignorado.

La documentación inquisitorial sobre este punto refleja dos tipos de testificaciones: la de los confidentes, todos ellos frailes franciscanos (fray Francisco de León, Johan Luengo, Johan Valls, Tlzanus Monfort, Gabriel Fontcalda, Ausiàas Monfort), al parecer obligados a ir a la fuerza al sermón del Encubierto: «Vingue a la porta de la esglesia del dit monastir un home apellat el rey encubertado acompanyat de molta gent armada e dix als frares que fueren luego a la plaça de la Seu y axí al dit y les altres frares se reconciliaren tement que no los matasen perque poch apres per un poch ques detingueren vingueren quatre escopeters a dirlos, que si no anaven que le posarien foch en lo monestir...» y la de los denunciados como «creyentes» de «los crims, errors y delictes heretical que preycava lo dumpnat del encobert».[123]

---

122. Escolano, G.: *Décadas de la historia de Valencia*, Valencia, 1611, lib. X, 1610-1611.
123. Danvila y Collado, M.: *El Encubierto de Valencia*, «El Archivo», IV (1881), 23-138; y AHN, Inquisición de Valencia, leg. 799, f. 16-25.

Los primeros testimonios delatan un escandalizado estupor ante la doctrina del Encubierto; los segundos además de un miedo atroz a la Inquisición, una fe ingenua en todo lo que decía el Encubierto.

Unos y otros, desde luego, reflejan una admiración evidente hacia el personaje, admiración que propició la distorsión crítica de su figura que pronto adquiere connotaciones mesiánicas. Lo que decía de sí el Encubierto se completaba con lo que la sociedad decía de él, quería de él. La explotación del mito tuvo un doble beneficiario: de una parte las Germanías, necesitadas de un líder que hiciera renacer las alicaídas fuerzas revolucionarias tras la muerte de Peris, y de otra, el mundo converso que buscaba angustiosamente un redentor y creyó verlo en el Encubierto. De la concretización de estas expectativas mesiánicas en nuestro personaje es fiel reflejo el esfuerzo público del tendero converso de Alcira, Joan Rodes que, según declaran diferentes testigos, iba diciendo a diferentes personas «que el encubert es viu y es en Xàtiva y aveu a creure quell es lo Mexías y aquell nos ha de lliurar y redemir» «diguan a vostre marit que se esforç y no pense en res que ja es vengut lo Mexíes que esperaven» «que no es temps de star malalt que tanstost venra el hermano».[124]

Este mesianismo estaba en el ambiente mucho antes de la llegada del Encubierto. Ramón Alba ha estudiado unas profecías castellanas medievales en las cuales se prevé la llegada de un «Incubierto» o «Encubierto» que vendrá a arreglar todo, todo lo que el Anticristo previamente ha concitado. Pere Bohigas ha detectado síntomas mesianistas en la sociedad catalana medieval a través de algunas profecías insertas en la obra de Eiximenis y de Turmeda.[125]

Benjamín Gross ha estudiado, por su parte, magnífica-

124. AHN, Inquisición de Valencia, leg. 799, f. 16-25.
125. ALBA, R.: *Sobre las Comunidades de Castilla*, Madrid, 1974; y BOHIGAS, P.: *Profecies catalanes dels segles XIV i XV*, «Butlleti Bibl. Catalunya», VI (1923); *Profecies de F. Anselm Turmeda (1406)*, «Est. Univ. Catalans», IX (1915-1916), 173-181; *Prediccions i profe-*

mente el mesianismo judío a lo largo del siglo XVI. Un dato interesante a reseñar es que una de las figuras más significativas de esta ilusión mesiánica, el célebre Isaac Abravanel, llegó a delimitar el período cronológico en el que aparecía el esperado Mesías judío. Ese período señalado era de 1503 a 1531. El surgimiento del Encubierto en el horizonte histórico calmaría, por lo menos momentáneamente, las ansias mesiánicas de determinados sectores judaicos.[126]

Penetrar en el perfil real del Encubierto es difícil. La historiografía ha ayudado poco a descubrir el auténtico Encubierto. Hay historiadores como Perales que incluso parecen creerse y aceptar la autobiografía que de sí trazó el Encubierto. Por otra parte, la literatura hinchó el mito con obras como los lacrimógenos dramas de Ximénez de Enciso o García Gutiérrez, o el novelón de V. Boix.

Intentemos aproximarnos al sujeto real, al personaje histórico.

Los nombres con que las crónicas bautizaron al Encubierto —Enrique Enríquez de Ribera, Enrique Manrique de Ribera— son de reconocida falsedad. Su condición social, evidenciada en su pensamiento y sus actividades, bajo ningún concepto se ajusta a unos apellidos de raigambre nobiliaria como los atribuidos.

Quizá su auténtico nombre fuera el de Antoni Navarro, nombre que aparece en la abundante documentación sobre la represión de las Germanías, donde se inserta entre las listas de confiscaciones de bienes un misterioso personaje llamado: «Anthoni Navarro, alias lo Encubert o ermano Miguel» del que sólo se dice que «no tenya casa en la present ciutat ny estava en aquella com fos extranger».[127]

De su lugar de nacimiento los cronistas no hablan.

---

cies en les obres de Fr. F. Eiximenis, «Franciscalia» (Barcelona), 1928.

126. GROSS, B.: *Le messianisme juif: L'eternité d'Israel du Mahoral de Prague (1516-1609)*, París, 1969.

127. ARV. Maestre Racional, leg. 379, C. 8849; y Real 251, f. 76-86.

Tan sólo Santa Cruz y Escolano subrayan su condición de castellano. En la declaración que el 28 de marzo de 1522 hace el fraile Ausiàs Monfort, franciscano de Xàtiva, contra el Encubierto señala que «havia hoyt dir e sermonar en Xàtiva a hun home lo nom del qual no sap, salvo que li dihuen es natural de la Andaluzía...».[128]

La fecha de su nacimiento podemos calcularla en torno al año 1497, pues los cronistas le atribuyen en el momento de su aparición unos 25 años.

Su profesión anterior queda un tanto oscura. A través de la versión castellana (Santa Cruz, Sandoval), prestó servicios de índole comercial así como docente de sus hijos, al mercader Juan de Bilbao. Pero su doctrina no parece responder, en ningún momento, a una condición social de aquella índole, sino que más bien infiere actividades ganaderas o agrícolas (alusiones en su discurso a la mula, a la guarda de vacas y ovejas...).

La descripción física que hace Viciana de la persona del Encubierto deja entrever un tipo no demasiado agraciado, pero sí exótico respecto a la imagen antropológica del valenciano medio. Este exotismo —resorte publicístico indiscutible— se agudiza en su vestimenta, mitad de marinero (la bernia, el capotín de sayal y los calzones) y de labrador (las abarcas).

Sin lugar a dudas, el hecho más conocido de su vida fue su final, asesinado por cinco individuos (Pedro Loessa, Joan Bueso, Francisco Rida, Damián Verdaguer y Cosme López) matones a sueldo, por una cifra bastante respetable: 44.000 sueldos.[129]

Pero de toda su biografía lo que nos interesa especialmente es la supuesta condición de judío que diversos historiadores —Américo Castro y Caro Baroja, fundamentalmente— le han atribuido. Las fuentes que pueden utilizarse para demostrar el judaísmo del Encubierto son las crónicas castellanas (Santa Cruz, Sandoval) —que han servido de única referencia a Castro y Caro Baroja— y,

---

128. AHN. Reg. 799, f. 264-264 v.
129. ARV. Real 414, f. 85-86.

sobre todo, el testimonio del fraile Ausiàs Monfort ante la Inquisición: «E ha hoit dir en Xàtiva que sia convers.»

La supuesta condición de judío del Encubierto nos obliga a plantearnos una sugestiva hipótesis. En 1516 fue procesado por la Inquisición valenciana y reconciliado tras cuatro meses de cárcel un converso llamado Antoni Navarro, de Villalba la Baxa (Teruel). Su profesión era la de molinero con muy escaso poder económico, pues se le confiscan bienes por valor de tan solo 43 libras y 12 sueldos. ¿Puede ser este sujeto despojado de sus bienes, etiquetado como converso, lo que equivalía a decir procesable en todo momento, el misterioso y oscuro Encubierto? Soy consciente de la fragilidad de la hipótesis mientras no conozcamos el proceso del Antoni Navarro turolense, lo que sin duda aportaría mayor luz sobre este punto. En nuestras pesquisas en la documentación del Archivo Histórico Nacional no hemos localizado lamentablemente este proceso.[130]

Pero volvamos atrás en nuestra argumentación sobre el judaísmo de nuestro personaje. ¿Las fuentes aportadas son rotundamente concluyentes?

Creemos que no, por lo menos a los niveles de seguridad certera que determinados historiadores han mostrado por las limitaciones de las propias fuentes. Las crónicas castellanas por tardías, la referencia de M. García por su parcialismo antiagermanado y antijudío que bien pudo inducirle a adjudicar la condición de judío sobre el Encubierto como un calificativo peyorativo más, y el testimonio de Monfort por ser la mera transcripción de unos rumores sin confirmación. Téngase en cuenta que de todos los testimonios aportados a la Inquisición sobre el Encubierto es el único que pone el acento en esta condición de judío.

Otra pista que nos podría servir para inducir el supuesto judaísmo del Encubierto es su doctrina que conocemos bien a través de su célebre discurso de marzo de

---

130. ARV. Maestre Racional, leg. 338, C. 8319 y leg. 346, C. 8355.

1522. De sus 11 proposiciones «heréticas» hemos hecho una disección entresacando las siguientes deducciones respecto a su contenido:

1. Apocaliptismo tremebundo (continuas menciones del Anticristo, descripción del fin del mundo).
2. Obsesión por el número 4: cuatro encarnaciones, cuatro personas en la Trinidad, cuatro juicios finales.
3. Profetismo subrogado de Elías y Enoch: «Dixo que estando guardando las vaquas y ovejas le vino Elías y Enoch y le pidieron que se embarcase y que ellos lo desembarcarían y lo traherían en la tierra do havía de hazer mucho provecho y justicia y exalçar la fe de Christo.»
4. Anticlericalismo: Críticas contra el hecho de que muchos frailes y clérigos se opusieran a las Germanías.
5. Recomendación de la lectura de la Biblia: «Que liguen en la Biblia e que lo lean quell los declarara.»
6. Distanciamiento respetuoso de la Virgen María: «Que en la Ave María no se deve ni puede dezir bendicta tu, sino bendicta vos.»
7. Mitología de la repartición.

El contenido del discurso parece emparentado con la ideología de Savonarola y, sobre todo, la estela de herejías apocalípticas italianas del siglo XV como los «oints», estudiada por C. Vasoli.[131]

El tan cacareado judaísmo no resalta demasiado. Ni su componente creencial ni su componente litúrgico-ritual aparece reflejado en el discurso.

Por último, para comprobar su hipotético judaísmo, repasemos las escasas actividades que conocemos de su fugaz biografía. En este sentido conviene destacar sus alusiones contra judíos y mudéjares en la carta que, según Escolano, escribió a las jerarquías de Villena en abril de 1522: «Mirad bien que no tengays temor ni duda, que con muy poquita gente destroçaremos a los Moros y Ju-

131. *Heresies et societés dans l'Europe pre-industrielle: XI-XVIII siècles*, Colloque de Royaumont, París, 1968, 259-270.

díos, a quien yo tengo natural enemistad» y su labor de bautismo forzoso de moros, emprendida en Alberique y Alcosser, continuando la tarea de Peris y Bocanegra.[132]

Si era converso, sus actividades más bien revelan un puritanismo en la línea de Alonso Espina.

Pero judío o no judío, lo que parece evidente es la manipulación mesiánica de su figura por parte de un judaísmo en plena desintegración cultural, quizá tan profunda que buscó no un Mesías judío ortodoxo, redentor de sus frustraciones, sino un Mesías heterodoxo e incoherente que viniera a ser el agresivo castigador de su híbrido modo de vida.

132. Escolano, G.: *Op. cit.*, 1626-1627.

V. La nueva frontera represiva (1523-1530)

LA VALENCIA DE DOÑA GERMANA DE FOIX

La Valencia postagermanada, marco del virreinato de la célebre doña Germana de Foix, era una ciudad llena de contrastes, caracterizada demográficamente por el elevado número de viudas (777 en 1528), rentistas (196 en 1528) y braceros.[133]

Al «terror blanco» con su dura estela represiva se adhería el sustancioso y siempre rentable reparto de compensaciones —premio a la fidelidad—; paralelamente a un crecimiento económico discontinuo (alza demográfica, expansión de la producción), observamos la ausencia de un auténtico desarrollo (devaluación de las rentas de trabajo, persistencia de los problemas estructurales como la cuestión triguera o la alienación censalista) y bajo la frivolidad festiva de la corte virreinal se escondía un falso efectismo deslumbrador en el que el pueblo actuaba contemplativamente, la promoción de un consumismo alienador y, desde luego, un control ideológico que pretendía impermeabilizar a la sociedad de todo peligro revolucionario.

La nobleza valenciana continuó su infrenable endeudamiento, lo que intentó compensar acelerando la refeudalización y buscando, desde luego, una evasión en el parasitismo cortesano y aferrándose como tabla de salvación al enlace matrimonial con la nobleza castellana.

La burguesía consumó su traición a sí misma, lanzándose por la vía del cómodo rentismo (de lo que es buena muestra la reconversión de los mercaderes en *ciutadans*

---

133. *Vid.* mi artículo: *Notas sobre población y urbanismo en la Valencia del siglo XVI*, «Saitabi», Valencia, 1975.

en las «tachas» de 1530 y 1552), ante la crisis del comercio, que originó espectaculares fracasos como la quiebra de la *Taula* de Burgarini.

El clero sufre las consecuencias de las Germanías. Su euforia de acreedores censalistas se ve notoriamente deteriorada. Los trasiegos de las ventas de bienes de agermanados crean nuevos propietarios que no pagan los censales cargados previamente sobre estas tierras, como puede verse documentalmente en Onteniente y Agullent, con las lógicas protestas de los acreedores.[134]

La ofensiva del clero fue inmediata. Por una parte se presiona al rey, que el 14 de marzo de 1524 dispone que no se secuestren bienes de censatarios de la Iglesia, así como que se paguen los diezmos especiales impuestos, por causa de la guerra contra los turcos, a raíz de la conquista de Rodas y Belgrado. El 12 de diciembre de 1524, el arzobispo de Valencia escribe de nuevo al rey informándole de que no se cumplía lo fijado. Asimismo, el arzobispo exigirá la garantía de que los bienes de los clérigos agermanados sólo pueden ser confiscados por la propia Iglesia. Los monasterios de la Trinidad y Santa Clara protestan ante el rey para que vuelvan a pagarse las pensiones de censales suspendidas tras las Germanías. Carlos I, entonces, insta a los deudores a que paguen.[135]

Pero los intereses del rey chocan con los de la Iglesia, en la manera de enfocar la represión, quizá por la corriente regalista del poder político frente al religioso. El 18 de octubre de 1524, una severa pragmática del rey pretende que el derecho de amortización se aplique rígidamente en todas las cesiones de bienes realengos a iglesias y monasterios. A principios de 1525 se ordena el «sequestro y aprehensión» por la Regia Corte de todos los censos, frutos y propiedades que la abadía de Jesús Nazareno posee en la ciudad.[136]

---

134. García Cárcel, R.: *Las Germanías de Valencia*, Barcelona, 1975, 228-232.
135. *Ibídem*, 232.
136. ARV. Real 734, f. 52-54; *Ibídem*, 231.

La Inquisición se verá directamente involucrada en este contexto.

En este marco hay que situar el pleito que sostienen los inquisidores con los diputados de la Generalidad porque éstos pretenden que la Inquisición pague el derecho de Generalidad. Las fricciones empiezan en enero de 1525. El 7 de este mismo mes, los diputados de la Generalidad escriben al rey denunciándole que la Inquisición no paga el impuesto y además que «moltes vegades trameten algunes càrregues de robes fora del present regne, e per que nols reconeguen donen als traginers o als qui trameten ab les robes, patents del Sant Offici, manant a les guardes dels camins que nosaltres tenim per guardar que fraus no sien fets, que no gosen ni presumexquen reconexer les càrregues que trameten».[137] Es decir, que los inquisidores practicaban un lucrativo contrabando de mercancías. El 10 de febrero contesta el secretario don Ugo de Urríes a los diputados con buenas palabras, diciéndoles que el inquisidor general ha convocado a los inquisidores valencianos y mostrando su buena voluntad: «Trabajaré que assí lo contiene y todo el bien que yo pudiere azer para atajar esta diferencia y que a cada parte se dé lo que justamente le pertenece lo haré como persona común y sin pasión ni respeto por la parte que me cabe del officio de la inquisición.»[138]

Las supuestas buenas intenciones quedaron en suspenso, porque en el mismo mes de febrero los delegados de los diputados de la Generalidad fueron presos por mandato del inquisidor general. En la carta que los diputados dan noticia del hecho al emperador, exponen que «jamás visto caso que a mensajeros de un tal reyno en petición de vuestra Majestad y legados en su real Corte, aja seydo echo tan senalado agravio por persona que nenguna juresdictió tenía sobre ellos». Los diputados escribieron, asimismo, al arzobispo de Toledo, a los diputados de la Generalidad catalana y a los *consellers* de

137. ARV. Generalidad 1950, f. 19-103.
138. *Ibidem*.

Aragón residentes en la corte, pidiéndoles su apoyo.

En la carta a los *consellers* de Aragón se pone el acento en la necesidad de la solidaridad interregnícola: «Per la consolidació que entre los tres regnes es estada, es y sera pera tots temps, car aço matex pot regir a vostres merces y a totes les generalitats dels dits regnes e per ço es be que tots se senten de tals coses per ço les pregam molt se vullan recordar que aquest regne y de Aragó y de Cathalunya som tots de un Rey y senor e les dits drets son estats imposats en aquestos tres regnes per unes matexes causes...» [139]

El llamamiento encontró respuesta, especialmente por parte de Cataluña. El 20 de febrero de 1525, los *consellers* escribían al emperador en términos bastante duros: «Lo gran zel y afectió que per nostra naturalesa sempre havem tengut y tenim al servey de vostra majestat, ha causat en nosaltres molta admiratió y displicència essent avisats per letres dels jurats de la ciutat y deputats del regne de València, lo die present rebudes, dels procehiments y amentaments per lo reverendissims archibisbe de Sivilia, inquisidor general de la herètica pravitat, fets en la cort de vostra majestat, faent pendre y empresonar les persones de hu dels dits deputats, del assessor y porter lur qui, per part del general de aquel regne, eran stats tramesos misatgers a vostra majestat per carta diferència que és entre los diputats y lo inquisidor de València sobre la paga dels drets del general. Com tinga per cert los dits amantaments succehir en deservey de vestra majestat, axí per esser cosa fins ací inaudita, com encara perquè par serie levada la facultat als vassalls de vostra majestat de recórrer a aquella per lurs agravis y necessitats si essent en la cort de vestra majestat són axí mal tractats y empresonats, que som obligats nosaltres per lo que devem a vestra majestat notificar a aquella les alteracions que sos vassalls, axí poblats en lo dit regne de València com encara en lo regne de Aragó y en lo present Principat de vostra majestat han sentit y podem

---

139. *Ibidem.*

sentir en lurs ànimes veent fer semblants anantaments, succehits en deservey de vostra majestat y evidentissim dan y destructió lur, maiorment per coses tant privilegiades com són los drets de les generalitats dels dits regnes y principat.» [140]

El mismo día escribían a los jurados de Valencia y a los diputados de la Generalidad valenciana expresándoles su solidaridad: «Y per ço, y encara per satisfer als precs de vostres magnificències y dels dits deputats, per la mútua fraternitat y amor que sempre són stades y són entre aqueixa ciutat y regne, y aquesta ciutat y principat, regidors y poblats de aquells, encontinent, hagut consell de alguns notables prohòmens, segons en coses tant àrdues tenim acostumat, havem manat despatxar letres a sa majestat, còpia de les quals serà ab la present. Creem que sa cesàrea majestat, per esser tant justicier, clement y piadós, manarà tal mèrit provehir en aquest fet, que lo agravio rebut serà reparat, y d'aquí avant no's seguiran semblants insolències, de què vostres magnificències, los dits deputats, y nosaltres tindren causa de restar contents y satisfets. Si algunes altres coses ocorreran que pugam per les magnificències vostres y aqueixa ciutat, sempre nos trobaran molt promptes voluntaris així en comú com en particular. E nostre Senyor Déu, los magnificències e virtuosas personas y cases lurs, guarde y prospere com desijen.» [141]

En octubre de 1525 fue enviado Gaspar Marrades como embajador de la Generalidad ante el rey para resolver una compleja serie de *greuges*, entre los que figuraba en primer lugar el caso Inquisición.

El rey optó por no definirse, prolongándose las quejas hasta las Cortes de 1528, en las que se limitó la jurisdicción de los diputados de la Generalidad, el designar seis personas, dos de cada estamento, para la interpretación, en caso de duda, del sentido literal de los capítu-

---

140. Archivo Histórico Municipal de Barcelona (AHMB), Lletres Closes, 1522-1526, 175.
141. *Ibídem*, 176.

los de la Generalidad. La Inquisición, por supuesto, siguió no pagando el derecho de generalidad.[142]

En 1512 habían sido nombrados inquisidores de Valencia Juan Calvo y Andrés Palacios, este último además asesor. A finales de 1520 fue sustituido Calvo por Juan de Churruca; Palacios sería relevado en 1527 por Arnau Alberti, canónigo de Mallorca.

Derrotada la ofensiva foral antes de las Germanías, y barrida la mayor parte de los conversos, la Inquisición buscará nuevas fronteras represivas. A sus víctimas ya no les quedará otra alternativa que la siembra del confusionismo a través de la proliferación de bulas falsas que pretenderían promover ciertas vedas a la acción inquisitorial. Los duques de Calabria se preocuparon de este fenómeno, último recurso defensivo ante la Inquisición, que fue frivolizado por Luis Milá, poniendo en boca de la esposa de Fernández de Heredia, después de un discurso de éste: «¡Quin predicador de bules falses es mont marit! Non prengau ninguna que tottes les que ell preica porten al infern.»[143] El rey, el 31 de enero de 1528, advertía muy severamente al duque de Calabria en los siguientes términos:

> Fazemos vos saber quer per nos está proibido y mandado que no se prediquen ni publiquen ningunas bulas questas ni observandas sin nuestra licencia y expreso mandado sin que aquellas sean vistas y examinadas por nuestro capellán mayor y sin ser guardada en ellas la horden sobre ello essetada e por quanto havemos sido informado que en esse dicho reyno sin tener licencia ni facultad ni ser vistas ne cominadas las dichas bulas algunas personas predican y publican, proponen y fazen predicar, publicar y proponer y divulgar muchas gracias y perdones de diversas realidades y que si algunos tienen la dicha licencia excedente lo contenido en ello annadiendo muchas mas facultades y gracias de las con-

---

142. García Cárcel, R.: *Cortes del reinado de Carlos I*, edición facsímil, Valencia, 1972, 5-28.
143. Milá, L.: *El Cortesano*. Colección de libros españoles raros y curiosos, VII, 67-68.

tenidas en las bulas faziendo tasas y pactiones y dando bulas personales...[144]

La Inquisición en estos años se centrará en dos objetivos, uno de ellos nuevo: la herejía protestante, en sus diversas versiones, y otro no tan nuevo, pero ahora radicalizado: los moriscos. Veamos en detalle cada uno de ellos.

Es bien conocido el proteccionismo que el arzobispo Manrique, inquisidor general desde 1523, dispensó al erasmismo, de lo que es buen testimonio el dictamen favorable de la Junta de Teólogos de Valladolid de 1527 y su apoyo dispensado a diversos erasmistas valencianos como Juan Martín Población y Pere Joan Oliver. La peligrosidad del erasmismo no sería reconocida hasta la imposición de la mentalidad contrarreformista ya en la segunda mitad del siglo XVI, siendo un hito expresivo de ello el proceso y condena de Jerónimo Conqués.[145]

La acción inquisitorial, en el período que estudiamos, se dirigió —y con notoria timidez, todavía— contra el luteranismo incipiente, reducido prácticamente a la actuación proselitista de algunos alemanes, caracterizándose entonces por la simple exacerbación de la actitud crítica del erasmismo. En 1517 presentaba Lutero sus 95 tesis ante el arzobispo de Maguncia y en 1519 rompía con la Iglesia Católica tras la Disputa de Leipzig con Eck. El 7 de abril de 1521, el inquisidor general, cardenal Adriano, desde Tordesillas, prohibía la importación de obras de Lutero.

Las primeras muestras de luteranismo en Valencia las vemos en 1524, año en el que la Inquisición procesó a *micer* Blay, mercader, condenándole a cárcel pública, sambenito y confiscación de sus bienes el 9 de agosto de 1524. Sus bienes, por cierto, fueron valorados en 7.350 suel-

144. ARV. Real 250, f. 194-194 v.
145. GARCÍA MARTÍNEZ, S.: *Les corrents ideologiques i cientifiques (ss. XVI-XVII)*, en *Història del País Valencià*, III, Barcelona, 1975, 180-186; y FUSTER, J.: *Rebeldes y heterodoxos*, Barcelona, 1972, 163-170.

dos.[146] De 1524 a 1530 fueron procesados además de Blay un total de 5 luteranos: el pintor Cornelio, Antón Gache, Pedro Sirvent, Melchor de Vortemberg y Martín Sanchis.[147]

El primer caso de luteranismo indígena es el del agustino Martín Sanchis, procesado el 26 de mayo de 1528, del que dicen los dietarios: «Prengueren los inquisidors a frare Martín Sanchis de Sent Agostí e prior en dit any del monestir e deyen perque creya en les coses del heretge a nom Luter que está a Alemanya.» Fue, por cierto, reconciliado y desterrado por 4 años, sin mayores penas. Evidentemente, en estos años el luteranismo gozaba de trato de favor respecto a otras herejías.[148]

Las desviaciones de la ortodoxia en el pensamiento se consideran mucho más leves que las contraculturas judía o morisca.

Vamos a recorrer la trayectoria de las relaciones con los moriscos a lo largo del tiempo.

LA INQUISICIÓN Y LOS MORISCOS

Las precondiciones de la hostilidad cristiano-mudéjar son muy remotas. Habría que remontarse a la difícil promiscuidad que el carácter pacífico de la Reconquista valenciana dejó tras de sí, promiscuidad generadora de una convivencia siempre frágil, propicia en todo momento a la fricción explosiva. Las razones de la agresividad popular constituyen una compleja acumulación de sentimientos en los que se entremezclan racistas animosidades, histerismos religiosos y una obsesión clasista producida por la competencia insalvable que el mudéjar implicaba para el campesino cristiano en el limitado mercado de trabajo por su condición de servil «esquirol» del señor feudal.

146. ARV. Maestre Racional, leg. 343, C. 8345 y leg. 344, C. 8350.
147. AHN. Inquisición de Valencia, leg. 530 (10); 557 (7); 531 (24); 530 (4); 531 (33).
148. SANCHIS GUARNER, M.: *La ciutat de Valencia*, Valencia, 1972, 204-205; *Dietario de Gerónimo Soria*, Valencia, 1960, 124.

El primer gran síntoma de inviabilidad de las líneas convivenciales trazadas en la Reconquista fue el asalto y matanza de mudéjares en 1455, que no fue una estridencia aislada o irrepetida, sino que es reflejo de un contexto extraordinariamente efervescente. El 13 de abril de 1477 se publicaron carteles pretendiendo que fuesen derrocadas todas las torres de las mezquitas. El 29 de agosto de 1503 circuló el rumor de una supuesta matanza de todos los vecinos de Catarroja por los mudéjares y el 3 de septiembre del mismo año corre también el infundio de que los moros de la Vall de Alfondech habían matado a todos los habitantes de Sueca. A pesar de que en las Cortes de Barcelona de 1503 y de Monzón de 1510 los nobles consiguen del Rey Católico la promesa de que los moros no serán expulsados, ni forzados a hacerse cristianos, el advenimiento de Carlos I supuso la circulación, de nuevo, del rumor de que los moros serían expulsados, rumor que tiene que desmentir el rey en una pragmática el 31 de octubre de 1517.[149]

Las Germanías pondrían el dedo en la llaga: la inviabilidad de la tradicional coexistencia cristiano-mudéjar. El bautismo forzoso, impuesto a los mudéjares, fue el descargadero de múltiples tensiones previas, ya crónicas. Los agermanados se subrogaron la histórica responsabilidad del mesianismo integrador. Curiosamente, sus imposiciones a los mudéjares constituyeron el único legado que aceptaron y reconocieron las jerarquías del sistema establecido. El punto de partida de la crisis que conducirá a la revuelta de Espadán es, precisamente, la difícil situación en la que quedan los moros tras el bautismo forzoso impuesto por los agermanados.

Acabadas las Germanías y paralelamente a la represión de los agermanados se plantea la cuestión de la valoración de la labor bautismal realizada por éstos res-

---

149. ARV. Real 658, f. 71; BORONAT, P.: *Los moriscos españoles y su expulsión. Estudio histórico crítico*, Valencia, 1901, I, 23; ARV. Llibre Blanch, Real 720, f. 152; *Dietari del capellà d'Anfós el Magnànim*, Valencia, 1932, 194.

pecto a los mudéjares. La problemática suscitada, en líneas generales era dual: ¿Fue lícita o ilícita, válida o inválida la administración del bautismo? Si era válida, los nuevos cristianos eran apóstatas por cuanto seguían practicando los ritos mahometanos. Si era inválida, no había apostasía, sino herejía, y en tal concepto, los supuestamente convertidos eran falsos cristianos. El dilema entre moriscos apóstatas o mudéjares disfrazados de cristianos suponía un problema de muy difícil solución.

La actitud adoptada por la teología oficial española fue favorable a la primera de las hipótesis planteadas. La argumentación que emplearon fue de lo más sinuosa. Sirva de testimonio la postura de Onofre Esquerdo —que aun siendo mucho más tardía refleja la misma actitud— en un manuscrito citado por Vicente Wenceslao Querol:

En terminando la guerra y faltando la penitencia comenzó desde luego a dificultarse entre los hombres doctos si había sido verdadero bautismo el que en tiempo de la Comunidad se havia dado a los Moros de Gandia, Oliva y Lombay y si estavan obligados a vivir como cristianos. Y la razón de la duda era tener noticia de que los Moros no havian recebido aquel sacramento sino por miedo de la muerte con que havian sido amenazados en caso que no hubieran arrostrado a recibirlo que, segun ésto, parecía haver sido involuntaria la recepción del bautismo en los Moros y por consiguiente parecía haver sido ninguna y de ningun effecto. Supuesto que la recepción de los Sacramentos ha de ser muy voluntaria y libre. Púsose la dificultad por orden del emperador en la inquisición para que se allanare. Y el Inquisidor General, D. Alonso Manrique de Lara, Arzobispo de Sevilla y Cardenal de la Santa Iglesia Romana del título de los doce apóstoles para que en su consejo supremo se viese mejor esse negocio tuvo una junta y Congregación General de hombres doctissimos asi en Teología como en Cánones en el año 1524 y resolvió la congregación que en faz de la Iglesia quedaron verdaderamente Baptizados los Moros y quedaron obligados a guardar la ley de Christo. Resolución, por cierto, digna de hombres tan doctos. Porque los comuneros no tomaron de los cabezones a los Moros y rehusandolo ellos y diciendo que no consentían ni querían los mandaron Baptizar, sin embargo de esto, que en este caso, bien cierto es que no huvieran quedado bautizados ni en sí ni en faz de la Iglesia, sino que les dieron a escoger y tiempo para ello, aunque poco pero bastante, y el ser baptizados aunque estrechados de las amenazas de la muerte, y assi la recepción del bautismo en ellos fue libre y voluntaria absolutamente y simpliciter aunque involuntaria y violenta secundum quid.

Como el arrojamiento que el mercader hace de sus mercancías en el mar quando se ve en peligro de anegarse por la tormenta, y como el matrimonio que contrae alguno quando le obligan a casarse con la muger a quien viola o a perder la vida que en casado queda en faz de la Iglesia, y la Iglesia lo purga así, porque sin embargo de la amenaza de la muerte pudo en sí ser voluntario simpliciter y absolutamente y no le corrida lo contrario a la Iglesia pues el contrayente dixo que quería ser casado. Y pregunto yo ahora, los judíos que en España fueron bautizados en tiempo del Rey Godo Sisebuto no lo fueron de la propia suerte que estos Moros, con amenazas de la muerte en caso que no quissiesen serlo? Nadie me lo podría negar y sin embargo desto llegando despues a tratar de la dificultad el Concilio toledano 4.º en tiempo del Rey Sisenando en le cual Consilio se hallaron San Isidoro, Arzobispo de Sevilla y setenta obispos determinó en el Canon 55 lo que sigue: «Qui autem siam peridem ad Christianitatem coacti sunt sicut factum est temporibus religiosisimi principis Sisebuti quia dam constar eos sacramentis divinis as sociatos et baptismi graciam ressepide est Crismate buptus esse oportes et fidem quam vel necesitate susciperunt tenere cogantur nomen domini blafematur et fides quam susciperunt vilis et contentibilis habeatur.»

Esto es: Mas los que ya por lo mesmo, son coactos a la cristiandad. Asi como se hizo en los tiempos del Cristianisimo Principe Sisebuto. Porque ya consta que ellos estan acompanados o juntos a los divinos sacramentos y que han recibido la gracia del Bautismo y que estan ungidos con la Crisma y lo demás importa que la fe, la cual por necessidad han recebido, sean forzados a tener o guardar para que no sea blasfemado el nombre del Señor y para que no se tenga por vil y menospreciable la fe que recibieran. Pues si aquellos judíos que se baptizaron por no dar en manos de la muerte con que los amenazavo Sisebuto los dio el Concilio por verdaderamente Baptizados y los obligó a vivir como a Christianos porque no se han de dar por verdaderamente Baptizados los Moros que en tiempo de la Comunidad quisieron serlo a trueque de no perder la vida? Yo ya veo que para la recepción de sacramentos no es buen medio el de semejantes amenazas de muerte porque la recepción de Sacramentos ha de ser muy libre y voluntaria y este medio no ayuda de suyo a esso, antes favorece para que no sean pues la hace involuntaria segun algo, aunque la deja ser voluntaria segun absolutamente. Pero por esta parte no condeno yo a los Comuneros porque tengo para mi que el primero blanco y fin de sus amenazas de muerte no fue la recepción del Baptismo sino quitar del Reyno la Blasphemia de la fe, y el escándalo y ocasión que havía de caida para los fieles. Este fue su primer blanco y fin, y para la conservación del bueno y conveniente fue el medio de las referidas amenazas. Y de esta suerte saludan todos los doctos el edicto de los Reyes Catholicos que los Judios o se Bautizasen o se fuesen de España que su blanco y fin principal fue hechar de España la Blasfhemia de la fe. A esse medio se siguió como fin secundario la recepción del Baptismo en los moros porque movidos de las amenazas de la muerte quisieron ellos recibirlo y asi su Baptismo fue verdadero y les obligó a vivir como Christianos como lo determinó la referida congregación de Teólogos y Canonistas.[150]

Igualmente resulta ilustrativo el testimonio de don Juan Bautista Pérez, obispo de Segorbe, en su tratado *De conversione paganorum Regni Valentiae:*

...pero después resolvió la Inquisición general que los castigase como apóstatas y ésto con dos fundamentos, el uno porque no fue aquella violencia precisa qual fuera si les ataran y los baptizaran contradiziéndolo ellos, sino sólo fue la violencia condicional que escogieran baptismo o pena, lo qual aunque no se debiera hacer, pero ellos quedaron obligados a guardar la ley cristiana por ellos recibida conforme a la doctrina de Inocencio tercio y Bonifacio octavo. El otro fundamento fue porque ya avían purgado la dicha violencia y ratificado el baptismo son aver después continuado a yr a missa y recibir sacramentos y tratarse como a cristianos.[151]

150. QUEROL, V. W.: *Las Germanías de Valencia*, manuscrito inédito custodiado en la Biblioteca Municipal de Valencia.
151. BORONAT, P.: *Op. cit.*, I, 132.

La extraña retórica de estos razonamientos teológicos, sólo una pequeña muestra de la dialéctica teológica de la época, suscrita y hasta apoyada por Boronat, se plasmó en el dictamen emitido por la Junta reunida en Madrid, a petición del rey. Se aceptaban los acontecimientos como irreversibles, se creía ciegamente en la libertad de los mudéjares en el momento de la conversión y, en definitiva, se proclamaba la legalización de la inexistencia de mudéjares. La acción subsiguiente era lógica: la búsqueda de la consolidación de lo realizado por los agermanados, el salto de la teoría jurídicamente proclamada, a la praxis (cristianización de los nuevos cristianos, conversión real de los bautizados) que abriría el paso a la represión.

En principio, se intentó una política cristianizante por la vía pacífica. Muy significativamente el inquisidor general el 28 de abril de 1524 escribió a todas las Inquisiciones regnícolas para que «no pusiesen edicto de cosas lyvianas contra los dichos nuevamente convertidos ny por ellas los prenderan o sy algunos toviesen presos los mandasen soltar libres y bolverles sus bienes e que agora algunos de los dychos ynquisidores avían prendido ciertas personas, onbres e mugeres por cosas muy lyvianas...». La carta del inquisidor general estuvo motivada por las protestas de los moriscos diciendo que «los cathólicos Reyes don Fernando y dona Ysabel de gloriosa memoria con el zelo que tenían de ensalçar nuestra religión christiana e salvar las animas de sus subditos *avian procurado la conversión de los moros de sus reynos a nuestra sancta fe haciéndoles mercedes o prometiéndoles libertades e prerrogativas e que serían relevados e bien tratados...*»[152]

El gobernador de Valencia, fiel a las directrices inquisitoriales de que «todos los moros que en reyno de Valencia recibieren en días pasados el aygua del Sancto Baptismo sean compellidos a venir catholicos christianos», establece severamente que «ninguno de vosotros sea osado de acoger en vestras casas, villas y lugares o iuris-

---

152. BORONAT, P.: *Op. cit.*, I, 135.

dicciones ninguno de los dichos moros que fueron baptizados y no se hubieran rendido a nuestra Sancta Fe Catholica ansi como sus fijos o mugeres assi los hubieredes acogido los hecheys dellas e no les consintays estar en vuestras tierras y lugares ni deys lugar que nadi sea osado de les dar provisiones ni mantenimientos...»[153]

Las preocupaciones escrupulosas del inquisidor general pronto se verían desbordadas por la tendencia general represiva. El 15 de mayo de 1524 el papa Clemente VII a la vez que exhorta a la predicación de la palabra de Dios en pro de la conversión, dispensa al rey de los juramentos prestados por sus antecesores comprometiéndose a no ordenar la expulsión morisca. El margen que la bula pontificia daba a la agresividad real era el máximo.[154]

El 4 de abril de 1525 el rey escribe a los jurados valencianos disponiendo que se ayude a los inquisidores a realizar su labor y rogando que «dexeis y consintays libremente venir a qualesquiera personas de los dichos nuevamente convertidos que stovieren absentes de esse reyno por hallarse culpados en lo de la germanía o en otro qualesquiere delicto».[155]

El 23 de abril se conceden los máximos poderes al inquisidor general para actuar ante el problema de los moros conversos.

El 10 de mayo de 1525 son enviados a Valencia don Gaspar de Avalos, obispo de Guadix, comisario del inquisidor general con varios oficiales de la Inquisición, entre ellos don Juan de Salamanca y fray Antonio de Guevara. La labor de estos predicadores fue tan lenta como infructuosa. Lo máximo que lograron fue la administración, tan a desgana como antes el bautismo, del sacramento de la confirmación. La política cristianizante, progresivamente, se fue endureciendo por las resistencias encontradas.[156]

En dos cédulas dirigidas al duque de Gandia y conde

153. ARV. Real 1413, f. 98-99.
154. BORONAT, P.: *Op. cit.*, I, 136.
155. ARV, Lletres Reals h^3-3, f. 25.
156. BORONAT, P.: *Op. cit.*, I, 139.

de Oliva y otra a los nobles del reino, el rey, el 5 de agosto de 1525, les invita a cooperar con el gobernador de Valencia en la rendición de los moros sublevados en la Sierra de Bernia, cerca de Benissa y «hacer volver a sus casas a todos los que se han huydo y absentado».

Ante la frustración de la integración cristianizante homogeneizadora, la severidad represiva se consolida. El 17 de agosto de 1525 el rey dicta una pragmática disponiendo muy rígidas medidas contra los que protegiesen a los moros bautizados y fugitivos. El 13 de septiembre de 1525, el rey da una orden terminante de conversión: «el rey manda que los moros se vuelvan cristianos», dándoles un plazo de 8 días para dar una respuesta. El cerco se va estrechando.[157]

El 6 de octubre se publica que los moros expresen su voluntad (convertirse o no), en el plazo de ocho días y «justamente se mande a los moros que se hubiessen pasado de unos lugares a otros que so pena de ser cativos y de perder los bienes, buelvan a sus lugares, y a los señores que a pena de mil ducados, que no los detengan».[158]

El 9 de octubre se prohíbe que moro alguno abandone su lugar y se ordena a los que se hubieran trasladado a otras localidades, vuelvan a sus centros de origen, bajo la amenaza de la esclavitud y confiscación de bienes. El 21 de octubre se prohíbe comprarles oro, plata, joyas, sedas, bestias y toda clase de mercancías, para frenar toda posibilidad de fuga tras la venta de sus bienes.

El 16 de noviembre, se establece que se cierren las mezquitas y no se celebren ceremonias religiosas, que lleven señales en la ropa —media luna de paño azul—, que no puedan llevar armas, que no trabajen los domingos y fiestas católicas, que se bauticen o que se vayan a Fuenterrabía a embarcar.[159]

---

157. BORONAT, P.: *Op. cit.*, I, 140-141, y ARV. Real 1409, f. 165-166.
158. ESCOLANO, G.: *Op. cit.*, lib. X, 1671-1676.
159. DIAGO, F.: *Op. cit.*, 11, 25-30, 101-135; ESCOLANO, G.: *Op. cit.*, lib. X, 1681-1685, y BORONAT, P.: *Op. cit.*, I, 152.

El 2 de diciembre en una carta del rey a doña Germana se patentiza un nuevo foco insurgente: Benaguasil, pues «se han alli recogido mucho número de moros y puesto artillería y municiones y muchos mantenimientos y echado fuera los pocos christianos que ende estavan y cerrado las puertas con pensamiento de defender hasta que vengan fustas de moros con que se puedan ir y pasar en Africa». El duque de Segorbe para rendir la ciudad pone la condición de retener «la possesión della conforme a los fueros desse Reyno hasta que sea pagado de los gastos que por causa de la dicha reducción havra fecho».[160]

El 8 de diciembre el rey da el ultimátum en el sentido de que todos se bautizaran o, de lo contrario, les señalarían fecha para la expulsión. Un día después se da la orden de expulsión por la que se establece que salgan del reino todos los moros no convertidos, yendo por Requena para embarcarse en La Coruña.

El 12 de diciembre se impone que todos los moros, antes de partir, pagasen tanto a sus señores como a particulares, los censos de por vida, censos al quitar, juros y otras deudas.[161]

Ante esta situación la élite de alcaldes y alfaquíes moriscos envía una embajada al rey para negociar.

ETIOLOGÍA DEL PROBLEMA MORISCO

¿Qué factores condicionaron el progresivo endurecimiento de la cuestión morisca? La postura del rey está determinada por la necesidad de la homogeneidad social, que implicaba la consolidación política de la empresa imperial. No hay que olvidar la coincidencia cronológica de la represión morisca con la batalla de Pavía y la estancia del rey Francisco I en Valencia. Quizá las críticas del rey

---

160. BORONAT, P.: *Op. cit.*, I, 153-155.
161. BORONAT, P.: *Op. cit.*, I, 155-157.

francés, prisionero en Benissanó y testigo de excepción de la continuidad de las prácticas de culto musulmán, contribuirían a concienciar a Carlos I de la incompatibilidad de la contradicción entre las situaciones de hecho y de derecho. Por otra parte, la necesidad de hacer concesiones demagógicas al pueblo ex agermanado para encontrar una caja de resonancia que compensara el elitismo de la idea imperial, le estimularía su agresividad.

Además, para acabar de comprender la actitud monárquica hay que tener muy presente el recrudecimiento de la actividad corsaria y pirática de los turcos, continuamente concienciadora de la intrínseca peligrosidad de la minoría mudéjar. En 1522 se registran dos noticias de fustas de moros en Cullera. En 1523 vuelven a mencionarse cuatro «fustes de turchs» en Valencia. En 1524 se avistan tres fustas de moros en Calp. Amenaza real o figurada, la presencia turca fue un constante acicate racista y, desde luego, una coartada perfecta para todo propósito discriminatorio.[162]

De la interrelación moriscos-corsarios es buen testimonio la carta del duque de Calabria a Luis de Zaidía, alguacil del rey, el 15 de junio de 1527 en la que se precisa:

> Con ahiam entes no sens displicencia que en algunes parts del present Regne es senyaladament per los lochs maritims se perpetran e fan graus escesos en no poch deservey de nostre Senyor Deu e de ses prefates Majestats e encara en dan e destruició del present Regne, e contra lo pacifich stat de aquell, les quals a nos pertany fer tot lo possible per lo que zelam lo servey de ses prefates Majestats e desijam lo be, conservació e repos del present regne remediar e per opportuns e deguts remeys de justicia provehir e senyaladament havem entes que en algunes viles o lochs maritims haurien secretament desembarcat alguns turchs o moros enemichs de nostra Sancta Fe Catholica *ab intelligencia, valor y esforcs de alguns novament convertits* de les dites viles les quals los

---

162. AMV. Lletres Misives, g³-43; y MIR-MASCÓ-DOWULL: *Memoria dels jurats com dels officials de la ciutat de Valencia en actes senyalats en Valencia com fora de Valencia*. Manuscrito núm. 1492 de la Biblioteca Universitaria de Valencia, 118-135.

han no sols receptat, pero donan a aquells favor e auxili sperant commoditat e opportunitat de damnificar los cristians e posar en desasosechs lo present regne...

El problema religioso se convertía en una cuestión política.[163]

Pero la razón que parece trascendental, ante todo, es la situación de depauperación progresiva de la mayoría de los moriscos recién conversos. La situación de las morerías tras las Germanías no podía ser más lamentable.

Al trauma demográfico —Viciana destaca entre las tristes consecuencias de la revuelta agermanada: «amen de faltar en el reyno *cinco mil casas de agarenos*, que por miedo de la persecución y crecidos daños que los agermanados les hacían, con galeotas y varcas passaron la mar a bivir en Argel...»— hay que añadir su penuria económica. La evolución de las rentas cobradas por el real patrimonio a los moros de Xàtiva es bien expresiva.[164]

Las cantidades pagadas, que habían aumentado de manera ostensible de 1513 a 1519-1520, a partir de estos años, sin duda por la agresividad de los agermanados, dejan de cobrarse con normalidad. En 1521, año del radicalismo religioso-socializante no se recibe ningún pago; en 1522 son escasísimas las cantidades cobradas, tan sólo una pequeñísima parte de las cifras estipuladas; en 1523 y los años siguientes hasta 1530 vuelve a no cobrarse absolutamente nada. La razón está perfectamente expresada en la documentación:

nos fas rebuda perque en el any 1523 no son stats arrendats per haber hi trobat preu algú en les dits drets per estar la dita morería despoblada per les revolucions populars dels anys passats.[165]

Naturalmente, el caos económico derivado de las Germanías, sufrido por los mudéjares implicó hipertensiones

163. ARV. Real 1315, f. 750.
164. VICIANA, M. de: *Op. cit.*, 450.
165. ARV. Maestre Racional, leg. 149, C. 3078.

sociales que degeneraron en múltiples depredaciones protagonizadas por los moros así como una compleja red de procesos, demandas y fricciones judiciales, síntomas detectores de que el status de las relaciones cristiano-mudéjares había sufrido un cambio irreversible.

Como simples muestras testimoniales de esta realidad pueden citarse la carta de los jurados al alcaide de Benaguasil el 6 de noviembre de 1523 aludiendo a que «alguns moros de aquexa nostra vila de Beneguacir son venguts en lo terme de Nàquera no sols han robat garrofes, mes encara... perque nosaltres no volem ni consentirem que nostres vassalls façan mal ni dan a persona alguna y es nostra voluntat que sient requisits per lo dit noble senyor de Nàquera o factor ab letra sua, façen prompta e expedita justicia contra los moros inculpats», y las continuas menciones de procesos judiciales entre moros recíprocamente (Yuseff Manrelli y Ali Cahat Manrelli en noviembre de 1524, como ejemplo, o de la ciudad de Valencia contra algún moro converso, a través del alcaide de Benaguasil (causa incoada contra Mahomet Tarayoni en octubre de 1523).[166]

Del endeudamiento mudéjar son prueba evidente las continuas presiones y coacciones ejecutivas de acreedores contra los mudéjares perceptibles en diversas series documentales, especialmente los *manaments y empares y penyores* de Gobernación (entre 1524 y 1525 un total de 126 requisitorias de pagos incumplidos).[167]

El moro comenzaba a ser demasiado molesto, incómodo e irrentable.

DE LA CONCORDIA A LA REVUELTA

La élite morisca, como decíamos, ante la gravedad de la situación reaccionó enviando una embajada al rey, su-

---

166. AMV. Lletres Misives, g³-43.
167. ARV. Gobernación, 330-374.

plicándole les concediera cinco años para hacerse cristianos, a cambio de una donación de 50.000 ducados.[168]

Tras unas negociaciones secretas en la primera quincena de enero fructificó una concordia entre el rey y los moriscos, en cuyo éxito tuvo destacado papel el inquisidor general. El documento, que no sería publicado hasta 1528, está redactado en términos un tanto complejos y contradictorios.

Tras el pago de 50.000 ducados se hacían una serie de concesiones a los moriscos. Se prohibía a la Inquisición proceder contra ellos y sus bienes durante 40 años, se les daba libertad de usar trajes no cristianos y facultad de emplear su propio idioma durante 10 años; se disponía que podrían tener cementerio especial junto a sus mezquitas convertidas en iglesias; se les dispensaba del impedimento de parentesco en los matrimonios consumados; se posibilitaba el que los bienes y propiedades de las mezquitas se aplicaran al culto cristiano, reservando una parte para la manutención de los alfaquíes convertidos; se les permitía llevar armas, mudar de domicilio y conservar con carácter independiente las morerías de realengo de Valencia, Alzira, Xàtiva, Castellón de la Plana y otras.

Pero al lado de las concesiones, la concordia acababa con una paradójica abstracción que parece olvidar las anteriores otorgaciones: «Place a Su Magestat que por agora como están y después todos los moros, así hombres como mugeres del Reyno de Valencia inspiradas por el Spíritu Santo se conviertan a nuestra Sancta Cathólica Fe y recibieran el agua del Sancto Baptismo...» La única desembocadura posible seguía siendo la conversión. La concordia, sin duda, negociada por el sector más poderoso económica y políticamente de los moriscos, no convenció a la gran masa morisca.[169]

La respuesta contestataria osciló de la emigración y

168. BORONAT, P.: *Op. cit.*, I, 157.
169. La concordia fue transcrita íntegramente por Boronat en el apéndice documental de su obra.

subsiguiente desvasallamiento a la revuelta. La evasión geográfica, constante ya años atrás, se radicalizó en esta coyuntura. Muchos siervos huyeron refugiándose en ciertas zonas montañosas. El desvasallamiento subvertía el régimen feudal, de lo que eran conscientes los señores.

En unas instrucciones que enviaron los jurados de Valencia al rey en junio de 1526 se pone de manifiesto la inquietud del estamento feudal:

> E vists los serveys y dans dels militars de aquest regne suplicaren a sa Majestat mane que per evitar tots los majors dans e inconvenients queen los lochs dels dits senyors no puixa esser acollit ni avassallat en alguna vila real ni menys de vila real en altre loch de senyor o mane no resmenys sa Majestat que los vassalls de dits senyor serveixquen y paguen als senyors de aquells de modo y forma que essent moros pagaven puix los carrechs eran imposats segons les poblacions de cascun loch e no es just que per esser se fets cristians dexen de pagar los drets y carrechs que eren tenguts pagar esent moros.[170]

Paralelamente a esta tendencia fugitiva surgen focos revoltosos en la geografía valenciana: la Sierra de Bernia, Guadalest, Confrides, la Muela de Cortes de Pallas y, sobre todo, la Sierra de Espadán, Onda y Segorbe, revuelta ésta que obligó a un importante esfuerzo bélico, de marzo a agosto de 1526, para su represión. La supuesta inmunidad garantizada por la concordia pasaba a ser pura utopía.[171]

El 21 de enero de 1527 el virrey duque de Calabria prohibía acoger en vasallaje a los moriscos de Palop y Callosa y establece, rigurosamente, que ningún morisco salga de los términos de su residencia.[172]

El 18 de julio del mismo año, el duque de Calabria vuelve a disponer muy rígidas medidas de vigilancia y persecución de los «pérfidos moros que no volen se con-

170. AMV. Lletres Misives, g³-44, f. 10-13.
171. *Vid.* GARCÍA CÁRCEL, R. y CÍSCAR, E.: *Moriscos i agermanats*, Valencia, 1974, 153-177.
172. ARV. Real 1315, f. 26.

vertir ne pendre l'aygua del Sanct Baptisme e reduir se a la deguda obediencia de Ses Magestats e fugiren e pasaren per les dites montanyes...».[173]

El 23 de diciembre de 1528, el rey desde Toledo, tras tranquilizar a la morería de realengo insistiéndoles en que la conversión no alteraría su status económico, dispuso terminantemente la prohibición de toda práctica musulmana atribuyendo a mal entendimiento de la concordia por los moros, lo que era una clara retroacción monárquica:

> E como han guardado la pascua del carnero y fecho muchas ceremonias propias de moros y cosas y assí es de muy grande atrevimiento y digna de castigo por ser fecha en tanta offensa de Dios Nuestro Senyor y opprobio de la fe cathólica permitieron en el Sancto Bautismo que recibieron y porque este error pudo nascer del malentendimiento que algunos dieron a lo que fue decretado y respondido a los capítulos que en esta ciudad de Toledo presentaron los Alfaquís y alcadis... la intención nostra no era ny es de dar licencia ny permitir a los dichos nuevamente convertidos que en ningún tiempo biviesen como moros ny fiziesen cerimonias de la dicha secta de Mahoma...[174]

En las Cortes de 1528 se establece que «los militares tinguen la mateixa jurisdicció criminal en los novaments convertits que tenien ans quant eren moros» y que «vassalls moros nos puguen fer vassall de altre sens haver comptat ab lo primer senyor».[175]

El Santo Oficio, por su parte, no menguó en su actividad contra los nuevamente convertidos: de 1528 a 1530 fueron citados ante la Inquisición de Valencia 106 casos de herejía de los que gran parte eran moriscos. De 1532 a 1540 el número de personas juzgadas por herejía llegó a 441 y aunque esas cifras incluyen a algunos conversos

173. ARV. Real 1315, f. 76-80.
174. ARV. Real 251, f. 84-85.
175. GARCÍA CÁRCEL, R.: *Las Cortes de Carlos V*, Valencia, 1972, 15.

judíos, en su mayoría se trataba de moriscos, y ello a pesar de las bulas pontificias de diciembre de 1530 y 1532, por las que se concedía al inquisidor general facultad para absolver de la herejía a los moriscos, siempre y cuando se arrepientan, puesto que el papa era consciente de su ignorancia y falta de instrucción.[176]

Para remediar este problema fueron enviados por la Inquisición visitadores como fray Bartolomé de los Ángeles a detectar el *modus vivendi* morisco y acelerar su conversión. El informe emitido por Bartolomé de los Ángeles no pudo ser más pesimista, denunciando la absoluta continuidad de las prácticas moriscas a pesar de todas las presiones recibidas.

Bartolomé de los Ángeles acusó repetidas veces a diversos nobles y señores de los lugares de moros (el señor de Montechelva, el conde de Oliva, el duque de Gandia, don Galcerán Bou) y, especialmente, a *mossèn* Blanes, señor de Cortes:

> Tiene la yglesia y quand dicen misa en su lugar no quiere que la digan en la yglesia syno en su casa porque no vayan los moriscos a misa y todos los domingos y fiestas trabajan publicamente y assy en todas las otras cerimonias en gran escándalo de los cristianos viejos que cerca de ally moran y assy muchos de los señores hacian lo mismo pudiéndolo remediar y no quieren y por su culpa se dexa de hacer mucho bien con estos nuevamente convertidos.[177]

El 24 de julio de 1529 son enviados Francisco Ubach y Miguel Miedes a visitar los lugares de moros ante las protestas recibidas de los nuevos convertidos contra los «barones y cavalleros a quien stan subiectos e los mas dellos despues de su conversión a nostra Sancta Fe Catholica, no dexan de los tractar y hazerles pagar las rentas, acofras y servitios personales como quando eran moros, lo qual ellos no pueden tollerar ni sufrir». Los en-

---

176. LEA, H. Ch.: *Op. cit.*, III, 561-563; y BORONAT, P.: *Op. cit.*, I, 172-180.
177. BARTOLOMÉ DE LOS ÁNGELES: *Padrón de los moriscos residentes en parte del reino de Valencia*. Manuscrito núm. 81 de la Biblioteca Universitaria de Valencia.

viados llevaban la consigna de averiguar las rentas que pagaban a los señores. No debieron tener demasiado éxito en sus gestiones.[178]

Un breve del papa Clemente VII, en 1531, ordenando a los señores del reino no cobrasen de los nuevos convertidos más derechos e imposiciones que solían obtener de los cristianos viejos, no fue, por nadie, atendido.[179]

El 11 de enero de 1530 se publica en Valencia un bando real por el que se impone pena de muerte a los moriscos valencianos que, sin permiso, mudasen de domicilio o penetrasen en los lugares o términos de Polop, Callosa, Finestrat, Bolulla, Orxeta, Sella y Relleu.[180]

La represión continúa. En las Cortes de 1533 se fijan las más drásticas disposiciones contra los moriscos vasallos de la baronía de Cortes.[181]

Recorriendo, pues, la trayectoria de la problemática morisca se observa que su natural y primitiva contextura religiosa se había transformado en cuestión política que derivó en guerra; la guerra dejó irresoluto el problema religioso y radicalizó el conflicto subyacente planteado: las relaciones de producción feudal. Los señores feudales se niegan a que el cambio de religión implique un cambio en el status de dependencia servil de los moriscos. Éstos, por su parte, se oponen rotundamente a «vivir como cristianos y pagar como moros». El rey ante el dilema opta por favorecer los intereses señoriales y la Inquisición no perdona lo que desde el punto rigurosamente teórico es una apostasía: la continuidad de las prácticas musulmanas.

La contradicción era flagrante entre la impuesta conversión ideológico-religiosa y el inmovilismo parasitario del régimen feudal. La religión se interfería en el mundo de las relaciones feudales. La solución no llegaría hasta el año 1609.

178. BORONAT, P.: *Op. cit.*, I, 136-140.
179. *Ibídem*, 175-180.
180. *Ibídem*, 179.
181. GARCÍA CÁRCEL, R.: *Las Cortes de Carlos V*, Valencia, 1972, 35-61.

Segunda parte
LA INQUISICIÓN COMO EMPRESA

I. La plantilla burocrática de la Inquisición

El personal de la Inquisición fue incrementándose progresivamente, contra la propia voluntad del rey y del inquisidor general. En febrero de 1483 el Rey Católico, desde Medina del Campo, dictaminaba los funcionarios que requería la Inquisición en los reinos de la Corona de Aragón: dos inquisidores, un jurista asesor, un procurador fiscal, un escribano, un alguacil y un portero.[1]

En las constituciones de enero de 1485 se amplía el cupo de funcionarios con la adición de un receptor de bienes y otro notario, así como un letrado en Roma. En junio de 1487 se incorpora un nuncio, al que más tarde se añadiría otro.[2]

En septiembre de 1491 Torquemada exigía que «por evitar costas, vistos los pocos bienes que ay, se quite un notario».[3]

Desde 1500 se estabiliza la plantilla de funcionarios: dos inquisidores, un asesor, un procurador fiscal, un alguacil, tres notarios-escribanos, dos nuncios, un receptor, un portero, dos carceleros y un cirujano.

En 1519 la receptoría de bienes confiscados se desdobla en el receptor de secuestros y confiscaciones y un nuevo receptor de «penes, penitencies, conmutacions i habitacions». En 1523 se crean dos nuevos puestos: un médico y un juez de bienes confiscados, encargado de resolver las múltiples protestas presentadas, por vía judicial.[4]

Los inquisidores eran los responsables de la dirección

1. ACA. Real 3684, f. 9-10.
2. LLORENTE, J. A.: *Historia crítica de la Inquisición de España*, Barcelona, 1880, I, 130-131.
3. AHN. Inquisición de Valencia, leg. 597 (3).
4. ARV. Maestre Racional, leg. 338, C. 8320.

de la máquina administrativa desde la promulgación de los edictos de gracia a la aplicación de las penas. De los 20 inquisidores —ninguno de ellos valenciano— que dirigieron el Santo Oficio de Valencia desde su origen a 1530, 5 fueron dominicos, 12 canónigos, 2 juristas (Saldanya y Palacios) y de otro (Pou) no sabemos sino que era teólogo, lo que revela el predominio del clero secular en la jerarquía inquisitorial valenciana, quizá porque el protagonismo de los dominicos hubiera sido estimado como peligroso por el temor al retorno a la Inquisición medieval de tan manifiesto carácter dominico.

La responsabilidad de los inquisidores, desde luego, no pasó de ser puramente administrativa. El control del inquisidor general —que, por otra parte, durante el reinado de Fernando el Católico no fue también sino un alto cargo administrativo sin capacidad de decisión política— sobre los inquisidores fue enorme, especialmente en la era Torquemada, gozando después de cierta iniciativa, especialmente durante el período de bipartición inquisitorial, pero volviendo a ser rígida la centralización desde 1519. El problema morisco, por ejemplo, es analizado y resuelto por completo al margen de los inquisidores locales que actúan como meros burócratas.

El procurador fiscal era, ante todo, el elaborador de las denuncias y casi siempre el acusador e interrogador de los testigos, destacando en su ejecutoria por su agresividad Agustín López y Fernando de Loazes.

El asesor fue un cargo de ejercicio intermitente. Fundamental en los primeros años como consejero de unos inquisidores, no especialistas en el cabalístico mundo de las herejías, perdió fuerza desde 1498, a raíz de la constitución de Torquemada, de mayo de ese año, exigiendo que los dos inquisidores fueran uno jurista y otro teólogo, eliminando así la necesidad de calificadores teológicos y convirtiendo el papel del asesor en intermediario entre los inquisidores y las autoridades locales y siendo, incluso, de hecho reabsorbidas sus funciones por uno de los inquisidores (Iñigo, Soler, Ardiles, por ejemplo).

Los notarios eran de tres tipos: de secuestros, encargados simplemente de registrar las propiedades embargadas hasta que se decidía su confiscación; del secreto, que anotaba todas las declaraciones de los testigos y los procesados, y el escribano general, que venía a ser el secretario del tribunal destinado a registrar en acta las sentencias, los edictos de gracia, autos de fe y demás burocracia procesal.

El alguacil era el oficial ejecutivo, destinado a detener a los denunciados y perseguir a los fugitivos así como de cuidar de su encarcelamiento y comida. Su competencia fue un tanto menoscabada con la figura del carcelero, lo que originó una considerable y progresiva reducción de su salario.

El nuncio era el mensajero encargado de trasladar los despachos del tribunal a otra población dentro del ámbito geográfico abarcado por el tribunal inquisitorial. Sus funciones fueron aumentando hasta convertirse en delegados de los inquisidores, por la tendencia de éstos progresivamente estática y poco dispuesta a la itinerancia, por el gasto que implicaba, nada compensado.

El portero desarrolla una función complementaria a la del alguacil y nuncio. Casi siempre, era el encargado de avisar de los autos de fe.

El carcelero, médico y cirujano desarrollan las lógicas funciones de sus cargos. Conviene hacer constar que sus servicios eran claramente elásticos según la categoría y poder económico de los procesados. La alimentación de los presos que se costeaba con los bienes, previamente embargados, de éstos, oscilaba de 9 a 20 dineros diarios (la alimentación del médico Luis Alcanys cuesta 18 dineros diarios; la de Luis Vives, padre, 15 dineros diarios; la de procesados sin bienes, de 9 a 10 dineros diarios).

La Inquisición valenciana no tuvo *comisarios* (delegados de los inquisidores en lugares apartados) como los tuvo la Inquisición catalana, a pesar del amplio ámbito geográfico abarcado.

Además de la plantilla de funcionarios fijos, la Inquisición valenciana, como todos los tribunales, arrastraba un importante volumen de personas diseminadas por toda la geografía valenciana. Además de los que prestaban servicios coyunturales, destacan los familiares, servidores laicos, destinados a cumplir una variada gama de servicios entre los que destacaba la delación de sospechosos, aunque como dice Kamen, no fueran forzosamente una policía secreta.[5] Sus funciones nunca fueron pormenorizadas al darles el título de familiar. Sirva como ejemplo este nombramiento: «Nos los inquisidores contra la herética pravidat e apostasía en la ciudat y reyno de Valencia y su districto por autoridat apostólica confiando de vos maestre Nicholau Clarchet, vellutero, vezino de Valencia, que soys tal persona que bien y fielmente guardareys lo que por nos vos será cometido y encomendado por el tenor de la presente vos nombramos por familiar deste Santo Officio e vos damos facultad para que podays traer y traygays armas como tal familiar y gozar de todas las exenciones y libertades de que gozan y pueden gozar según derecho y costumbre los que son familiares del dicho officio.»[6] Su número fue aumentando progresivamente, de 25 en 1501 hasta 57 en 1568.

Pero de todos los cargos de la Inquisición el que más nos interesa en este capítulo era el de receptor de bienes, auténtico delegado de hacienda del rey en cada tribunal local. En los primeros años de la Inquisición valenciana se encargó de este puesto Joan Ram, el mismo maestre racional, con lo que la identificación de los intereses del rey y de la Inquisición quedaba bien reflejada en la persona concreta de este funcionario.

El 11 de marzo de 1487 se nombra receptor a Joan Claver, que ya era receptor de Teruel desde un año antes:

> Por tanto con tenor de las presentes de nuestra cierta sciencia y expresamente revocando al dicho nuestro maestre racional del dicho officio y cargo de receptor sin alguna nota de infamia suya como dicho es, facemos, deputamos, creamos y constituimos en receptor nuestro en la dicha ciutat y diocesis de Valencia a vos dicho mossen Joan Claver.

5. KAMEN, H.: *La Inquisición española*, Madrid, 1973, 159.
6. AHN. Inquisición de Valencia, leg. 800 (11).

Los poderes que se le otorgan son ampliados respecto a los del anterior receptor que sólo podía vender los bienes muebles y alquilar o arrendar los bienes raíces. En octubre de 1487 se le otorgan poderes para que:

...per nos y en nombre nuestros mandays per titulo de vendicion o vendiciones válidas alimeys, cedays y transporteys e o fagays vender alimar, cedir y transportar en publicos encantes o en la forma que meior visto vos fuese y a nos y a nuestra Corte mas util vos fareçiere todas e qualesquiere cosas, vinyas, huertos, campos, olivares, heredades e possesions y otras qualesquiere bienes mobles, inmobles e por sí movientes de qualesquiere specie o condición exceptadas empero los censales, deudas, censos y las pensiones o respensiones de aquellos...[7]

En mayo de 1491 fue destituido Claver. El 1 de junio de 1491 el rey envió como comisario suyo a *mossèn* Blay Asensi, sacerdote de Segorbe, a Xàtiva, Concentaina y otros lugares «para negociar, exigir y cobrar muchas deudas de los bienes confiscados». El 20 de septiembre se le ordena al propio Asensi que se encargue de cobrar y pagar hasta que fuera nombrado nuevo receptor.[8]

El 12 de febrero de 1492, un mes escaso antes del decreto de expulsión de los judíos, se nombra al canónigo de Cardona, Johan de Astorga, receptor, al que se le amplían los poderes dados a Claver, incorporando el derecho a vender censales: «Vos damos poder cumplido y bastante para que por nos y en nombre de nuestra corte podays vender e dar un paguo de deuda que nuestra corte deva e vendays, deys y por título de vendiciones, alienaciones e donaciones en paguo de deuda, cedays e transporteys y enageneys todos y qualesquiere censales e violarios a nos e nuestra corte e fisco confiscados e pertenecientes por el delicto de la herética pravidat en las dichas diócesis e ciudades que sten a vuestro carguo a la persona e personas con quien a venir vos podreys.»[9]

7. ARV. Maestre Racional, leg. 339, C. 8322, 8323 y 8328.
8. ARV. Maestre Racional, leg. 340, C. 8331 y 8332.
9. ARV. Maestre Racional, leg. 340, C. 8331.

En agosto de 1493 fue relevado Astorga por Amador de Aliaga, de su cargo, quizá porque su tratamiento de la problemática económica suscitada por la expulsión no satisfizo al rey.[10]

Al nuevo receptor Amador de Aliaga se le amplían poderes para, incluso, poder tomar bienes confiscados en otras receptorías: «Que de aquí adelante cobreys y retengays en la dicha vuestra especie o calidad de qualesquiere personas condepnadas en los logars de las otras resceptorías haziendo de aquellas devida entrada en vuestras cuentas para las convertir en lo que por nos vos será mandado.»[11]

Aliaga fue el auténtico inquisidor en los 32 años que duró su mandato, gozando de la absoluta confianza del Rey Católico. El nuevo rey Carlos I relajó su inmenso poder cuando el 12 de enero de 1519 nombró al notario Joan Argent como receptor específico de las penas y penitencias impuestas a los procesados. En 1524 el rey paralelamente a la exigencia de las deudas pendientes a Aliaga, lo cesa sustituyéndolo por Cristóbal de Medina.[12]

10. ARV. Maestre Racional, leg. 341, C. 8335.
11. ARV. Maestre Racional, leg. 340, C. 8332.
12. ARV. Maestre Racional, leg. 344, C. 8350.

II. La tramoya económica

Se ha escrito mucho acerca de la riqueza y de la pobreza de la Inquisición. H. Ch. Lea se esforzó en demostrar las grandes operaciones pecuniarias realizadas por la Inquisición a costa de los sufridos conversos, y en función de la insaciable demanda pecuniaria de la monarquía. Kamen, por el contrario, resalta los precarios ingresos de la Inquisición.[13] Riqueza o pobreza son categorías conceptuales relativas.

Creemos que sobre el particular convendría hacer las siguientes matizaciones:

1. La Inquisición actuó, en todo momento, al servicio del Estado. Quien decide los salarios que se han de pagar, el sistema de confiscaciones, el régimen empresarial, en definitiva, de la Inquisición es el rey. La riqueza o la pobreza carecen de sentido, porque el objetivo de la Inquisición como empresa no era sino *ser rentable* a la monarquía. Y en este sentido sí lo fue.

2. Tanta importancia como la objetiva riqueza o pobreza de la Inquisición creemos que tiene la consideración que de ella tenían sus víctimas. Rica o pobre, la Inquisición tenía una imagen pública ¿Cuál era? Hemos entresacado múltiples delaciones contra determinadas personas por haber hablado de la Inquisición en los siguientes términos: «Los inquisidors eran uns grans lladres», «No estan sino per robar la pobra gent» y una serie de frases similares.[14]

3. Hay que distinguir la Inquisición como abstracción

---

13. LEA, H. Ch.: *A history of the Inquisition of Spain*, Nueva York, 1906-1908, II, 328-345; y KAMEN, H.: *Op. cit.*, 161.
14. AHN. Inquisición de Valencia, leg. 799 (3).

de su protagonismo humano: los inquisidores. ¿Hasta qué punto la Inquisición no fue pobre por la corrupción administrativa de sus funcionarios, de la que existen múltiples síntomas? La corrupción, como ha demostrado Van Klaveren, no fue un accidente en el ejercicio administrativo y político sino su definición conceptual, y la Inquisición no parece ser la excepción en este sentido.[15]

INGRESOS

Los ingresos pueden estructurarse en varios bloques:

A) Composiciones. Eran las típicas multas o sanciones. Se aplicaron inicialmente según el capítulo 7 de las primeras Instrucciones de Torquemada a los autoconfesos espontáneos. Tenían la ventaja respecto a la confiscación de su mayor agilidad administrativa y rapidez en el cobro. Fue la penitencia típica de los primeros años de la Inquisición. En principio se hacían con carácter colectivo por ciudades, como ya vimos; después, individualmente. En 1487 se impuso composición a 22 penitenciados:[16]

Joan Vicent	6.000 sueldos
Francesch Vicent	1.500 »
Dionís de Ros	1.000 »
Berthomeu Foguet	700 »
Aldonça Sánchez	75 »
Bernat Solsona	100 »
Álvaro Díez	2.600 »
Pere de Luna	300 »
Beatriu Torregrossa	200 »
Angelina Soler	50 »

15. VICENS VIVES, J.: *Estructura administrativa y estatal de los siglos XVI y XVII*, en *XI Congreso Internacional de Ciencias Históricas*, Estocolmo, 1960, 3-28.
16. ARV. Maestre Racional, leg. 344, C. 8347.

Margarida Santes	40	sueldos
Gostança Segarra	150	»
Joan Boïl	175	»
Joan Bayona y su mujer	30	»
Vicent Terol	200	»
Jaume Pardo	75	»
Joan Caragoça	1.200	»
Joan Solanes	93	»
Gaspar Viabrera	450	»
Brianda Viabrera	42	»
Brianda Pujol	1.000	»
Gaspar Torregrosa	37	»

Los intentos de los conversos por librarse de las confiscaciones les llevaron a negociar con el Rey Católico su sustitución por «composiciones» fijas. En abril de 1491 se le pagó la cifra de 5.000 ducados a cambio de la exención de los hipotéticos actos heréticos cometidos: «En nostra bona fe volem, prometem, ens plau que tots vosaltres damunt dits conffesats adjurats y penitenciats e a cascun de vos sian absolts perdonats e remesos quant en los bens fent vos gracia e remissos dels dits bens a vosaltres e a casun de vosaltres per qualsevol error, crim o delicte axí de heretgía com de apostasía que haiaus o haguessen comes fins al dia de hui; en axí que per vía de confiscació per la dita causa los dits bens ne part de aquells que sien no puixen esser annotats, scrits, secuestrats ni confiscats ni per aquells esser vosaltres ni bens vostres inquietats, vexats, executats ne molestats».[17] Las promesas del rey no fueron cumplidas, las confiscaciones siguieron y las composiciones abundaron poco desde entonces. De 1494 a 1518 sólo hemos detectado un total de 93.744 sueldos ingresados por este concepto.[18]

B) Licencias y habilitaciones. Sabido es que en el capítulo 6 de las primeras Instrucciones de Torquemada se cargaba en la penitencia del reconciliado la privación

---

17. ARV. Maestre Racional, leg. 339, C. 8322.
18. ARV. Maestre Racional, leg. 344, C. 8349.

del ejercicio de todo empleo honorífico.[19] Ello propició múltiples peticiones de la curia romana de rehabilitación, hasta que Alejandro VI el 17 de septiembre de 1498 concedió la facultad de rehabilitar única y exclusivamente al inquisidor general, convirtiéndose desde entonces en una importante fuente de ingresos:[20]

1509	16.471 sueldos
1511	11.374 »
1512	13.576 »
1513	22.567 »
1514	4.184 »
1515	35.837 »
1516	21.608 »
1517	2.905 »
1518	19.739 »

C) Quitamiento de hábitos y sambenitos o *gramalletes*. Desde 1515 a 1518 conocemos algunos ingresos por la compra de la facultad de redimirse de esta penitencia. He aquí los ingresos:[21]

1515	7.461 sueldos
1516	841 »
1518	9.661 »

D) Confiscaciones de bienes. De hecho fue la vía de ingresos prototípica de todos los tribunales de la Inquisición. Se aplicaban a los espontáneos que se presentaban fuera del tiempo de gracia y a todos los denunciados, de modo prácticamente automático.

El arresto llevaba implícito el inmediato secuestro de bienes que daba lugar a la formalización de un inventa-

19. LLORENTE, J. A.: *Op. cit.*, I, 109.
20. ARV. Maestre Racional, leg. 344, C. 8349.
21. *Ibídem.*

rio de lo que poseía el procesado y su familia que era registrado en el llamado «Libro de manifestaciones».

Los inventarios eran exhaustivos y realizados por el notario de secuestros, disponiendo de ellos el receptor. Obvio es señalar la sustracción de bienes que implicaba el sistema, pues aun en el supuesto remoto —muy pocos casos de absoluciones— de declaración final de inocencia, mientras duraba el proceso del individuo en cuestión, los bienes tenían que ser la mayor parte de las veces subastados o vendidos para pagar el mantenimiento del preso y su familia o criados o las costas judiciales. En conclusión, en la práctica no había diferencia entre el secuestro teóricamente coyuntural y la confiscación definitiva.

Los bienes confiscados tenían un doble destino: o eran *capllevados* por amigos o parientes de los procesados o puestos a pública subasta. El primer procedimiento consistía en que los *capllevadors* entregaban una fianza económica a cambio de la retención de bienes, según la previa estimación realizada por el alguacil de la evaluación global de estos bienes. Fue, desde luego, el sistema más utilizado por su rapidez y agilidad burocrática. Tenía el inconveniente de que, en múltiples ocasiones, el fiador era también procesado por la Inquisición por lo que resultaban absolutamente gratuitos los esfuerzos en retener los bienes.

Por ello, especialmente desde 1523 cobró fuerza el procedimiento de la subasta pública. El dinero líquido encontrado al procesado era absorbido por el receptor y el resto —bienes muebles e inmuebles— eran puestos en almoneda.

Estos bienes eran comprados generalmente a bajo precio, especialmente los bienes muebles. Los compradores fueron, por lo que hemos detectado, en su mayor parte los propios conversos. De 75 compradores que hemos registrado, 61 fueron, de hecho, también procesados por los Inquisidores en los años siguientes a la subasta. Los cristianos viejos no participaron en este teórico buen negocio que suponía la participación en las subastas. Los bienes de los conversos sufrieron un continuo trasiego interno de propietarios en el seno del grupo social converso, prolongación económica de la endogamia familiar, por las sucesivas reventas que la Inquisición promueve con los subsiguientes beneficios acumulativos.

Hay un hecho indiscutible que es la enorme diferencia entre el volumen de bienes valorado por el notario de secuestros y las cifras de ingresos reales percibidos por el receptor. En 1522, por ejemplo, la cifra de bienes manifestada alcanza los 412.743 sueldos mientras que el volumen real de ingresos sólo asciende a 163.194 sueldos, es decir, el 39 %.[22]

Las razones de este desfase son múltiples, desde la ocultación de bienes por parte de los procesados a la intencionada no mención por el receptor de todos los bienes ingresados. La confiscación implicaba una complejísima problemática. Vamos a enumerar las principales cuestiones suscitadas:

1. La precisión del punto de partida cronológico de la herejía. En el capítulo 10 de las primeras Instrucciones de Torquemada se exigía que los inquisidores especificasen el tiempo en que el reconciliado había incurrido en la herejía pues la presunta fecha de comienzo de ésta se estimaba como hito cronológico de la confiscabilidad de la dote, los títulos de deuda y demás contratos establecidos por los procesados.[23] Todos los esfuerzos por retrasar el punto de partida de esta confiscabilidad a la fecha del procesamiento fueron inútiles. Lo más que se consiguió fue que los inquisidores respetaran los contratos anteriores a 1479 sin inmiscuirse en ellos (capítulo 4 de las Instrucciones de enero de 1485) y, sobre todo, el logro de un seguro para acreedores (validez de la compra de bienes y de los censales cargados sobre procesados de la Inquisición) y un seguro familiar (posibilidad de recobrar la dote por parte de la mujer inocente de culpa)

---

22. ARV. Maestre Racional, leg. 341, C. 8338 y leg. 339, C. 8321.
23. LLORENTE, J. A.: *Op. cit.*, I, 109-110.

lo que se consiguió en la concordia de 1512 y las Cortes de 1519 en Barcelona, que ya estudiamos.[24]

Las reclamaciones de mujeres de las dotes aportadas a sus maridos procesados fueron constantes. Oscilaron de 12.000 sueldos (las hijas de Pau Vives) a 400 sueldos (Castellana Torrella) aunque la más frecuente fue la de 400 a 6.000 sueldos.[25] En 65 casos se especifica que no hubo aportación de dote al matrimonio.

A la picaresca de los procesados, ya sea ocultando la dote cuando era la mujer la procesada o reclamándola cuando el procesado era el marido, la Inquisición respondió con una estrategia hábil. De una parte apropiándose de la dote de la mujer, justificándose con el argumento característico: «la qual quantidat pertenece a la Regia Corte por quanto el dicho... los recibió mucho tiempo después que cometiese el crimen por el qual fue condepnado» o yendo al fondo del asunto, procesando a la reclamante como hereje, lo que acallaba automáticamente toda contestación. Éste, por ejemplo, es el caso de las hermanas de Luis Vives. Luis Vives Valeriola, padre del filósofo, fue procesado y condenado a muerte en septiembre de 1524. Sus hijas, Beatriz y Leonor, reclamaron a través de la justicia civil la dote que su madre, Blanquina March, muerta a consecuencia de la peste en 1508, había aportado al matrimonio. Cuando estaban en plenos trámites de recuperación de la dote en septiembre de 1528 se inició el proceso inquisitorial contra Blanquina March que terminó en diciembre de 1529 declarándola como hereje y al imponer la confiscación de los bienes de ésta, vetar todo intento de recuperación de bienes procedentes de Blanquina March.[26]

Problema si cabe más complejo era el de las deudas y censales. Los libros de cuentas de los procesados fueron examinados con el más riguroso detalle remontándose años atrás buscando insaciablemente los títulos de

24. *Vid.* notas 87 y 109 de la primera parte.
25. ARV. Maestre Racional, leg. 346, C. 8355.
26. DE LA PINTA LLORENTE, M. y PALACIO, J. M.: *Procesos inquisitoriales contra la familia de Luis Vives*, Madrid, 1964.

deuda que comprometieran a deudores remisos. La mayor parte de los procesados (exactamente un 82 %) eran acreedores, poseedores de títulos de deuda. Los censales, por otra parte, constituían cerca de la mitad de los bienes de estos procesados.

La mayor defección en el cobro de los bienes evaluados se produjo precisamente en este sector. El escapismo de los deudores fue tan frecuente como constante la voluntad perseguidora de la Inquisición. Cuando se incorporó Cristóbal de Medina como receptor, Amador de Aliaga le pasó todo un balance pormenorizado de los restos de deudas por cobrar que se remontaban al año 1495 y sumaban un total de 8.786,5 libras de las que, parte, pudo recuperar la Inquisición durante la receptoría de Medina.[27]

2. La ocultación de bienes que lógicamente afectó especialmente a los bienes muebles. Aunque fue constante a lo largo de los años, este escondimiento de bienes se radicalizó durante las Germanías como el caso de Rafael Moncada que ocultó seda aprovechando el contexto revolucionario, ejemplo que relata H. Ch. Lea.[28]

Las requisitorias del rey fueron tan frecuentes como infructuosas. El 10 de agosto de 1499 le encargaba el Rey Católico al *bayle* la busca de los bienes escondidos: «...por quanto havemos entendido que vos ha seydo divulgado que en ciertas partes de los nuestros reynos de Aragón y Valencia y principado de Cathalunya han seydo y estan occultados oro, plata, moneda e otras ropas pertenescientes a nuestra cámara y fisco por razón que los dichos bienes fueron de personas condepnadas, damos poder de que podays vos personalmente o vuestro subdelegado ir en qualesquiere partes en los dichos reynos de Aragón y de Valencia y principado de Cathalunya y inquirir y buscar y facer cavar, si menester sia, donde los dichos bienes stan scondidos e occultados...»[29]

27. ARV. Maestre Racional, leg. 342, C. 8339.
28. Lea, H. Ch.: *Op. cit.*, II, 342.
29. ARV. Maestre Racional, leg. 337, C. 8313; y Real 246, 17-20.

El mejor medio, por cínico que parezca, de persecución de los bienes ocultados fue la apelación a delatores de bienes, de los que el más famoso fue Pedro de Madrid al que en una provisión real dictada en Medina del Campo el 17 de junio de 1494 se le asegura que «el rey le hace merced de la meetad de todos los bienes, deudas y cosas que descobrira y manifestara pertenecer a Su Alteza como bienes de hereges».[30]

El rey lógicamente se encontraba ante la contradicción de la necesidad de delatores para la extracción de bienes y el caro precio que por ello exigían, lo que quitaba rentabilidad a las confiscaciones. Osciló por ello entre la generosidad en las concesiones a los delatores y la penuria económica: «deveys trabajar se contente con el tercio, porque darle la meatat es mucho, pero si otro no podicredes concertar con él, fazerlo como vos pareciere».[31] En 1488 había fijado como compensación 1/3 de los bienes hallados, que en 1494 se sube a la mitad. Sin embargo, el 8 de mayo de 1510, dictó una provisión por la que, revocando disposiciones anteriores, reducía el pago a los manifestantes de bienes al quinto de lo ingresado por la Inquisición:

diversas provisiones avemos fasta aquí otorgado a algunas personas faziéndoles merzet a unos de la metat e a otros del tercio e a otros del quinto destos los bienes quellos escubrirían y manifestarían en esse sancto officio que perteneciese a nos y a nuestra corte según que mas largamente haveys visto y se contiene por las provissiones que sobre ello se han despachado e porque como sabeys esse officio tiene mucha necesidat y las personas a quien avemos hotorgado las dichas provisiones, según somos informado, no han aquella diligencia que es menester en manifestar los dichos bienes y otros se offrecen quedándoles aun menos del quinto entenderan con mucha soliditut en ello, es nuestra voluntad que de aquí adelante vos receptor no pagueis a las personas que descobriran y manifestaran los dichos bienes mas de la quinta parte

---

30. ARV. Maestre Racional, leg. 346, C. 8355.
31. ARV. Maestre Racional, leg. 337, C. 8313.

intimandoseles con acto público porque sepan que no han mas de recibir...[32]

A pesar de la normativa general marcada por el rey se siguió un criterio en la contratación de delatores de bienes muy individualizado según la rentabilidad, en definitiva, de las manifestaciones. Si a Juan de Santángel de Teruel, se le prometió la mitad, a Luis Martínez se le dio sólo la tercera parte:

> Que de qualesquiere bienes que el dicho Luis Martínez vos descubrira y manifestara de los dichos condemnados que sean y pertenezcan a nuestra cámara y fisco y vengan a manos y poder vuestro, de los quales nuestra Corte e fisco o official alguno nuestro no tenga ni tenir pueda, por vía directa o indirecta sabeduría o vestigio alguno le debes y entreguedes la tercera parte dellas en pago de los gastos y trabaios que haurá habido en descobrir, investigar e secuestrar.[33]

3. La escrupulosidad de los funcionarios. H. Ch. Lea y H. Kamen citan algunos ejemplos de corrupción administrativa en la Inquisición.[34]

Evidentemente, en Valencia el fenómeno del fraude fue frecuente. En 1491 el rey ordena al maestre nacional que haga una revisión de todas las cuentas presentadas por Claver en el momento de su destitución. La revisión denuncia que «el dicho nuestro receptor en la conclusión fiu liquidación de todas las cuentas de su administración, ha seydo alcançado en trentados mil ochocientos ochenta y seys sols seis dineros...», cantidad de dinero que lógicamente se obliga a devolver a Claver.[35] Pero los escasos escrúpulos no fueron monopolio del receptor.

La Inquisición generó un curioso trasmundo de sobornos y actividades poco claras: proteccionismo dispensa-

---

32. ARV. Maestre Racional, leg. 343, C. 8343.
33. ARV. Maestre Racional, leg. 337, C. 8313.
34. KAMEN, H.: *Op. cit.*, 71; y LEA, H. Ch.: *Op. cit.*, II, 328-330.
35. ARV. Maestre Racional, leg. 340, C. 8330.

do a determinadas personas como los Roiç, presiones para que cargos lucrativos en la catedral pasasen a manos de oficiales de la Inquisición, especulación privada de censales...

Un procedimiento para obtener dinero que los inquisidores emplearon con relativa frecuencia y cuya ortodoxia moral es discutible es lo que, con palabras actuales, podríamos llamar la venta por el sistema de «alta presión» a través del que, en base al impacto psicojurídico de la Inquisición, se imponía la compra obligatoria de libros sobre temática inquisitorial cuyo monopolio comercial tenían los inquisidores. Sabemos que se hicieron suculentos negocios permitidos y propiciados por Deza con la venta del *Manual de Inquisidores* de Eymeric.[36] Serrano Morales nos cuenta, en la misma línea, que Miguel Albert y el receptor del Santo Oficio formaron sociedad el 16 de septiembre de 1494 para imprimir y vender 1.000 ejemplares del *Repertorium* de Albert estableciendo, incluso, en el contrato que el producto de los beneficios se repartiría en partes iguales.[37]

Las rentas que proporcionaba el monopolio ideológico se incrementaban con las subsidiarias ganancias que proporcionaba la comercialización de las obras de gran demanda por su información sobre la metodología procesal de la propia Inquisición. La Inquisición se cobraba, de esa manera, la información sobre sí misma.

¿Pero cuál fue el volumen global de ingresos por confiscaciones y gastos a lo largo del período que nos ocupa?

En total, de los 31 años de los que conocemos datos, se ingresó un volumen global de 6.431.517 sueldos, mientras que en los 34 años que tenemos información se gastaron 3.476.085 sueldos. El superávit, aun reconociendo

---

36. VENTURA, J.: *La Inquisición española y los judíos conversos barceloneses (siglos XV y XVI)*. Tesis doctoral inédita, Universidad de Barcelona, 1973, I, 80-90.
37. SERRANO MORALES, J. E.: *Reseña histórica en forma de diccionario de las imprentas que han existido en Valencia*, Valencia, 1898-1899, 3-10.

que falta más información de los gastos que de los ingresos, es cuantioso, y de él, el único beneficiario fue el rey.

En la Inquisición de Valencia no hubo la triple división de beneficios que se ha atribuido, un tanto gratuitamente, al tribunal inquisitorial: una parte para la guerra con los moros, otra para la Inquisición y otra para las guerras pías.[38] A quien únicamente cedió el rey parte de sus beneficios fue a la nobleza cuando los herejes a los que se había confiscado sus propiedades eran vasallos suyos. Sabemos que en abril de 1491 el duque de Segorbe fue recompensado con un tercio de las confiscaciones de ese año.[39] El 4 de febrero de 1493 el rey escribe al receptor de la Inquisición exigiéndole que «entendays en la recuperación de qualesquieres bienes y deudas a nuestra corte pertenescientes en las tierras del duque de Cardona, pero advertido que lo fagays con tal rectitud y templanza que assí como nos sería molesto que los interesses de nuestra corte no se mirassen e tractassen como es razón, también hauríamos enojo que se fiziesse agravio al dicho duque». El rey, pues, encargaba al receptor inquisitorial la difícil papeleta de obtener beneficios mimando a la vez al duque de Cardona.[40]

El componente global de los bienes confiscados puede estructurarse así:

Bienes inmuebles	32'6 %
Bienes muebles	19'3 %
Censales	38'1 %
Dotes	10 %

Hemos incluido los esclavos dentro de los bienes muebles puesto que objetivamente eran considerados como tales. Cada judío de cierto poder económico tenía de uno a tres esclavos. Conviene destacar, asimismo, que

38. KAMEN, H.: *Op. cit.*, 167.
39. LEA, H. Ch.: *Op. cit.*, II, 319.
40. ARV. Maestre Racional, leg. 341, C. 8335.

el 62 % de los censales, propiedad de judíos, estaban cargados sobre moriscos. La distribución de estos bienes era muy irregular. Sólo a 42 individuos del total de 2.354 procesados se les registraron bienes por valor de más de 20.000 sueldos, lo que, desde luego, viene a ratificar la ocultación de bienes pues, sin duda alguna, la cantidad de individuos con el referido poder económico debió de ser mucho mayor. A 127 individuos no se les anotó bien alguno como diremos más adelante.

A título de curiosidad, vamos a enumerar el componente pormenorizado de los bienes de tres procesados que, aparte de su significación cultural de la que hablaremos más adelante, son bien representativos del nivel medio de la pequeña burguesía judaizante:

Luis Vives Valeriola (padre de Luis Vives): [41]

— La casa familiar sita en el «carrer de la Taberna del Gall» (parroquia de San Martín) valorada inicialmente en 220 libras que fue vendida por 267 libras a sus hijas Beatriz y Leonor.
— Bienes muebles, *capllevados* por Miquel Dixer y su esposa por 327 libras.
— Títulos de deuda por valor total de 1.028 libras, 16 sueldos.
— Dote aportada por su mujer Blanquina March: 10.000 sueldos.
— Lana almacenada: 380 arrobas, 10 libras, anotadas en 1524 a las que hay que añadir las 52 sacas de lana (por valor de 6.821 sueldos) registradas en 1525.

Jaume Torres: [42]

— Bienes inmuebles: —Casas: 11.875 sueldos.
　　　　　　　　　　—Tierras: 5.088 sueldos.

---

41. ARV. Maestre Racional, leg. 339, C. 8322; leg. 344, C. 8347-8; y leg. 344, C. 8350.
42. ARV. Maestre Racional, leg. 343, C. 8345; leg. 344, C. 8347-8350 y 8353.

— Bienes muebles: 2.000 sueldos.
— Dote aportada por su esposa: 14.000 sueldos.
— Censales: 6.268 sueldos.
— Deudas de la clientela: 1.880 sueldos.

Luis Alcanyis:[43]

— Casas: 4.600 sueldos.
— Bienes muebles: 15.548 sueldos.
— Censales: 8.965 sueldos.

Examinemos la evolución de ingresos y gastos de la Inquisición valenciana a lo largo de este tiempo, según se reproduce en la página siguiente.[44]

Los años de mayores ingresos fueron: 1487, 1489, 1493, 1497, 1498, 1509, 1510, 1515, 2518, 1520, 1521, 1524, 1526 y 1528. Los de menor cuantía corresponden a 1490, 1492, 1498, 1503, 1506, 1508, 1513, 2516, 1517, 1519, 1523 y 1529.

El motivo fundamental de las alzas o recesiones en los ingresos es, lógicamente, el número de procesados que fluctúa a lo largo del tiempo. Tras la abundancia de reconciliados penitenciados en los dos primeros años, 1484 y 1485, a partir de 1487, con el nombramiento de Claver, como receptor, empieza una de las etapas más agresivas de la Inquisición valenciana con un total de 184 procesados, etapa que duró hasta 1490, año en el que se registraron muy bajos ingresos.

43. ARV. Maestre Racional, leg. 345, C. 8351-2.
44. ARV. Maestre Racional, leg. 337-347; y AHN. Inquisición de Valencia, leg. 571. Las cifras de ingresos y gastos discrepan en algunos años de las que reseñamos en el artículo: *Las rentas de la Inquisición de Valencia en el siglo XVI*, «Anuario de Historia de la Universidad de Granada», 1975-1976. La razón de esta discordancia radica en que en el momento de la redacción del citado trabajo no tuvimos en cuenta la dispersa documentación sobre confiscaciones que se encuentra en el Archivo Histórico Nacional, ni unificamos adecuadamente la moneda (valenciana, aragonesa y catalana) de las cifras que reflejaba la documentación. Un sueldo valenciano equivalía a 1,09 sueldos catalanes y a 1,04 sueldos «jaqueses». Las cifras que aportamos están todas ellas unificadas en moneda valenciana.

	Rebudes	Dates		Rebudes	Dates
1487	455.061	353.134	1510	324.623	75.036
1488	154.235	139.690	1511	—	—
1489	226.695	177.226	1512	105.159	79.041
1490	47.670	46.029	1513	94.524	71.158
1491	145.745	121.356	1514	170.302	172.175
1492	32.338	49.574	1515	144.691	143.912
1493	186.833	116.589	1516	62.874	23.122
1494	—	—	1517	67.846	19.413
1495	—	—	1518	178.904	81.624
1496	—	—	1519	80.955	93.962
1497	224.529	—	1520	205.255	166.956
1498	221.449	—	1521	244.854	52.378
1499	83.648	78.379	1522	163.194	96.345
1500	—	—	1523	80.569	74.769
1501	86.895	90.013	1524	57.176	128.428
1502	89.276	82.489	1525	159.956	178.265
1503	39.694	49.949	1526	234.788	—
1504	135.820	134.952	1527	131.041	96.461
1505	99.939	99.164	1528	510.933	—
1506	84.631	78.561	1529	78.151	—
1507	108.664	76.494	1530	69.116	53.269
1508	84.340	38.046			
1509	232.144	148.126	TOTAL	6.431.517	3.476.085

El gran descenso de 1490 motivaría el cese de Claver como receptor. El receptor interino de 1491, Blay Asensi, aceleró la mecánica de las confiscaciones registrándose una importante suma este año.

Para resolver la problemática que suscitaría la expulsión de los judíos fue nombrado Johan de Astorga. En 1492, lógicamente, la Inquisición apenas entró en ejercicio, lo que justifica el escaso volumen de ingresos de este año. No debió de ser muy eficiente la gestión de Astorga que fue muy pronto sustituido por Amador de Aliaga, un funcionario a la medida del Rey Católico: buen cobrador y pésimo pagador.

De los años subsiguientes a la expulsión tenemos pocos datos, pero las cantidades, a lo que parece, subieron

INGRESOS Y GASTOS

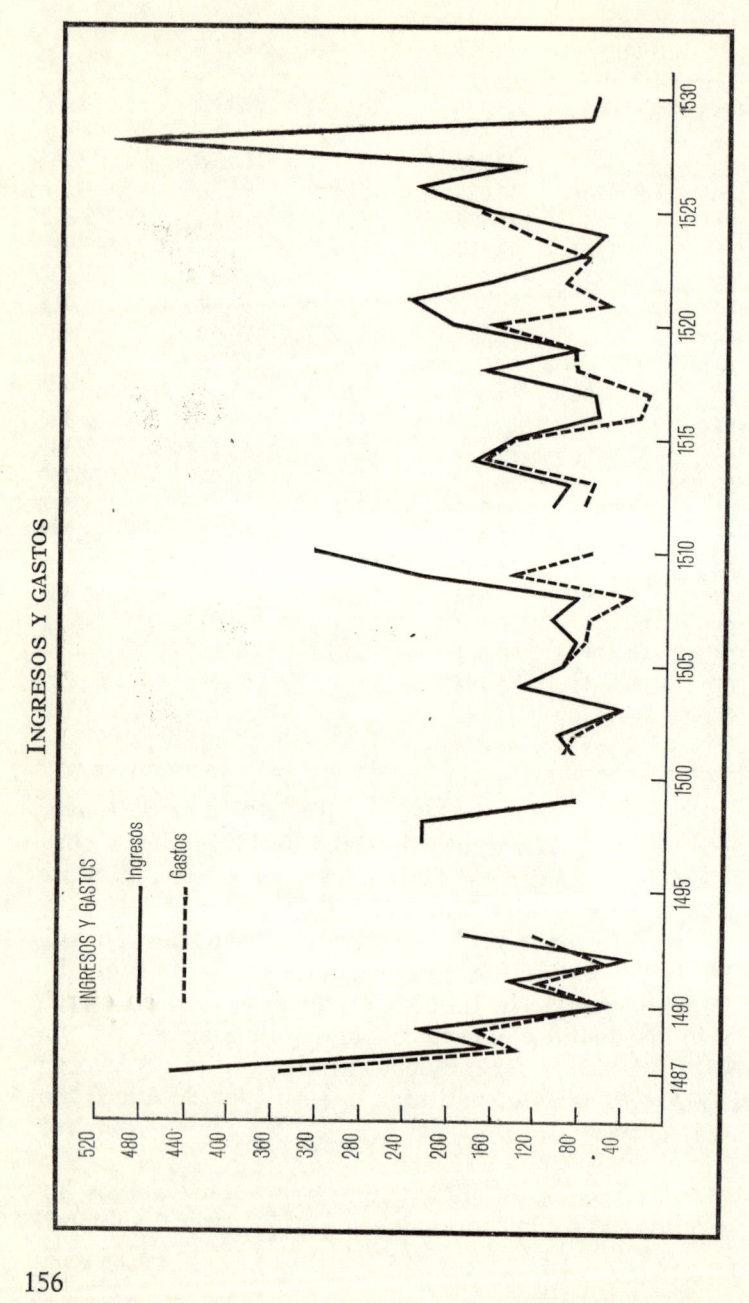

bastante, alcanzando en 1497 y 1498 los niveles de los primeros años de la Inquisición. A partir de 1499 se inicia un nuevo descenso prolongado con alguna inflexión alcista (en 1504) hasta 1509.

A partir de 1509 se observa una nueva elevación de ingresos paralela a la aceleración represiva de la Inquisición en estos años, aceleración cuyo punto de partida es la separación de la Inquisición de Castilla y la Corona de Aragón, lo que dicho sea de paso contrarresta la leyenda negra que atribuía la represión inquisitorial a su condición de castellana. La represión serviría para desencadenar la contraofensiva de los conversos, pese a la cual, de 1512 (año de la concordia con el rey) a 1516, las cifras de ingresos son francamente elevadas.

La recesión de 1516-1517 se debe, sin duda, al interregno provocado por la muerte del Rey Católico. La dirección del cardenal Adriano supone una nueva aceleración represiva: la incorporación del nuevo receptor Cristóbal de Medina en 1525 constituye una consolidación de la absorción económica, alcanzándose en este año la más alta cota de ingresos del período. A partir de 1529 se observa una profunda recesión fácilmente explicable teniendo en cuenta que la concordia de 1528 con los moriscos garantizaba, por lo menos teóricamente, la inmunidad de los bienes de éstos.

Los gastos siguieron una línea bastante similar a los ingresos, siempre por debajo de éstos. Sólo en 4 años hubo déficit: 1492 (año de la expulsión de los judíos), 1501, 1519 (año inicial de las Germanías) y 1525 (comienzo de la revuelta morisca de Espadán).

El bajón de ingresos a partir de 1529 debido fundamentalmente a la extenuación del filón de los conversos obligó a la Inquisición a un replanteamiento de sus fuentes de ingresos. Evidentemente la confiscación ya no era rentable. De 1529 a 1544 se colecta en bienes confiscados la cantidad de 815.339 sueldos, lo que significaba una drástica reducción de beneficios.[45] Ante esta situación la

---

45. AHN. Inquisición de Valencia, leg. 572 (1).

Inquisición no tiene más opción que la compra de censales que le aseguran una mínima seguridad infraestructural en sus ingresos. La actitud de la Inquisición ante los censales había sido oscilante.

Obvio es señalar el destacable atractivo que en un principio estos títulos de deuda ofrecían a la Inquisición. En los primeros años inquisitoriales —hasta 1491— el rey no permitía al receptor de la Inquisición más que la venta de los bienes muebles e inmuebles prohibiéndose la venta de los censales.[46]

La exclusión de los censales de la venta de bienes no parece estar en función sino de la euforia rentista paralela a las elevaciones de intereses en las pensiones desde 1475 que lanzaría a la Inquisición a la absorción de títulos de deuda para cobrarlos ella misma. El interés de los censales judíos absorbidos por la Inquisición era en este período de un 7,7 % a un 8,2 %, es decir, algo más del interés máximo legal.[47]

Pero esta coyuntural avidez de censales por parte de la Inquisición duró poco. Las resistencias encontradas por parte de los deudores, la necesidad de dinero líquido o inmediato, en gran cantidad, para hacer frente a los gastos de la dilatada burocracia inquisitorial, el descenso de los intereses cobrados al 6,6 % y quizá la conciencia de que la gallina de los huevos de oro judía iba a ser sacrificada un año más tarde en la expulsión, impulsaron al Rey Católico a ampliar los poderes del receptor de la Inquisición incorporándole el derecho a vender censales:

> Vos damos poder cumplido y vastante para que por nos y en nombre de nuestra cort podays por título de vendiciones, alienaciones, en pago de deuda, transporteis y enageneys todos y qualesquiera censsales y violarios...[48]

46. ARV. Maestre Racional, leg. 339, C. 8322.
47. García Cárcel, R.: *Los censales y su repercusión en las Germanías*, en *Actas del I Congreso de Historia del País Valenciano (1971)*. 3er. volumen. En prensa. *Vid.* ARV. Maestre Racional, leg. 346, C. 8355.
48. ARV. Maestre Racional, leg. 345, C. 8332. Las ventas que

El derecho a la venta de censales en 1491 parece lo más próximo, pues, a la liquidación de saldos inmediata al derribo. El rey, posiblemente, temiendo la devaluación del mercado del dinero que la expulsión provocaría, se anticipó vendiendo censales. El drástico modo como los judíos liquidaron sus bienes antes de su salida, que cuenta Bernáldez, parece dar la razón a la decisión monárquica.[49]

El nuevo rey, Carlos I, en octubre de 1519 ponía el dedo en la llaga: «Porque los jueces diputados para tan santo officio están más libres para hacer justicia, sin esperar de sostinerse de los presos, *se comprará la renta que fuere menester...*»[50] La nueva promoción de los censales por la monarquía hará chocar de frente la máquina inquisitorial con los moriscos pues el 62 % de los censales de propiedad judía estaban cargados sobre moriscos. Éstos, pagadores remisos, se convertirán en los sujetos pacientes típicos de la escalada inquisitorial, lo que, sin duda, influiría en el acre planteamiento del problema morisco que desembocaría en la revuelta de Espadán.

Tras Espadán, la concordia de 1528 con los moriscos fue el primer gran paso de la Inquisición hacia una institucionalización de sus ingresos, al absorber las rentas de las mezquitas a cambio de una inmunidad —frecuentemente incumplida— de los bienes propiedad de moriscos. Lógicamente era la élite morisca la gran beneficiaria de esta situación. A partir de 1528 la Inquisición inició una nueva etapa de compra de censales emitidos ahora en su mayor parte por cristianos viejos. En ese año concretamente compró censales a las localidades de Vall

---

se hicieron de estos censales no parece que buscaron la especulación gananciosa, sino dinero rápido. Casi siempre se precisa: «Que los censales que fueron fallados líquidos en la casa de... fueron vendidos por el dicho receptor a..., *dinero por dinero*, y que no se falló persona que diese más de dinero por dinero por ser algunos de los dichos censales muy ruines y carguados en mal lugar y en personas pobres...»
49. LLORENTE, J. A.: *Op. cit.*, 360.
50. LEA, H. Ch.: *Op. cit.*, I, 368.

D'Uxó —pensión anual de 234 sueldos—, Novelda —pensión anual de 370 sueldos— y la Llosa de Almenara —pensión anual de 333 sueldos.[51]

A mediados del siglo XVI la Inquisición cobraba anualmente en pensiones de censales la cifra de 53.577 sueldos distribuidos así:[52]

Cargados sobre individuos	10.051 sueldos
Cargados sobre el oficio de *paraires* .	26.100 »
Cargados sobre localidades diversas .	17.426 »

Pero la gran operación de la Inquisición para asegurarse unas rentas fijas y estables fue la ocupación de las canonjías y los alquileres urbanos. Ya el 24 de noviembre de 1501 el papa, a petición de los Reyes Católicos, concedió a la Inquisición el derecho a adjudicarse una canonjía en cada una de las iglesias, catedrales y colegiatas de España, derecho que tardó en aplicarse por las enormes fricciones que hubo de ocasionar.[53]

A mediados del siglo XVI las resistencias encontradas se habían logrado romper y la Inquisición cobraba de las canonjías 21.066 sueldos anuales:[54]

Canonicato de Valencia .	15.996	sueldos	anuales
Canonicato de Tortosa .	2.800	»	»
Canonicato de Teruel . .	1.600	»	»
Canonicato de Segorbe .	670	»	»

Respecto a los alquileres urbanos, la Inquisición, en las mismas fechas, cobraba 13.048 sueldos anuales por este concepto.[55]

---

51. AHN. Inquisición de Valencia, 1104 (1).
52. AHN. Inquisición de Valencia, 4671 (1).
53. LLORENTE, J. A.: *Op. cit.*, 360.
54. AHN. Inquisición de Valencia, 4671 (3).
55. *Ibídem*.

GASTOS

El componente de los gastos es un tanto complejo. Puede reducirse a tres apartados: salarios, gastos ordinarios y gastos extraordinarios.

Salarios

Los salarios evolucionaron notoriamente: [56]

	1483	1487	1492	1505	1519	1530
Inquisidores (cada uno)	2.800	4.000	5.000	6.000	6.000	6.000
Asesor	1.000	5.000	5.000	5.000		
Procurador fiscal	500	2.500	2.500	2.800	3.000	3.000
Escribano (s)	4.000	2.500	2.000	6.500	7.500	7.716
	(uno)	(uno)	(uno)	(todos)	(todos)	(todos)
Alguacil	2.400	5.500	5.000	5.000	6.000	1.890
Nuncio (s)		500		1.700	1.500	873
				(todos)	(todos)	
Receptor		4.500	6.000	6.000	6.000	6.000
Juez bienes confiscados						3.200
Portero		500	500	200	300	300
Médicos						300
Cirujanos				200	200	300
Carceleros				400	1.050	2.800

De la trayectoria salarial conviene destacar la escalada de los salarios de los diversos funcionarios a lo largo del tiempo desde las raquíticas cifras fijadas por el rey en 1483. Sólo observamos una regresión en los salarios del alguacil y los nuncios, sin duda, debidos a la multiplicación de oficios —porteros, carceleros— con funciones antes desempeñadas por aquellos.

Comparando los salarios de la Inquisición valenciana

56. ARV. Maestre Racional, leg. 337, C. 8313; leg. 339; C. 8322-3; leg. 340, C. 8330; leg. 343, C. 8343; leg. 338, C. 8320; leg. 341, C. 8338.

con otros tribunales se observa una mejor retribución en Valencia:

SALARIOS 1500-1510

	Cataluña [57]	Mallorca [58]
Inquisidores	6.000 (cada uno)	3.000 (cada uno)
Procurador fiscal	2.500	3.040
Notario	2.500	1.600
Asesor	—	400
Nuncio	500	500
Carcelero	1.280	400
Receptor	1.200	2.000
Portero	500	500
Alguacil	3.840	1.400

Y desde luego, son también notablemente superiores al nivel medio de la burocracia de la época en Valencia. He aquí una relación de salarios de los más relevantes funcionarios valencianos a mediados del siglo XV: [59]

Gobernador	10.000 sueldos
Lugarteniente	4.000 »
Baile	2.000 »
Jurado de la Ciudad	2.000 »
Síndico de la Universidad	2.000 »
Maestre Racional	2.000 »
Notario de la Sala	2.000 »
Asistente del notario	1.000 »
Asesor del justicia civil	1.000 »

El volumen salarial del tribunal de la Inquisición valenciana creció extraordinariamente, por otra parte, desde 1518. A partir de este año, el tribunal tiene que pe-

57. VENTURA, J.: *Op. cit.*, 120-135.
58. ARV. Maestre Racional, leg. 339, C. 8324; y leg. 346, C. 8356.
59. SANTAMARÍA, A.: *Aportación al estudio de la economía de Valencia durante el siglo XV*, Valencia, 1966, 157-158.

char con importantes contribuciones salariales a los funcionarios del Consejo General de la Inquisición.

Los pagos normales fueron éstos:[60]

	1519	1525
Inquisidor general	6.300 sueldos	11.200 sueldos
Un licenciado del Consejo general	8.400 »	16.800 »
El secretario del Consejo general	2.100 »	3.150 »
Procurador fiscal del Santo Oficio.	3.000 »	1.575 »
Relator del Consejo . . .	1.000 »	1.050 »

Este aumento de los gastos se incrementó a partir de 1525 con dos nuevos pagos:
— A los comisarios encargados de la conversión de moros (5 enviados: el obispo de Guadix, don Luis de la Puerta, arcidiano de la Mina, fray Juan de Salamanca, fray Antonio de Guevara y *micer* Juan Sunyer, además del alguacil, Sebastián de Librixa y el canónigo de Toledo, licenciado Mexía), a los que se les paga un total de 16.295 sueldos.[61]
— A los llamados «consiliarios» (un total de 5 miembros: el vicecanciller y los doctores) representantes de la Inquisición en el Consejo municipal, que venían a embolsarse en total unos 4.500 sueldos.[62]

Todo ello sirve de fiel testimonio de los elevados gastos de la Inquisición valenciana. Ahora bien, hay que tener en cuenta que bajo las cuantiosas cifras salariales de los funcionarios inquisitoriales se esconde una realidad menos grata. El pago de los salarios distaba mucho de ser puntual. Se cobraba cuando se cobraba. El Rey Católico en numerosas cartas a Torquemada pretende justificarse del mal pago a los funcionarios apelando a

60. ARV. Maestre Racional, leg. 338, C. 8320; y leg. 344, C. 8347.
61. ARV. Maestre Racional, leg. 347, C. 8373-4.
62. ARV. Maestre Racional, leg. 339, C. 8322.

la pobreza de recursos. Su actitud fue siempre de una tacañería increíble, como reflejan las cifras iniciales de salarios que prefijó en 1483 y, sobre todo, las cartas recomendando devaluación de salarios, especialmente en el año 1512:

> ...que dicen que han tomado un hombre para tormentar porque dicen que los nuncios no lo quieren facer ni fallan quien lo faga, me parece que por scusar tantos salarios devrian echar uno de los nuncios e que la persona que han tomado para tormentar sirviere de nuncio e se le diese el mismo salario e puesto esto no se puede facer se debe limitar el salario, porque seiscientos sueldos es muy sobrado salario. Quanto al ocheno capitulo en que fabla del salario de Don Ramon de Mur es justa cosa que pues que bien sirve sea muy bien pagado, e se leden dos mil sueldos de salario. Quanto al noveno capitulo que fabla de los porteros estoy maravillado que pagando tan gran salario como se pagó al aguacil allende aquello se hayan de pagar porteros que acá como sabeis todo esta a cargo del aguacil. Desbeis les mucho encargar a los inquisidores que lo miren porque se asi no lo fazen mas montarán los salarios que proceda de la Inquisición... Verdaderamente demandan tantos oficiales y acrecentamiento de tantos salarios que es menester que se mire mucho en ello, mayormente que es cierto segun Camanyas me ha dicho que los escribanos de la inquisición sienten a injuria que otro entiende en el dicho negocio sino ellos, mayormente que podrían poner en ello criado suyo de quien se confien. Si en todo lo sobredicho o en algo dello vos parece otra cosa vedlo alla y escrivitme vuestro parecer porque sobre todo se mire e se faga lo mejor.[63]

A pesar de los intentos de Carlos I en los primeros años de su reinado por independizar los salarios del cobro de las confiscaciones, la vinculación de salarios y confiscaciones fue siempre agobiante para los funcionarios de la Inquisición. Además, el pago de salarios nunca fue automático sino que se condicionó en todo momento a la disposición del rey en tal sentido, siempre tardía.[64]

63. LEA, H. Ch.: *Op. cit.*, II, 568-569.
64. LEA, H. Ch.: *Op. cit.*, II, 348-349.

En definitiva, el gran problema que arrastró la Inquisición valenciana en los años que arrastramos en nuestro trabajo es la dependencia servil del producto-hereje, segregador a través de las composiciones y confiscaciones del dinero del que habían de vivir los inquisidores. Esta ausencia absoluta de una infraestructura de ingresos al margen de la expoliación de las víctimas constituyó una deficiencia estructural básica que condicionó los abusos y fraudes personales y la ejecutoria de la Inquisición como empresa.

Gastos ordinarios

En este tipo de gastos se incluían las compras y alquileres de las casas de los funcionarios inquisitoriales y el coste de la alimentación y mantenimiento de presos así como de la ejecutoria inquisitorial desde las costas judiciales al montaje de un auto de fe.

El Tribunal de la Inquisición estaba radicado en el Palacio del Real hasta que en 1527 se trasladó a un edificio propio, situado entre la plaza de San Lorenzo, la calle Navellós y la actual de Unión (antes: Les Nou Reixes). Pero en este edificio sólo vivieron los dos inquisidores; el resto de funcionarios necesitó de otros alojamientos que corrieron a cuenta de la Inquisición.[65]

Los gastos por este motivo subieron mucho dinero, tanto por el número de burócratas necesitados de alojamiento como por el barrio donde estaban situadas las casas, generalmente en torno a las parroquias de San Salvador, San Lorenzo, San Nicolás y Santa María, barrio acomodado, donde vivía el estamento feudal. Los precios de compra de las casas oscilan entre 7.500 y 2.500 sueldos. Resulta sorprendente que la Inquisición prefiriese comprar casas a precio tan elevado dejando de habitar las casas de procesados cuya propiedad había sido con-

---

65. SANCHIS GUARNER, M.: *La ciutat de València*, Valencia, 1972, 181-183.

fiscada por la propia Inquisición y que fueron vendidas a bajo precio (de 500 a 1.000 sueldos, generalmente). ¿Apetencias de consumo selecto, deseo de proximidad a la casa central, o simplemente temor a situarse en el barrio judaico (parroquia de Santo Tomás, especialmente)?[66]

Los alquileres urbanos que se pagaron fueron, asimismo, elevados, de 80 a 100 sueldos.

El coste de la alimentación y mantenimiento de presos fue también muy alto, respondiendo lógicamente del número de días de estancia en la prisión, que, como veremos más adelante, fue muy irregular. El gasto medio habitual por alimentación diaria de un preso era de 9 dineros aunque cuando se trataba de un individuo de prestigio o sobresaliente poder económico se pagaba más por el. Con Luis Vives Valeriola se gastaron durante su estancia en la cárcel 270 sueldos; con Jaume Torres, se gastaron 2.984 sueldos y con Luis Alcanys, 7.892 sueldos. El preso más caro fue Francès Joan: 11.297 sueldos.[67]

Los autos de fe se hicieron con notoria sobriedad en Valencia no gastándose nunca más de 1.000 sueldos.

Gastos extraordinarios

En este concepto entraban los pagos de todo tipo de servicios coyunturales: el ayudante del carcelero, Pascual Sebastián, algún sacerdote predicador como *mossèn* Miquel Cardona, el trompeta Pere Artús, el verdugo Joan Diez, abastecedores de papel, ropa o materias diversas como el mercader Gabriel Guimerá, el *velluter* Luis Torres, el *peller* Luis Garcés o el librero Miquel Concrat, etcétera. Pero, sobre todo, se incluían aquí los donativos más o menos graciosos del rey a nobles o amigos personales, como el duque de Gandia, don Jerónimo Dixer de Portugal o su secretario, don Juan Ruiz de Calcena.

66. GARCÍA CÁRCEL, R.: *Notas sobre población y urbanismo en la Valencia del siglo XVI*, «Saitabi», 1975. *Vid.* ARV. Maestre Racional, leg. 341, C. 8337.
67. ARV. Maestre Racional, leg. 339, 343, 344 y 345.

III. Las víctimas

Hemos analizado el aparato jerárquico que constituía la burocracia dirigente de la Inquisición. Examinemos ahora la base paciente del sistema: los procesados.

El estudio de la problemática que plantean estos procesados no es fácil. Múltiples dificultades surgen, desde la simple identificación —homónimos, apellidos de las mujeres sin precisar si son propios o de los maridos, frecuencia de dobles e incluso triples matrimonios sin saber exactamente si se trata de la misma u otra persona— a las deducciones socio-económicas —ausencia de datos en muchos, cambios de profesión por prohibición expresa tras el primer procesamiento de ejercer el oficio original.[67 bis]

El número de procesados por la Inquisición valenciana hasta 1530, ascendió a 2.354 individuos, de los que 1.197 eran hombres y 1.157 mujeres. La homogeneidad de sexos fue, pues, casi absoluta.

La media anual de procesados en los 46 años que abarca nuestro trabajo ascendía a 51 víctimas. El número es notoriamente elevado si lo comparamos con el conjunto total de procesados por la Inquisición valenciana, registrados por Lea, antes de 1594 —un número de 4.226 procesados, lo que significa que antes de 1530 la Inquisición valenciana había procesado ya a un 55 % del total de víctimas en el siglo XVI—,[68] índice expresivo

---

67 bis. Una vez superada la fiebre de la interpretación ideológica de la Inquisición se convierte en rigurosamente necesaria la identificación de los procesados, tarea hasta el momento poco cultivada. Sólo merecen mención en esta línea de trabajo la labor de Sánchez Moya respecto a los judaizantes aragoneses y la de Forteza respecto a los judíos mallorquines, copiando éste en gran parte a Braunstein.

68. LEA, H. Ch.: *Op. cit.*, III, 561-563.

RELACIONES DE PARENTESCO ENTRE LAS PRINCIPALES

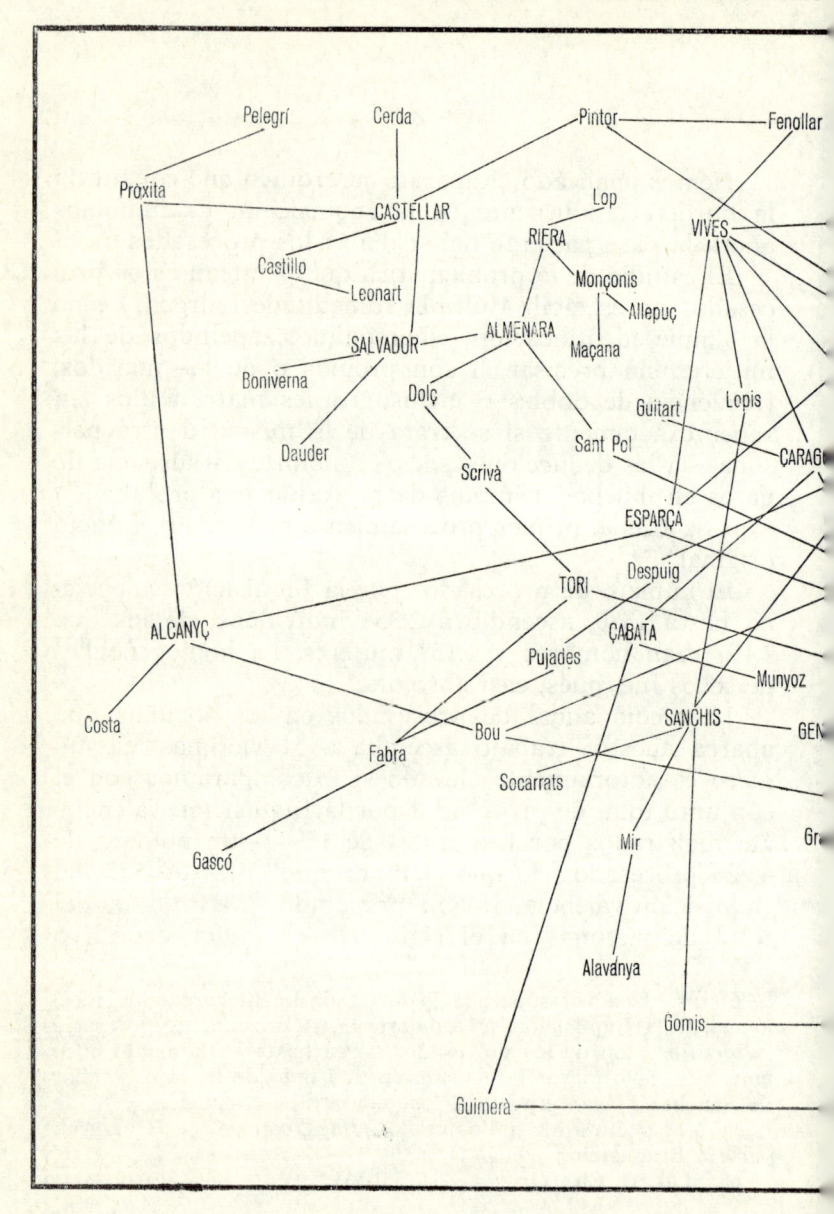

AS JUDÍAS PROCESADAS POR LA INQUISICIÓN VALENCIANA

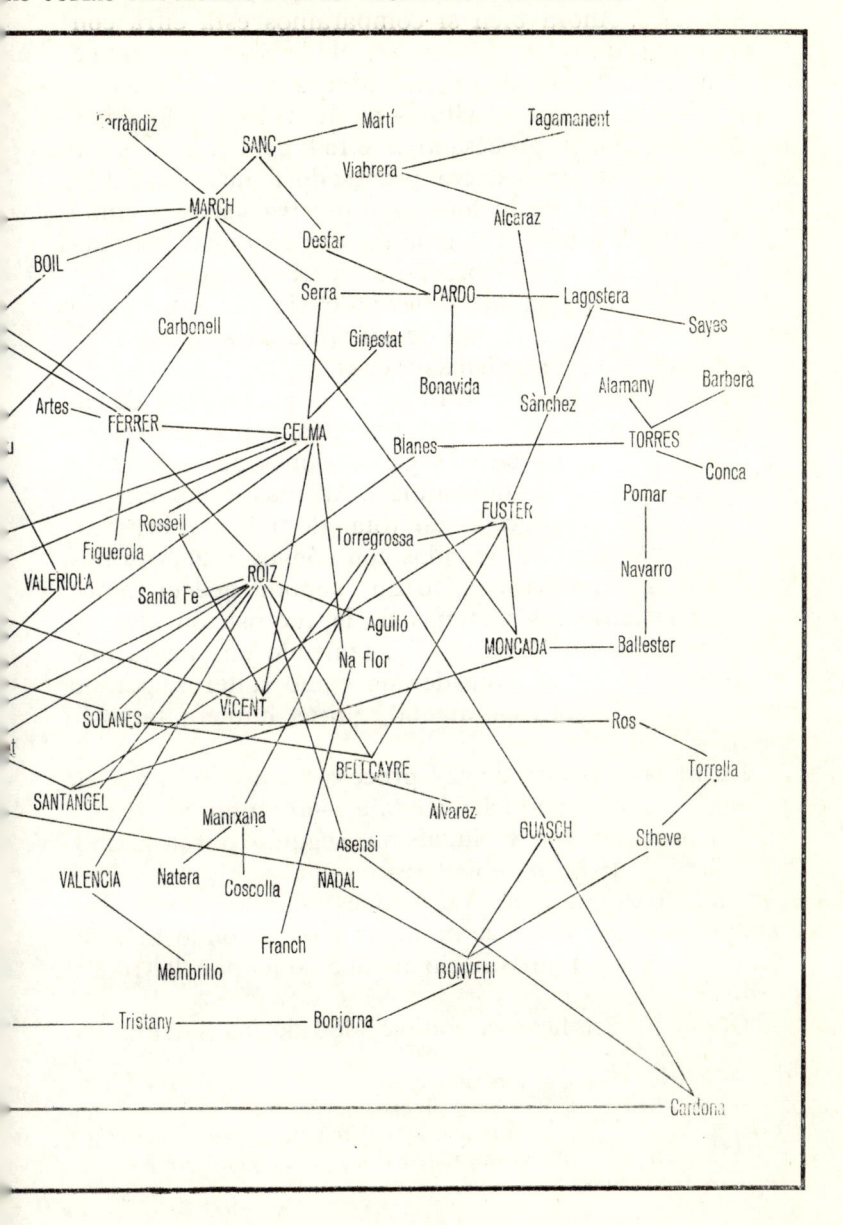

del acelerado ritmo represivo de los primeros años inquisitoriales. Ahora bien si comparamos esta cifra con las víctimas de otros tribunales, el de Valencia parece más bien de represividad intermedia entre los tribunales «duros» de Toledo o Sevilla —el de Toledo sólo antes de 1505 ya había procesado a 6.150 personas y el de Sevilla antes de 1524 había procesado a más de 20.000 herejes— [69] y los de incidencia represiva «suave» como los de Ciudad Real o Valladolid —el de Ciudad Real antes de 1530 sólo había procesado a 269 personas— [70] y, desde luego, en una línea bastante similar —un poco superior— a la agresividad de los tribunales de Barcelona y Zaragoza en las mismas fechas.

Es bien evidente, por otra parte, la abundancia de casados. Un número de 543 matrimonios, con sus diversos parientes a lo largo de tres generaciones antes de 1530 sufrieron el impacto inquisitorial. Además de las citadas parejas hemos observado un total de 112 hombres casados y de 98 mujeres casadas con cónyuges que no nos consta fueran procesados, lo que supone que el índice de soltería entre las víctimas de la Inquisición alcanzó como máximo un 12 %. Y ello, teniendo en cuenta que entre los que hemos considerado como solteros, por no tener datos de cónyuge alguno, quizás hubiera también casados.

Entre las razones de los procesamientos se sitúa en primer lugar, con mucha ventaja —un total de 91,6 % de los procesados— el judaísmo, seguido por los «moriscados» —un 3,3 %— y el resto —tan sólo un 5,1 %— por una compleja gama de razones —luteranismo, blasfemias, hechicería— que estudiaremos a fondo al referirnos al ámbito jurisdiccional abarcado por la Inquisición.

Obvio es significar la complejidad de los vínculos de

69. KAMEN, H.: *Op. cit.*, 301-302.
70. *Ibídem*. Es obvio, desde luego, que el mayor o menor número de víctimas no sólo dependía del mayor o menor índice de represividad, sino del ámbito geográfico abarcado por los respectivos tribunales.

parentesco entre las víctimas de la Inquisición por el entramado endogámico típico del modelo judaico.

En el gráfico adjunto pueden verse la intrincada mescolanza sanguínea de las más famosas familias judías procesadas por la Inquisición valenciana. Respecto a la procedencia geográfica, se observa un claro predominio de la ciudad de Valencia, Teruel, Gandia y Xàtiva como viveros de procesados.

Las referencias socio-económicas de los procesados forzosamente han de ser incompletas por la limitada información con la que contamos. De los 1.197 hombres procesados, sólo de 736 conocemos sus profesiones, es decir, tan sólo un 61,4 %.

La adscripción socio-profesional puede estructurarse así:

— *Nobleza.* Indiscutiblemente fue la clase social menos afectada por la Inquisición. Tan sólo cuatro caballeros fueron procesados: el señor de la Torre, don Martín de la Nava, Galcerán Estanya y Luis Rius. Todos ellos judaizantes y, por cierto, fueron simplemente penitenciados.

— *Clero.* La incidencia de la Inquisición sobre el corrompido clero valenciano fue fuerte. 27 clérigos fueron procesados. De ellos sólo 7 eran frailes, perteneciendo el resto al clero secular, en sus diversas jerarquías, de canónigos a simples sacerdotes. La motivación penal es variadísima: del judaísmo a la hechicería pasando por todos los delitos que la jurisdicción inquisitorial abarcaba.

— *Burguesía comercial.* Podemos insertar en este grupo un conjunto de 245 individuos (es decir, un 34 % del total de individuos de profesiones conocidas): 124 mercaderes, 85 corredores en sus diversas variantes predominando los *corredors de coll,* 28 *botiguers* y 8 *cambiadors.* El importante peso específico de este grupo —nos resistimos a llamarle clase— se incrementa si tenemos en cuenta que 96 de los maridos de las procesadas de las que conocemos sus cónyuges eran asimismo mercaderes.

— *Burocracia y personal administrativo.* En este apartado cabe insertar 1 alcaide, 1 procurador y 4 funcionarios de la propia Inquisición (1 fiscal, 2 alguaciles y 1 familiar) éstos por delitos de «fautoría» o «impedimento» de que hablaremos más adelante.

— *Profesiones «liberales».* Aun siendo conscientes de la impropiedad del término,[71] hemos incluido en este grupo 40 notarios, 5 abogados, 10 médicos, 2 barberos o cirujanos, 1 *apotecari*, 1 *mestre d'escola*, 8 libreros, 1 músico, 6 escribientes.

— *Rentistas.* 6 *ciutadans*.

— *Artesanado gremial.* Constituían la mayoría de procesados (un 43% del total de individuos de profesión conocida).[72] Predominan indiscutiblemente los individuos pertenecientes al sector textil y sus derivados (62 *texidors*, 14 *perayres*, 29 *velluters*, 20 tintoreros, 8 *vanovers*, 19 *velers*, 9 *torcedors de seda*, 1 cordonero, 1 *corretger*, 3 *esparters*, 1 *matalafer*; del vestido (31 sastres, 24 *calceters*, 2 *capers*, 1 *caputxer*, 1 *cinter*, 6 *capoters*, 1 colchero, 1 *boneter*, 2 lenceros, 1 *mercer*, 7 *sabaters*, 1 *sombrerer*, 1 *surrador*), de la piel (1 *aluder*, 1 *assaonador*, 1 albardero, 3 *giponers*), de la madera (5 *fueters*, 1 *capser*), del metal (28 *argenters*, 2 *ferrers*), armería (1 *armer*, 3 *cotamallers*, 1 *espader*, 5 *mestres d'esgrima*) y otros sectores (1 *calderer*, 4 *carnissers*, 2 *droguers*, 1 *especier*, 1 *flequer*, 4 *listers*, 1 *moliner*, 1 *obrer de vila*, 1 *rajoler*, 1 *sucrer*, 1 *soguer*, 1 *seller*, 1 tundidor).

— *Campesinado.* Sólo conocemos la presencia de 7 labradores.

— *Servidumbre.* Merecen mención en este apartado 7 esclavos, todos ellos negros, 1 *escuder*, 1 guarda, 1 mayordomo y 11 porteros.

71. Hemos utilizado el término «profesiones liberales» siguiendo el criterio actual, aun reconociendo que en este término se incluían una variada gama de profesiones difícilmente catalogables que oscilaban de la actividad puramente intelectual a la práctica manual e incluso la comercial.

72. Sería deseable conocer el status profesional específico dentro del gremio de estos hombres: ¿maestros?, ¿oficiales?, ¿aprendices?

La conclusión final que el examen socio-profesional de los procesados nos revela es el extraordinario predominio de los artesanos en el conglomerado general de víctimas de la Inquisición, superior incluso al peso específico de la burguesía mercantil.

La distribución estamental se estratifica del siguiente modo: 1 % de la nobleza, 7,2 % del clero, 44,6% de individuos adscribibles al cajón de sastre de las clases medias (34 % de burguesía comercial, 9 % de profesiones «liberales», 0,8 % de rentistas y otros 0,8 % de burocracia administrativa) y un 47 % de clases populares,[73] (43 % artesanos, 3 % de servidumbre y un 1 % de campesinos).

Se observa una cierta polarización profesional en algunas familias: los Pardo, como calceteros; los Próxita, plateros, los Rosell, *pellers*, los Torres, médicos; los Simó, sederos, etc.

El poder económico de las víctimas de la Inquisición lo conocemos a través de las relaciones de bienes confiscados de los procesados. Lamentablemente sólo tenemos datos de los bienes de 650 procesados. La tabulación que puede hacerse es la siguiente:

De más de 20.000 sueldos . .	42 procesados
De 10.000 a 20.000 sueldos . .	125 »
De 5.000 a 10.000 sueldos . .	156 »
De menos de 5.000 sueldos . .	200 »
Sin bienes	127 »

La conclusión que sugiere esta clasificación es el débil poder económico de la gran masa de procesados, de los que tenemos información de sus bienes. Nada menos que un 64 % de los procesados tenían bienes por valor de menos de 10.000 sueldos.

Ahora bien, como ya hemos dicho, la ocultación de bie-

---

73. Hemos incluido dentro de las clases populares al artesanado y al campesinado aun siendo conscientes de que ignorando su real status económico-profesional las deducciones genéricas son arriesgadas.

nes fue una constante de la estrategia defensiva de las víctimas inquisitoriales. Los bienes detectados y registrados serían sólo una parte del volumen del poder económico real de los procesados.

Los 42 «potentados» fueron los siguientes: Gil Roiç, Martín Roiç, Jaume de Santángel, Francesch Palau, Belenguer Ram, Damià Rosell, Johan Despuig, Pau Ripoll, Bernat Pintor, Ferrendo Vicent, Pere Martinez, Manuel Çabata, Daniel Çabata, Lois de Santángel, Gabriel Fenollosa, Johan Gracia, Johan Macip, Luis Alcanyç, Martin Beltrán, Miquel Cetina, Aldonça Socarrats, Jayme Dolç, Ausias Costa, Pedro Pomar, Alonso Abella, Luis Vives, Rafael Moncada, Berthomeu Foguet, Bernat Despuig, Jaime Serra, Luis de Valencia, Enrich de Ros, Jaume Torres, Luis Sanchis, Enric Barberà, Miquel Ferrer, Bertomeu Foguet, Angela Ferrer, Daniel Ginestar, Pere Coscola, Isabel de Medina, Luis Amorós de Vera. De entre ellos destacan extraordinariamente Gil y Martin Roiç, con bienes por valor de más de medio millón de sueldos.

Por último, hemos de referirnos a la incidencia penal. De 357 individuos no conocemos la pena que le fue impuesta. Al resto se les impuso las siguientes sanciones:

Relajados	754
Relajados en estatua	155
Penitenciados	1.076
Absueltos	12

El porcentaje de condenados a muerte, ya quemados directamente o en efigie, ascendía a un 45 % del total de procesados de los que conocemos la pena sufrida, porcentaje realmente muy elevado, tanto si lo comparamos con el número de ajusticiados por la propia Inquisición valenciana de 1484 a 1592 (antes de 1530 habían sido condenados a muerte ya el 81 % del total de quemados antes de 1592), como si lo comparamos con los condenados a muerte por estos tribunales. Salvo el tribunal de Sevilla, el de Valencia fue, sin duda, el tribunal con mayor número de condenados a muerte. Evidentemente, del ámbito jurisdiccional abarcado por el tribunal valenciano fue el judaísmo el delito más gravado por la agresividad inquisitorial.

Tercera parte

LA INQUISICIÓN COMO CUSTODIA DEL SISTEMA DE VALORES INSTITUCIONALIZADO

I. Los procedimientos

El método inquisitorial fue minuciosamente fijado y detallado por las instrucciones de Torquemada y Deza. Concretamente, se publicaron en el período que nos ocupa, un total de 5 constituciones: el 29 de octubre de 1484 (28 artículos); el 9 de enero de 1485 (11 artículos); el 27 de octubre de 1488 (15 artículos); el 25 de marzo de 1498 (16 artículos) y el 17 de junio de 1500 (7 artículos).[1]

Las instrucciones fueron publicadas a lo largo de los siglos XVI y XVII (Granada, 1536; Madrid, 1576; Madrid, 1627; Madrid, 1667) aunque la edición más conocida es la que publicó G. Argüello en Madrid en 1630.[2]

No vamos aquí a relatar los procedimientos empleados por la Inquisición. Kamen dedicó dos capítulos de su libro a esta cuestión haciendo una síntesis acertada de la casuística procesal.[3]

Sólo queremos destacar los caracteres más propios que hemos observado en la Inquisición valenciana. La actuación inquisitorial puede dividirse en cinco fases:

1. Edicto de gracia y plazo de presentación de espontáneos autoconfesos. En Valencia, los edictos de gracia fueron muy numerosos al principio del establecimiento de la Inquisición. De 1484 a 1488 se presentaron más de 900 personas al total de 5 edictos de gracia dictados en ese período. Ante todo, como ya dijimos, los edictos de gracia constituyeron una fórmula ideal de identificación so-

---
1. ARGÜELLO, G.: *Instrucciones del Santo Oficio de la Inquisición, sumariamente, antiguas y nuevas, puestas por abecedario*, Madrid, 1630.
2. *Ibídem*. La compilación de Argüello comprende todas las instrucciones de la Inquisición, con las de Valdés, inclusive.
3. KAMEN, H.: *La Inquisición española*, Madrid, 1973, 177-210.

cio-religiosa. Su número a partir de 1488 se redujo a uno sólo por mandato inquisitorial, a los que se presentó ya escasa gente. A partir de 1500 se llegó a suprimir el período de gracia.

Sólo en el mandato de Calvo-Palacios, en 1518, el número de individuos que se presentaron subió excepcionalmente a 225. La razón no debe ser otra que la ascensión al trono de Carlos I y las nuevas directrices del inquisidor general entrante, cardenal Adriano, directrices encaminadas, en primer lugar, a elaborar un buen balance de la situación general, balance que suministraría la relación de presentados, que constituiría un auténtico fichero de herejes para el inquisidor general.[4] El plazo de gracia en Valencia hasta 1488 fue superior a los tres meses teóricos llegando incluso al medio año.

Siguiendo la trayectoria de los reconciliados presentados en los edictos de gracia hemos llegado a la conclusión de que casi todos fueron procesados. Sólo el 12 % se salvaron de ser procesados a posteriori, lo que revela dos cosas: la fidelidad de los conversos a su mundo ceremonial y ritual, al margen de su espontánea confesión coyuntural —espontaneidad que también es discutible porque muchos se presentarían por temor a haber sido denunciados por algún testigo desconocido— y la coherencia represiva de la Inquisición que persiguió a los herejes hasta sus últimas consecuencias, consecuencias, dicho sea de paso, gananciosas, por cuanto la presentación voluntaria durante el tiempo de gracia sólo implicaba para el hereje entre otras penitencias la multa pecuniaria, no la confiscación de bienes, que sí se producía al ser procesado.

2. Delaciones y arresto. De los tres modos de formación de causas procesales (acusación, delación y pesquisa) el más frecuente en Valencia fue el de delación, que se distinguía de la acusación en que, en ésta, el acusador se hacía parte, comprometiéndose a dar prueba. El sistema de la delación fue el menos comprometido para el denunciante y generó una inmensa cantidad de declaraciones

4. AHN. Inquisición de Valencia, leg. 597 (4).

precedidas de la típica fórmula: «Item, por descargo de mi conciencia.»[5]

Las denuncias cubrían un espectro amplísimo, de lo anecdótico a lo transcendental. Lo que más abundaban eran declaraciones de frases oídas; muy pocas declaraciones *de visu*.

Los denunciantes, por lo que hemos visto, eran casi siempre ignorantes timoratos que, en muchos casos, denunciaban para no ser denunciados, confiados en las ventajas de la anticipación, especialmente cuando desde 1500 se amenazaba con la pena de excomunión contra los que no denunciaran herejes. Los delatores profesionales pagados por la Inquisición inciden mucho más sobre los bienes de que son propietarios los procesados que sobre la identificación de las posibles víctimas.

Desde la bula de León X, en diciembre de 1518, dando órdenes al inquisidor general de castigar duramente las falsas testificaciones, se observa en Valencia algunos procesos a falsos testigos como Juan Puzam y Juan Manaifaguet. La pena a que fueron castigados los falsos testigos fue la del talión, es decir, la misma que se hubiera impuesto al acusado y «quando el accussado no hubiera sido presso ni castigado será castigado el testigo con penas arbitrarias de azotes y galeras, según la calidad de las perssonas y penas pecuniarias si fuese acendado, todo a arbitrio de los Inquissidores».[6]

La denuncia llevaba implícita el inmediato arresto. Pero la Inquisición siguió un indudable criterio selectivo a la hora de aceptar denuncias. Los muchos nobles y personajes denunciados por su supuesto proteccionismo a los moriscos en 1525 (don Alonso de Vilaragut, señor de Olocau; un hermano del señor de Almudévar; el propio gobernador de Valencia, Luis de Cabanilles, don García, el señor de Carlet, la condesa de Concentaina, el conde de Albaida, el alcaide de Vilamarxant, don Fernando de Arau-

---

5. EYMERIC, M.: *Manual de Inquisidores*. Publicado en 1821, con las acotaciones realizadas por Francisco Peña en 1558 y reeditado en Barcelona en 1974, 21-24.
6. AHN. Inquisición de Valencia, 520 (14).

so, camarero de la marquesa de Ayora, don Jaime de Ixar, comendador de Museros, el criado de don Juan Fernández de Heredia, el alcaide de Picassent, Johan Ximeno, el vizconde de Chelva, don Ramón, señor de Castell, don Ramón Boyl y hasta los jurados de Valencia) o por otras causas (el señor de Cortés, el racional *mossèn* Amat) no fueron procesados por la Inquisición, por la propia fragilidad de las denuncias o por el prestigio intocable de los denunciados. Del escaso fundamento de muchas denuncias es buen testimonio la denuncia presentada en 1525 por el mercader Fernando de Angulo contra Hieronimo Centelles, asesor del *batlle*, transcribiendo un diálogo mantenido por éste con la mujer de Bernat Arcís a través del que Centelles pretendía que la mujer quitara las imágenes del crucifijo y de san Cristóbal, que tenía pintadas en la puerta de su casa desde las Germanías, a lo que «la dita Arcisa dix: Señor molt stich maravellada com favorint tant los moros; aquell repos: Sí que han de ser favorits los moros; per me lo rey, los te guiats en sa terra; llavors la dita Arciça se agenollà y dix: prech a nostre Senyor Deu que abans de hun any no haja moro algú, lo dit don Hieronim respos: posariaus costar caro axo que dieu».[7]

Ello bastaba para la denuncia en un contexto de miedo increíble, en el que, como ha dicho Caro Baroja, el perseguidor tenía tanto miedo como el perseguido.[8]

3. Prisión. Bien conocida es la tesis de De la Pinta Llorente de que «el sistema carcelario inquisitorial es lo más humano que en el mundo pueda encontrarse», tesis que sigue, en líneas generales, con algunas restricciones, H. Kamen.[9]

La cárcel de la Inquisición de Valencia fue la habitual de los presos comunes: la Torre de la Sala en la calle de la Bailía. En 1525 se estableció una cárcel exclusiva para

7. AHN. Inquisición de Valencia, 552 (35).
8. CARO BAROJA, J.: *Inquisición, herejía y criptojudaísmo*, Barcelona, 1972, 10.
9. KAMEN, H.: *Op. cit.*, 184-187.

los presos del Santo Oficio, en la llamada Casa de la Penitencia, junto a la Puerta de la Trinidad. El número de días de estancia de los presos en la cárcel fluctuó mucho. Los datos que tenemos, a este respecto, son sólo relativos a algunos años.[10]

NÚMERO DE DÍAS DE ESTANCIA EN PRISIÓN

	Más de 100 días	Más de 1 año
1501	5	—
1505	4	—
1513	21	2
1514	30	8
1516	8	2
1518	15	7
1520	15	3
1522	17	6
1523	5	3
1524	10	1
1525	6	3

Los que conocemos que sufrieron prisión durante más de un año fueron: Francina Beltrán (382 días); Gaspar d'Ala (382 días); E. Cardona (407 días); Francesca Delgado (470 días); Alfonso de Jaén (405 días); Anthoni Garbelles (490 días); Isabel Sanchis (444 días); Na Castellana (515 días); Úrsula Nadal (393 días); Beatriz Ferrándiz (399 días); Francés Centelles (389 días); Enrich Manrana (508 días); Pere Pomar (392 días); Violant Pujades (507 días), Pedro Navarro (417 días); Brianda Castell (571 días); Nicolau Cervera (818 días); Francés Guardiola (366 días); Violant Sans (381 días), Mario Çaragoça (630 días); Salvador Lagostera (463 días); Joan Alcanyz (379 días); Isabel de Çaragoça (454 días); Gabriel Monrós (661 días); Frances Durà (426 días); Luis Fernández (412 días), Luis

10. ARV. Maestre Racional, leg. 342, C. 8341; leg. 343, C. 8343; leg. 338, C. 8338; leg. 343, C. 8344; leg. 347, C. 8354; leg. 345, C. 8354; leg. 341, C. 8338; leg. 345, C. 8351.

Almenara (526 días), Jaume Torres (610 días), Luis Alcanyç (1.027 días); Francés Joan (1.027 días) y Luis Vives (703 días).

En la cárcel sabemos que murió **Brianda Francés**, entre otros, y se ahorcó antes de ser atormentado, **Rafael Baró**, que, por cierto, después fue quemado en efigie.[1]

Referencias de aplicación de tormento tenemos muy escasas: sólo en los procesos de Francisca Navarro, Francina Boil, Alfonso Usillo, Leonor Francés, Benvinguda Gisbert, Antón Gache, Marco Griego, Aldonça Lopiz, Pere Matheu, Manuel Manrana, Sperança March y Sperança Riera, consta que fueron sometidos a tormento.[12]

Naturalmente el tormento se aplicaba a los que negaban reiteradamente el delito de que eran acusados, ya por vía de denuncia testifical, ya por vehementes indicios a través de pesquisas propias. La Inquisición de Valencia señaló algunos delitos que no requerían tormento: proposiciones injuriosas, escandalosas o temerarias, blasfemias, bigamia y los que dicen proposiciones heréticas contra la Sagrada Escritura que, probablemente, lo pueden ignorar. El tormento lo solía aplicar el verdugo de la ciudad, al que se pagaba por ello 5 sueldos y medio por trabajo individual realizado.

Respecto a la modalidad de tormento empleada, se utilizó la garrocha y el potro, no la toca. He aquí una precisa descripción de la forma como se ha de imponer el tormento:

> El tormento se ha de dar muy despacio y con moderación según la caridad del delito y el ministro no ha de hacer visajes a los atormentados, ni amenaças, ni se les ha de hablar palabra y paresciendo que no conviene sea cosnoscido se mude el vestido y se cubra la cara; y han de tener gran advertencia los inquissidores que el ministre ate los cordeles de la mano izquierda y demás ligaduras... de suerte que no

11. AHN. Inquisición de Valencia, leg. 935 (5).
12. AHN. Inquisición de Valencia, leg. 539 (3); leg. 539 (12); leg. 540 (12); leg. 557 (7); 542 (1); 538 (34); 559 (12); 542 (3); 538 (35); 538 (39).

quede manco ni se le quiebre algun huesso, y las bueltas que se dan an la mancuerda a los brazos no se han de dar una tras otra aprissa, sino que passe de una a otra tiempo de conssideración porque anssi se va metiendo la cuerda, y labrando enfriándose y hace effecto y si se dan aprissa no se sienten y vencen este tormento y asimismo ha de ser en el tormento de el potro que de un garrote a otro ha de passar tiempo y el tormento de la Carrucha se ha de dar muy poco a poco, porque si se levanta en la carrucha de presto, passan aquel dolor de repente y despues no lo sienten y de puntillas se han de tener, de suerte que con dificultad toquen al suelo, en algun rrato ammonestándoles digan la verdad y levantados en alto se suelen decir tres missereres muy despacio secretamente ammonestándole diga la verdad y no la diciendo se baxa y mandasele attar una de las pessas y se buelbe a levantar muy poco a poco y en perdiendo la piedra el suelo se dicen dos missereres estando con ellas levantadas muy despacio y si estándo en el potro o garrucha dixere le quiten de alto que el dirá la verdad no se deve quitar hasta que comience a decirla porque suelen decir la dirán y en quitándoles no la quieren decir y commençando a conffesar se podría afloxar o alibiar, pero no quitarle de el todo hasta que haya acabado de conffessar y satisffacer y encomençando a conffessar se ha de salir de la Cámara de el tormento el diligenciero y acabado el tormento se ledice que por justos respectos se suspende con protestación que si no dice enteramente la verdad que se continuará otro dia. Y reppetir los tormentos se ha de mirar mucho y no se ha de hacer sino sobreviniendo nuebos indicios y en los cassos y de la manera que se permmitte, conforme al derecho y continuarsse puede sin nuebos indicios no haviendo sido sufficientemente atormentado, según la calidad de las testificaciones e indicios y no se ha de continuar ni repetir sin tornarsse aver lo que resulta de el tormento con ordinario y consultores.[13]

Con los que confiesan en el tormento y antes de ratificarse revocan lo dicho, y sometidos a tormento, nuevamente, vuelven a revocarlo, la Inquisición valenciana recomienda repetir sólo el tormento una vez, pues

13. AHN. Inquisición de Valencia, leg. 799 (2).

lo nuevo indicio ressultó de la primera conffesión y anssí con los tales por las variaciones de las quales se seiguen nuebas presumpciones y indicios se les dan penas arbitrarias extraordinarias y deven ser castigados gravemente considerados la calidad del delicto.[14]

Para la aplicación del tormento se exigía una certeza de indicios que sólo se tenía con la presencia de tres testigos fidedignos. Sólo en la sodomía se admitía al cómplice por testigo y ello bastaba para la tortura.

Por último, sólo nos queda señalar la eficacia evidente del tormento. A título de ejemplo, citaremos el caso de Luis Alcanyç que delató a su propia esposa el 31 de marzo de 1505, con una declaración que, naturalmente, no pudo tener defensa alguna por cuanto la procesada Leonor Esparça nunca podía sospechar que la testificación condenatoria provenía de su propio marido:

> Per descarregar sa conciencia e voler donar rahó a nostre Senyor Jhesu Christ, fill de la Verge María, redemptor de la humana natura, e seu de totes les offenses... E dix e confessà en la forma següent, ço és, que estant en veritat que estant e cohabitant ab ell confessant na Elionor, muller sua, ha vist que la dita Elionor, axí abans de la abjuració de aquella com aprés, se abstenia de menjar congri, anguiles, porch e conils. No volia menjar jamés congri, licet alguna vegada e molt a tant, creu que ha mengat però de mala gana. E que ell confessant veya com la dita Elionor, sa muller, no volia menjar de les dites coses. E açò per tot lo temps que és estat ab ella, e quel confessant la increpava de les dites coses, dient que mengàs de dites coses, com a bona christiana e que's salvàs ab ell en la fe de Jhesu Christ, que'l no era home queanganàs a ella ne a ell.[15]

4. Proceso. El proceso constaba de cuatro partes esenciales: las tres amonestaciones a través de los que los inquisidores sondeaban la conciencia del preso para hacer que confesara la verdad, la lectura de la acusación, la defensa y la serie de audiencias.

14. *Ibídem.*
15. AHN. Inquisición de Valencia, leg. 538 (21).

La duración de los procesos en la Inquisición valenciana fue escasa. No conocemos ningún caso de procesos superior al año de duración, como se dio, por ejemplo, en Barcelona con el proceso de Jaume de Casafranca, de 7 años de duración.[16] Lo que es muy frecuente es la repetida reapertura de procesos teóricamente ya liquidados. El padre de Luis Vives, por ejemplo, fue procesado en tres ocasiones, en 1479, 1500 y 1520. Los gastos de mantenimiento en prisión, como los costos judiciales eran sufragados en base a los bienes secuestrados de los procesados.[17]

La Inquisición valenciana acostumbró a celebrar cuatro audiencias en cada proceso. Una vez conocidos a través de los tres primeros contactos con los procesados en forma de las tres amonestaciones, la genealogía, el pasado y los hipotéticos errores o deslices cometidos por éstos, se iniciaba el proceso con la acusación formal a lo que los procesados tenían que dar respuesta inmediata. En la segunda audiencia intervenía por primera vez el letrado defensor. El margen de actuación que se dio a la defensa fue muy escaso. Prácticamente el papel del defensor se redujo a incrementar la coacción al preso para que diga la verdad:

> Assienta lo que dice y entra el letrado y se le dice al reo que en la audiencia de su accussación nombró por su letrado al licenciado fulano que presente está, el qual ha sido llamado para que trate con el lo que viere conviene en su negocio, y jura el letrado en presencia de el reo de hacer bien y fielmente el officio de abogado de aquel reo y si viere que no tiene justicia le desengañara y guardara secreto. Leanse al letrado las audiencias y la accussación y sus conffessiones y respuestas y el letrado conffiriendo con el reo le acconsseja diga enteramente la verdad y descargue su consciencia assientasse lo que dixere el reo y si quissiere conffessarse sale el

---

16. VENTURA, J.: *La Inquisición española y los judíos conversos barceloneses (siglos XV y XVI)*. Tesis doctoral inédita, Universidad de Barcelona, 1973, I, 50-62.
17. DE LA PINTA LLORENTE, M. y PALACIO, J. M.: *Procesos inquisitoriales contra la familia de Luis Vives*, Madrid, 1964.

letrado y haviendo conffessado o declarado algo buelbe a entrar el letrado y haviéndosse leydo lo que de buena conffessó offrecciéndosse este casso como no offrecciéndosse se recive la caussa a prueba diciendo el letrado que se remmitta a lo que tiene conffesado y concluye para el artículo que hya luego de derecho.[18]

En la tercera audiencia se le exponen al procesado las declaraciones de los testigos, omitiendo sus nombres, a las que tiene que responder de inmediato.

En la última audiencia está presente de nuevo el letrado defensor y en ella se da oportunidad al procesado para defenderse:

Traesse el reo a la audiencia y sele dice si tiene acordado algo en su negocio lo diga y descargue su consciencia y se assienta lo que responde yentra el letrado y se le dice al reo que pressente esta su abogado para communicar con él su negocio y leesse al letrado la publicación y respuesta y el letrado le aconssexa descargue su consciencia y diga la verdad y si tiene deffensas las da y se escriben y se hacen y no las teniendo concluye diffinitivamente allegando lo que le parece al abogado y se da traslado al fiscal y llamado se le dice que aquel reo concluye diffinitivamente y el fiscal dice lo hare y si hay deffensas hechas se trae el reo a la audiencia y se le dice que las deffenssas que se han podido hacer en su caussa se han hecho las que se han podido relevar y ha havido lugar de derecho y si tiene otra cossa que decir la diga que se hara todo lo que hubiere lugar de derecho y si quiere conluyr podía con acuerdo de su abogado y si tiene mas deffenssas las da y si gueren cossas que se puedan aprovechar se hacen y hechas haciendo fee de ellas elagobado en quanto hacen en su favor y no mas conluye con acuerdo de su abogado como está dicho y firman la conclusión el reo y abogado. Y no saviendo firmar el reo firmado el abogado adviertesse que aunque está concluyda la causa en diffinitiva si pide el reo deffenssas se admmitten y mandan hacer con toda diligencia.[19]

18. AHN. Inquisición de Valencia, leg. 799 (3).
19. *Ibídem*, leg. 799 (4), f. 129-130.

5. Sentencia. La Inquisición de Valencia antes de 1530 no utilizó nunca calificaciones teológicas que concluyeran la causa con su dictamen. La sentencia conllevaba, lógicamente, la poco frecuente absolución o la mucho más usual condena.

La absolución se dio en la Inquisición valenciana más que en otros tribunales. Sabemos que fueron absueltos Fernando Alfonso, alias el Salmerón, Manuel Arenós, Galcerán Boil, Isabel Boil, Aldonça Castillo, Joan Celma, Francisco Fabra, Fernando García y Margarita Guasch.[20] No hemos visto ningún caso de compurgación canónica.

La abjuración podía ser de dos tipos en función de la sospecha que se cerniera sobre el procesado: *de levi* y *de vehementi*. En el primer caso la abjuración es singular, afectando sólo al delito concreto imputado. En el segundo caso la abjuración es genérica alusiva a todo hipotético delito realizable, para lo que la Inquisición aplica la llamada censura *ad cautelam*.

Un modelo de abjuración *de vehementi* es éste:

E conseguentement abjuram, abnegam, revocam e detestam totes e qualsevol heretgia e apostasia que establex es exalça contra la romana sglesia e fe catholica de qualsevol secta o specie que sia e senyaladament abjuram, abnegam, revocam y detestam aquelles species de heretgia e apostasia e supertició mahometicas en las quals nosaltres miserables havem caygut.[21]

La condena se imponía siguiendo una compleja casuística en base a tres variables fundamentales: la convicción, el grado y la intencionalidad.

La penitencia, aparte de la sanción económica, suponía para el procesado gravosas exigencias. Se le imponían: «que dejune tots los divendres e hun any contadors apres de la promulgació de la present... e dejuni quaresmal... e ací avant per temps de cinch anys en cascun any

20. AHN. Inquisición de Valencia, leg. 534 (16); 535 (4); 536 (2); 534 (19); 536 (16); 538 (29); 540 (9); 542 (21).
21. AHN. Inquisición de Valencia, 597 (4).

confesse tres voltes en tres pasques principals del any y en la una de aquelles sols ço en la pascua de resurrecció combé que de la qual tinga carrech de fer nos relació e testimoni...» o «que cascú de vosaltres aneu dinch divendres inmediatament seguents, comptadors del primer divendres de matí entre sis e set hores, al monastir de preycadors a la capella del rey Nostre Senyor a hoyr en aquella, missa e sermó en dita hora...», así como diversas privaciones de ejercer oficios y obligación de llevar el sambenito: «que aneu en professó publicament ab hun ciri en la mà, cinch diumenges primers seguents venent del monastir de prehicadors a la Seu Cathedral de València e devien aportar tot lo temps vestidures ab creu que son senyals de penitents... e que vosaltres ni de nengú de vosaltres dací avant porte or ni argent, corals ni pedres precioses ni altres joyells ni vista seda ni grana ni chamellot ni drap fi, ni puxa cavalcar en cavall ni portar armes e açò per tot lo temps de vostra vida... e no puxau vosaltres ni degú de vosaltres usar del offici de advocat, notari, procurador cambiador, apothecari, specier, droguer, metge, cirurgià, corredor ni degún altre offici que de dret vos es prohibit...», y por último se les obliga a permanecer en la ciudad sin cambiar de domicilio: «E axí mateix sententiam que per temps de deu anys comptadors del dia de la data de la present haiau tenir continuo domicili en la present ciutat de València, de la qual ciutat dins dit temps no pugau transferir vostre domicili en altra ciutat o regió ni anant de quatre mesos pugau star absents de la dita ciutat sense nostra licencia o de nostres succesors en dit ofici de inquisidors...» [22]

Los cuatro casos por los que se dictaba condena a muerte, o sea, relajación al brazo secular eran: los herejes pertinaces; los herejes «negativos» (es decir, que negaban a pesar del tormento todas las acusaciones sin aportar pruebas de inocencia); rebeldes y, por último, los relapsos (los reconciliados reincidentes), aunque en Valencia hubo muchos relapsos a los que se condenó, sim-

22. *Ibídem.*

plemente, a la pérdida definitiva de sus bienes y a penitencias gravosas, pero sin ser ejecutados.[23]

Si la condena se dicta contra difuntos, sus huesos pueden ser —no necesariamente— exhumados y entregados a la justicia secular. Si el procesado está ausente o fugitivo se le condena en efigie. Es muy frecuente el absentismo de denunciados que se dirigieron, como lugares de destino, fundamentalmente, a Nápoles.[24]

Los autos de fe, en Valencia, se celebraron con una periodicidad anual, generalmente. La ejecución de la pena capital entraba dentro de la jurisdicción del gobernador que la encargaba, normalmente, al verdugo de la ciudad. Sólo conocemos, documentalmente, un total de 9 autos de fe. El 25 de noviembre de 1506 fueron quemados (o «relaxats en carne») Luis Alcanyç, Miguel Alcanyç, Joan de Rodilla, Jaume Viabrera, Ursula Forcadella y Violant Conilla y otros cinco en estatua; en octubre de 1510 fueron quemados Joan Pallars y su esposa, junto con otros dos en estatua; el 9 de septiembre de 1516 fueron quemados Leonor de Oriola, Jaume Splugues, Joan Caragoça y Ursula, su mujer, Yolant Socarrats, Pere Valera, Joan Pardo, Yolant Sayes, Yolant Torres, Joan Fuster y Agnes Socarrats; el 30 de septiembre de 1517 fueron quemados Yolant Roiz y Caterina Tori; el 19 de mayo de 1520, fueron quemados Enrich Fuster, Castellana Sanchis de Na Flor, Benvenguda Santa Fe, Ursola Velcayre, Blanquina Rojals, *micer* Luis Pelegrí, Joana Sanchis, Galcerán Ferrandis, Alfonso Usillo, Baltasar Dionis, Brianda Fuster y Pere Riera, con 15 más en efigie; el 14 de febrero de 1521, fueron quemados Salvador Bonet y su esposa, Constança, Jeroni Splugues, Gonstança Almenara, Gonstança Riera, Gonstança Benet, Joan Riera, Yolant Lagostera y Leonor Barona, con seis más en estatua; el 1 de marzo de 1522, fueron quemados Daniel Vives, Sicilia López,

---

23. Conocemos por lo menos 18 casos de relapsos no sentenciados, sino tan sólo penitenciados con la confiscación de sus bienes y otras penas menores.
24. El número de relajados en efigie por ausencia ascendió a 155.

Valençona Despuig, Francès Serra y Francès Corella; el 18 de abril de 1523 fueron quemados Violant Ballester, Guiomar Puig, Castellana Miró, Violant Puig, Brianda Puig, Gonstança Nicolau, Isabel Seguer, Ursola Moncada, Violant Nadala, y tres más en estatua y el 6 de septiembre de 1524, quemaron a Luis Vives Valeriola, Gil Ruiz, Francés Joan, Luis de Conca, Joan Maçana, Esperança Vives, Violant Monrós, Isabel Valeriola, Joan López, Aldonça Rossell, Beatriu March y Gonstança Castellar, y cinco más en estatua.[25]

El gasto que suponían las ejecuciones era mínimo. Se solía pagar al verdugo 22 sueldos por persona quemada y 11 sueldos por persona quemada en efigie, además del valor de la leña (se acostumbraba a gastar por cada auto de fe unos 25 sueldos de leña); al trompeta por tocar, cuando eran quemadas las víctimas, se le pagaban 5 sueldos por individuo; y por último, al representante del alguacil se le daban 5 sueldos de dieta por víctima. El quemador se encontraba en el lecho del río, junto al actual Jardín Botánico.

Dos verdugos hubo en Valencia en los años que nos ocupan: Joan Ivanyez, que ejerció hasta 1509, año en el que lo relevó Joan Diez, alias Zomba, el mismo que actuó como verdugo en la represión de las Germanías. El trompeta era Pere Artús y el representante del alguacil, de presencia más habitual en los autos de fe, fue Joan Navarro. Estos funcionarios cobraron, por cierto, con evidente retraso: de 5 meses a un año, aproximadamente.[26]

---

25. ARV. Maestre Racional, leg. 347, C. 8355; leg. 343, C. 8343; leg. 343, C. 8344; leg. 338, C. 8319; leg. 341, C. 8337; leg. 342, C. 8340; leg. 345, C. 8354 bis; leg. 338, C. 8321; leg. 345, C. 8351; leg. 343, C. 8345.
26. ARV. Real 249, f. 44-81.

II. El ámbito jurisdiccional

El Tribunal de la Inquisición valenciana cubrió un amplio espectro en su radio de acción jurisdiccional, tanto en el espacio geográfico abarcado, como en la gama de delitos que entraban dentro de la categoría semántica de *herejías*, objeto de la incidencia inquisitorial.

El espacio abarcado comprendía el reino de Valencia, en toda su dimensión, con las incorporaciones de las diócesis de Teruel y de Tortosa, haciendo frontera con los tribunales de Barcelona, Cuenca y Murcia. La anexión de Teruel-Tortosa, que se produjo en 1489, se debe a la resistencia mostrada por las jerarquías de Teruel a la implantación de la Inquisición en su ciudad bajo la batuta de los inquisidores fray Juan Colivera y Martín Navarro, que motivaría el procesamiento de 21 individuos integrantes de las «fuerzas vivas» turolenses (el juez Berenguer Alcañiz, los alcaldes Francisco Navarro, Luis Martínez, Pedro Navarro y Pedro Gamir, los regidores Luis de Moros, Juan Navarro, Juan de Moros, Pedro Velver y Joan Villar, el abogado fiscal *micer* Luis Camanyer, los asesores Martín Martínez y Jaime Mora, los juristas Pedro Alfonso, Gonzalo Ruiz y Joan Martínez de Rueda, los ciudadanos Juan de la Mata y Juan Cabanyas, los notarios Francisco Garcés de Marzilla y Alfonso Ximenez, el síndico Joan López y el escribano Francisco López de Monrreal) y que obligó a la absorción del Tribunal de Teruel, que comprendía, de principio, la diócesis de Tortosa, por el Tribunal de Valencia. La tardía constitución de los tribunales de Cuenca y Murcia, ambos en 1500, propició un amplio imperialismo jurisdiccional del Tribunal de Valencia, erigido como el de más extensa jurisdicción de toda la Corona de Aragón.[27]

27. AHN. Inquisición de Valencia, leg. 533 (18).

Respecto al cuerpo jurídico del Tribunal valenciano podemos decir que fue hipertrofiándose progresivamente con la lógica omnipotencia de las prerrogativas inquisitoriales que originaron, por cierto, repetidos choques con otras jurisdicciones. Los más conocidos son los de 1488 con el capitán general de Valencia por la disputa respecto a quién debería procesar a Domingo de Santa Cruz, por obstruir la labor del Santo Oficio; de 1489 con los jurados de la ciudad de Valencia sobre supuestos intentos de la Inquisición por inmiscuirse en asuntos de exclusiva competencia del justicia y jurados valencianos, disputas que partían de la prioridad concedida por la Inquisición al gobernador respecto al justicia criminal en la jurisdicción sobre herejías, lo que ya venía originando pleitos desde agosto de 1486; de 1491 con el duque de Segorbe, en torno la jurisdicción sobre los bienes confiscados a vasallos suyos; etc.[28]

En las diversas constituciones de Torquemada y Deza no se precisó nunca el concreto cuerpo jurídico sobre el que podría actuar la Inquisición hablando siempre tan genérica como abstractamente de «herejes», cajón de sastre bajo cuya etiqueta cupo todo.

Además de los delitos cuya jurisdicción ya le atribuía el *Manual de inquisidores* de Eymerich a la Inquisición medieval (judíos e infieles, blasfemia, hechicerías, invocación del diablo, apóstatas y protectores de herejes), la Inquisición moderna dirige su acción contra conversos y moriscos —entes socio-religiosos, lógicamente, desconocidos para Eymerich—, la bigamia, la sodomía, la usura y los libros prohibidos, fundamentalmente.[29]

De sus orígenes a 1530 fue, sin duda, el judaísmo el principal objetivo sobre el que incidió la política inquisitorial. Ya en la provisión real del 27 de septiembre de 1480, por la que se concedían facultades a los primeros inquisidores, se significaba: «Avía e ay algunos malos christianos, así omes, como mugeres, apóstatas o here-

---

28. LLORENTE, J. A.: *Op. cit.*, 198; LEA, H. Ch.: *Op. cit.*, I, 242.
29. EYMERIC, N.: *Op. cit.*, 101-111.

ges, los quales no embargante que fueron baptizados e recibieron el sacramento del baptismo; sin premio, ni fuerza, que les fuese fecha, teniendo o tomando solamente el nombre e apariencia de christianos se an convertido e tomado e convierten *e tornan a la ceta e superstición de los judíos, guardando sus ceremonias, ritos e costumbres judaicas...*», lo que revela la prioridad indiscutible que el problema judío tuvo en el orden del día de la actuación inquisitorial.[30]

JUDAÍSMO

Judíos y conversos constituyen el 91,6 % de las víctimas de la Inquisición valenciana en el período que nos ocupa.

Ya señalamos que la reciente tesis de Netanyahu intenta demostrar que los conversos, ya bastante antes de 1492, estaban en un proceso tal de desintegración cultural y religiosa que no tenían nada de judíos. ¿Es aplicable esta hipótesis al judaísmo valenciano?

Evidentemente, en la cultura de estos conversos, el componente doctrinario judaico era mínimo. En el proceso del *apothecari* de Orihuela, Joan Livinyana, converso que había sido reconciliado tras un edicto de gracia y fue nuevamente procesado y condenado a muerte definitivamente en 1500, confesaba que «no estava ferme en la una fe ni en la altra» y, desde luego, descargaba toda su ilusión en un mesianismo que le sacara de todas sus desgracias: «Mostra a certes persones hun salm del saltiri donantli a entendre que en aquell salm se comprenien totes les tribulacions dels conversos en que estaven dientli com Deu hauria a venir sobre ells y trametre lo seu mesies.»[31]

30. LLORENTE, J. A.: *Op. cit.*, 94-95; LLORCA, B.: *La Inquisición española y los conversos judíos o «marranos»*, «Sefarad», 1942, 118-122.
31. AHN. Inquisición de Valencia, leg. 541 (10); *vid.* KAYSER-

La doctrina de estos conversos coincidía, en gran manera, con la doctrina cristiana. Las sentimentales coplas que escribió el converso Diego de Segura, denunciadas a la Inquisición, son bien expresivas a la vez que de una fina amargura de una ortodoxia doctrinal absoluta en la plasmación del Antiguo Testamento: [32]

Oye señor nuestro clamor
nuestros dolores y gemidos
quítanos este dolor,
seamos de tí acorridos
con tu noble medezina
esto sea muy assina
nuestros deseos complidos.

Bendito es aquel varón
quen ti tiene su sperança
que feziste al Rey faraón
padecer tal tribulança
y debaxo de su lança
sacaste las dotze tribus
libres y sanos y vivos
y mostrásteles vengança.

Cerca de la mar llegaron
de faraón muy affligidos
y a Muyses se reclamaron
dando vozes y gemidos
que se veían perdidos
y Muyses los respondió:
esperar en Vuestro Dios
y seredes acorridos.

Del cielo fue descendida
una voz así disiente:
Muyses con tu vara erguida
por la mar vayas fendiendo
y luego sirá abriendo
por do pasen tus parientes
y venir se les ha mientras
de como yo los deffiendo.

Entonces Muyses fiziera
lo que le fuera mandado
y luego la mar sabriera
como el Dios lo havía
      [ordenado
por do el pueblo havía
      [pasado
libre y sano a salvación
y fizieron oración
al que los havía liurado.

Fecha la tal maravilla
de las tribus ya passadas
señor fueron affogados
faraón y su cuadrilla
y sta, tu noble familla
que de comer huvo gana
embiástesles la magna
que no supieron pedilla.

Grandes son tus maravillas
que no ay cuento ni par
ni ay quien pueda screvillas
ni tampoco numerar
mas yo entiendo declarar
según mi lire arbedrio
ques grande tu poderío

LING, M.: *Notes sur l'histoire de l'Inquisition et des judaisants d'Espagne*, «Rev. des Études Juives», 37 (1898), 137-142.
 32. AHN. Inquisición de Valencia, leg. 800 (2).

que nos tiene de juzgar.

Humanos, dexar el mundo
y seguir los mandamientos
del que non ha por segundo
y hace mover los vientos
y hizo quatro elementos
cielo, luna, sol y strellas
y sabe la cuenta dellas
y todos sus movimientos.

Quien sera tan sforçado
que ante ti puede estar
que no sea conturbado
quando fuese cuenta dar
salvo si fue en obrar
o en otro algun buen fecho
ante ti el juez derecho
que nos tiene de juigar.

Señor tu que nos feziste
y formaste tu figura
la tu Sancta Ley nos diste
esmerada y limpia y pura
ley sancta de scriptura
a Moyses la entregaste
para nos la mandaste
que no huviese otra mistura.

Tu eres el que amparaste
a Daniel de los leones
y del gran fuego livraste
a los tres ninyos varones
y por sus buenas oraciones
a los que luego atizaron
en el mismo se quemaron
y retornaron carbones.

Las prácticas más frecuentes de los judíos valencianos, las conocemos a través de la «audiencia con judio confitente» que vino a constituirse en modelo general de las prácticas judaicas y que fue transcrita por Ramón de Santa María.[33] Comprendían el rezo de salmos, la circuncisión, guarda de fiestas los sábados con una serie de derivaciones secundarias (cambio de camisa, manteles limpios en este día), comida de carne en cuaresma, ayunos del perdón y de la reina Esther, celebración de las Pascuas del pan cenceño y de las cavañuelas, así como de la fiesta de las candelillas y ceremonias propias como las llamadas *hadas* (lavado especial de las criaturas), la *massa* (se arroja un trozo de la masa del pan al fuego), manipulaciones prototípicas de la carne (quitar la landrecilla de la pierna de los corderos, sacar las grasas) y una variada gama de ritos en el matrimonio y en el trato a los difuntos.

33. SANTA MARÍA, R. de: *Ritos y costumbres de los hebreos españoles*, «Boletín de la Real Academia de la Historia», XXII (1893), 181-185.

También conocemos las ceremonias judaicas por las declaraciones de testigos en los múltiples procesos de judaizantes, declaraciones tan repetitivas que parecen responder a la imagen tópica que del costumbrismo judío tenían los cristianos viejos.

En una serie de procesos hemos encontrado, junto a la relación de testificaciones, una apuntación al margen, donde se hace constar la evaluación moral realizada por la Inquisición valenciana, siguiendo cuatro categorías: levis, gravis, gravíssima y regravíssima.

He aquí la recopilación de estas ceremonias y su correspondiente sanción moral: [34]

Leve:
— «menja pa alis sens ceremonia».
— «ques banya lo dia del dejuny».
— «que essent sposada feu lo dejuny del perdó».
— «que sta en casa de hun jueu essent d'edat de huyt anys».

Grave:
— «que quant se levava les mans deya una certa oració».
— «que feya cancoles les divendres per el dissabte».
— «a dejunat dos vegades lo dejuny del perdó... e los tres dejunys».
— «deya oració de hores Israel».
— «los dissabtes se mudava camissa per ceremonia».
— «reça salmos de David».
— «posar al foch la pasta dyent: beneyt tu Senyor quens manist, traure lo pecich de la pasta».
— «a dos fills seus consenti se fes vijola».

Gravíssima:
— «menja pa alis en la pascua del juheus».
— «menjar carn, ous i formatge en quaresma».
— «fer faena en diumenge i festes».
— «que creya salvarse en la ley de Moises y no en la de Jhesu Crist».
— «que alguns divendres al vespre feya apparells e cresols».
— «que quant mori certa persona menja en taula baxa».

34. AHN. Inquisición de Valencia, leg. 598 (1).

Regravíssima:
— «induxit filia ad faciendum ceremonias».
— «que tenia voluntat de fer totes les ceremonies judayques».
— «nosaltres som obligats de anar de aquesta terra e que en Napols tendrien son cap reposat y fora de perill de la Inquisició».

De un total de 165 casos, con sanción moral al margen, 101 fueron calificados con la máxima sanción; 26 de gravísima; 15 de grave y el resto de leve.

La Inquisición valenciana quiso tener un auténtico censo de las prácticas judaicas ante la recomendación del inquisidor general en este sentido: «Deve estar el Inquisidor muy advertido de las ceremonias, que suelen hacer los judios, para poder hacer la audiencia con el reo y enterarse si trata verdad y ayuda al reo a que enteramente diga todas las ceremonias.»[35] Para ello redactó un memorial de ritos judaicos que declaró un rabino valenciano, anónimo. El memorial comprendía todos los ritos de obligatorio uso judaico.

Comparando las ceremonias propias de la ortodoxia judaica, sin duda, representada por el rabino, con las denunciadas como puestas en práctica se observan notorias diferencias. No se celebraba el día del Purín, ni la pascua del cuerno (primer día de la luna de septiembre), ni se guisaba el *ani* (un plato compuesto de carne, garbanzos, habas, judías y huevos duros), ni parece seguirse abstinencia en la comida de determinadas carnes (como la de cerdo, liebre y conejo). La circuncisión no era general. Algunas ceremonias como el cortar las uñas y enterrarlas bajo tierra o el enterramiento de sangre, ya no se practicaban. Por otra parte, no hemos visto para nada mención de doctrina del Talmud, ni acusaciones de desviaciones doctrinales. Evidentemente, a lo que parece, los conversos valencianos sólo heredaron del judaísmo su ritualismo. Escaso bagaje para el choque cultural con el mundo cristiano.

---

35. SANTA MARÍA, R. de: *Op. cit.*, 186-188.

MORISCOS

El segundo gran protagonista entre las víctimas de la Inquisición es el morisco. Un total del 3,3 % hemos encontrado entre la nómina de procesados hasta 1530.

Las ceremonias consideradas como propias de moros y que entran dentro del derecho penal específico de la Inquisición son: [36]

— el Guadoc (lavado especial, con determinadas palabras rituales),
— el Taor (baño, asimismo, con palabras rituales),
— el Çala (oraciones practicadas con el rostro en dirección a la salida del sol),
— el Ayuno del Ramadán,
— guardar la fiesta de los viernes, cambiándose de camisa ese día,
— «Retajan» a los niños al 7.° día de su nacimiento, haciéndoles las «fadas»,
— no comen tocino ni beben vino,
— ponen a los difuntos, antes de morir, con el rostro hacia donde sale el sol y los hacen morir levantándoles el dedo índice,
— tienen libros «moriegos»,
— dicen que la secta de Mahoma es buena, y que no hay otra como ella para entrar en el cielo; que Jesucristo no es hijo de Dios sino profeta, y que no nació de la Virgen María.

Los moriscos aparecen en el escenario histórico de la Inquisición de manera masiva en 1518. En el edicto de gracia de 9 de abril de ese año se presentaron un total de 219.[37]

Ya hemos estudiado al referirnos a la morfología de la Inquisición la trayectoria del trato progresivamente represivo dispensado a los moriscos. De la continuidad

36. AHN. Inquisición de Valencia, leg. 799 (2).
37. AHN. Inquisición de Valencia, leg. 597 (9).

absoluta de las prácticas musulmanas a pesar de todas las predicaciones recibidas y las presiones subsiguientes es buen reflejo el informe emitido por el predicador Bartolomé de los Ángeles en sus visitas a diversos pueblos en 1528: [38]

Benifairó	3 circuncidados.
La Taverna	9 »
Xaralugar	2 »
Cerfuller	8 »
Gandia	1 »
Vilallonga	3 »
Riba-roja	2 moros con el Corán; 2 habían hecho ceremonias públicas; 4 casados sin licencia eclesiástica y 3 circuncidados.
Benaguasil	16 matrimonios a la manera morisca; 11 muertos enterrados como moros; 4 sin bautizar y 6 circuncidados.
Benissanó	2 casados como moros.
Masarabés	5 circuncidados.
Racalany	1 »
Antella	3 »
Sumacàrcer	1 »
Alberic y Alcósser	Carnicerías públicas en viernes (día prohibido por la Iglesia); 3 circuncidados.
Llombai	1 circuncidado. Carnicerías abiertas en viernes.
Montroi	Todos sin bautizar.
Priego	1 circuncidado.
Esfaldets	2 »
Tavernes	1 »
Beniatjar	1 matrimonio como moros; muchos sin bautizar.
Anna	4 circuncidados.
Bellús	1 »
Alfarrasía	3 »
Castelló de Rugat	1 »

38. BARTOLOMÉ DE LOS ÁNGELES: *Padrón de los moriscos residentes en parte del reino de Valencia.* Manuscrito núm. 81 de la Biblioteca Univ. de Valencia.

Rugat	1 circuncidado.
Tarratocha	4 »
Xàtiva	3 »
Chella	3 »
Benimaxix	2 »
Càrcer	4 carnicerías en viernes.
Albaida	Muchos matrimonios.
Ayelo	La tercera parte casados como moros.
Millés	1 sin bautizar.
Teresa	10 circuncidados.
Cortés	11 »
Concentaina	3 »
Muro	4 »
Beniloba	17 »
Bolbait	7 »
Bicorp	17 »
Benixida	1 sin bautizar.
Xàtova	Muchos sin bautizar; 17 circuncidados.
Toga	Ninguno bautizado.

Pero más que las prácticas moriscas proliferan en la documentación inquisitorial delaciones contra moriscados o simpatizantes de la causa morisca. En mayo de 1525 se llegó a promover un proceso contra la morería de Valencia junto con los jurados y un grupo de nobles e integrantes de las «fuerzas vivas» valencianas por la supuesta construcción de una mezquita que contó con la protección de las autoridades locales de Valencia denunciadas por ello.[39]

Una variante relativamente frecuente de *moriscats* es el caso de renegados que siendo cristianos afirman públicamente su apostasía induciendo a otros. Los ejemplos más representativos son los procesos de Juan Castellar, alias Abrahim y Juan de Trujillo.[40]

---

39. AHN. Inquisición de Valencia, leg. 552 (35).
40. AHN. Inquisición de Valencia, leg. 529 (16) y 536 (4).

PROTESTANTISMO

Ya dijimos que antes de 1530 el protestantismo estaba todavía en una fase incipiente, porque la acción inquisitorial hasta esa fecha sólo originó un total de 6 procesamientos a luteranos. La acusación que se hace a *micer* Blay es la de que: «Dix que lo dit Martin Luterio delcía que degú era obligat a conffesar y certa persona fentli alguns arguments en special portantli lo dit del evangeli que diu compelle e os, lo dit micer Blay respos dient que compelle no vol dit constrenyer sino cridarlos liberament perque conpelle se compon de *con* que est simul et *pelle*, que vol dit cridar y no constrenyer y mes dix, dich que les religiosos se poden casar y altres paraules dehía en favor del dit Martin Lutero... que deffensava les obres de Martin Lutero dient que lo que aquell dehía que los frares questan enreligió se podien exir dehía be que ho podian fer...» Cuando le interrogaron los inquisidores reconoció que «ha vist molts libres compost per Luterio en lengua alemanya», afirmando que «lo que diu Martin Luterio en hun libre que dengú se deu apremiar de conffesar per força sino ques deu fer de sa propia voluntat y guana y que en aço li poría que lo dit Luterio no estava molt appartat de rahó y ansí mateix en lo que diu lo dit Martin Lutero del casar dels preveres y religiosos dient que si lo prevere o religiosos coneix en si tanta frgilitat que no pot estar sens dona, ques millor que si case que no questigua en peccat mortal». Sin embargo, al ser consciente que el papa había considerado hereje a Lutero y aun reconociendo que «no ha tengut de bona la condepnacio que se havia fet de aquell», pide misericordia y perdón a la Iglesia, manifestando su deseo de reconciliación con la Iglesia y abjurando «qualsevol specie de heregia, specialment aquesta que e conffesat».[41]

Otro luterano, el pintor de retablos, Cornelio de Gante, fue denunciado por diversos pintores acusándolo de haber dicho que

41. AHN. Inquisición de Valencia, leg. 800 (3).

Luteri no era herege sino mejor que ellos y que el Emperador y los cardenales le havían hecho mucha honra y que sobre las dichas prácticas les había dicho que no havía purgatorio y que los sufragios que se hazían por las ánimas del purgatorio todo era burlería y que lo robavan... y que no havía sino parayso o infierno... y que ell no osava hablar en esta tierra y que si osara ell dixera más... que lo papa robava la sglesia... que anar per les sglesies demanant per les animes del purgatori era robar les gents... que los evangelis no dehien en ninguna part que y hagués purgatori...[42]

Las penas impuestas a estos luteranos fueron suaves. Ninguno de ellos fue relajado al brazo secular. La sanción más frecuente, aparte de la pérdida de bienes, fue el destierro.

BLASFEMIA Y PALABRAS HERÉTICAS

Hasta 1530 fueron procesados por esta razón el médico, don Juan Beltrán, Martín de la Cambra, Pere Cubells, Pedro Malop, Alfonso Rodríguez, alias San Ramón y Pere Mexíes, todos ellos por blasfemia y Juan Cañete, Gabriel Celma, *mossén* Juan Gómez, el dominico fray Rafael Monar, Esperanza Gallarda, Mateo Sánchez de Cutanda, el agustino fray Juan Sanchiz, el franciscano fray Bernardo Tienda, Luis Seguer y Fernando Ximeno, por palabras y proposiciones heréticas.[43]

Las blasfemias no necesitan transcripción de su contenido. Generalmente incidían sobre la Virgen María alcanzando niveles de grosería irreproducible.

Las palabras heréticas tenían una congruencia destacable. Normalmente su objetivo fue el relativizar el dogma abriendo un amplio margen soteriológico en favor de

42. AHN. Inquisición de Valencia, leg. 532 (10).
43. AHN. Inquisición de Valencia, leg. 519 (3), 519 (12); 519 (11); 557 (20); 557 (2); 557 (3); 558 (9); 558 (15); 544 (19); 557 (21); 558 (20); 537 (11); 559 (18).

judíos y moros: «que los moros y juheus tambés poden salvar en sa ley», «Sant Vicent era un hipócrita».

Las penas concedidas a los blasfemos fueron muy desiguales «según la forma de decirlas, la calidad de la blasfemia y la del reo».

Si la blasfemia era grave y la persona «vil y hordinaria» se le hace abjurar *de levi* sacándole a la calle con insignias de blasfemo y condenándole a 100 azotes. Si la blasfemia era muy grave y repetida con escándalo se condena al procesado a galeras. Si los blasfemos eran personas nobles «se condenan en reclussión en algún monasterio por algunos meses y penas pecuniarias con abjuración *de levi*». Si la blasfemia era de las llamadas «heréticas» que son los que dicen textualmente: «Reniego de Dios o reniego de la fe, o no creo en Dios o reniego de Nuestra Señora o de los Santos», la pena habitual es la de cárcel secreta.[44]

BIGAMIA Y DESHONESTIDAD

A pesar de los intentos en las Cortes de 1512 de extraer del ámbito jurisdiccional de la Inquisición este delito, la Inquisición siguió penetrando sus tentáculos en este terreno.

Sólo conocemos procesados por bigamia hasta 1530 tres personas: Felipe Elart, Juan Ferreres y Guiomar Ordoñez y por deshonestidad: Tomás Farés.[45]

Elart se había casado en Granada con una tal María de la Torre volviéndose a casar en Valencia, con Dionisia Angela Brujas tras año y medio de matrimonio con la primera.[46]

Juan Ferreres se había casado en Barcelona con Jerónima Gich y después de tres semanas de matrimonio

---

44. AHN. Inquisición de Valencia, leg. 799 (3).
45. AHN. Inquisición de Valencia, leg. 508 (18); 518 (20); 522 (7).
46. AHN. Inquisición de Valencia, leg. 518 (19).

se casó en Teruel con Johana Lopis. Veamos cómo describe Ferreres su situación:

> ell contracta matrimoni amb Jerònima filla de madona Catharina e fonch li promés donar en dot, feren las cartas e sposarense solempnialment per mijà de capellà e sposat entrà e hixqué en casa de sa sposada per temps de tres sempnanes e apres li digueren que noy entras que era un rat impotent e que li pudía lo alè e allí encara que li fonch dit que les dites sa sogra y sa sposada eren amiges de capellà; ell procura que la dita Jerònima tal como era fos sa muller e que li donasen son dot e jamay ho volgueren fer y ans lo encorrien per tota Barcelona tocantli les taules e cridant lo de impotent... e passats hun any e mig sen ana e apres de haver discorregut moltes terres arribà a la ciutat de Terol y alli li fonch dit que la dita sa sposada era morta e ell se casà ab una donzella appellada Johana Lopis e ab aquella consumà lo matrimonio e fa que es casat hun any poch mes o menys e sabent en Terol que era viva la primera muller fonch pres...[47]

En todos los casos de bigamia la pregunta inquisitorial clave es si «consumió el matrimonio por cópula carnal con ella». Las penas impuestas fueron penitencias poco gravosas (100 azotes, generalmente) y, desde luego, volver a vivir con la primera mujer.

El proceso por deshonestidad incoado a Tomás Farés, teniente de alguacil de Sant Mateu se debió al rapto de la doncella Joana Abella por éste y su fornicación. En la declaración el procesado dejó constancia que «aquella tenía e tingué molta voluntat e desig de casarse voluntariament e no forçada». Se le privó de su oficio desterrándole de por vida de la ciudad.[48]

---

47. AHN. Inquisición de Valencia, leg. 518 (18).
48. AHN. Inquisición de Valencia, leg. 522 (7).

BRUJERÍA Y HECHICERÍA

Hasta 1530 fueron procesados por esta causa Felipa la Negra, Esperança Cafabregues, Juan de Chaves, el presbítero Nicolás Gerni, el canónigo Miguel Maestro, la negra Violante Mascoan, el franciscano fray Antonio Rodríguez, Catalina Ruiz, Juana Torrellas, partera, por hechicería y por ilusos o visionarios, Tecla Sirvent, Damián Andrés, García de Marcilla, Pedro Gregorio, Pedro Sancho y Francisco Macip.[49]

Las confesiones de Juan de Chaves nos dan una idea expresiva del mundo de la brujería valenciana en estos años: conjuras, nigromancia, invocación de demonios, a la busca, por cierto, siempre de un tesoro que nunca se encuentra, pese a la complejidad de las artes empleadas:

> Entreme yo solo en una casita sola vasía que stá cerca de Montolivet e encendí una candela de cera blanca bendicha e con la candela en las manos dixe este conjuro, Santus Jesuchristo morio en tercia feria santus Jesuchristo fue crucificado en Quinta feria, Sanctus Jesuchristo fue puesto entre dos lacrones en tercia feria e dichas estas palabras en la puerta de la cámara, entreme dentro de la cámara e speré un rato, obras de dos horas con la candela encendida en la mano sperando un spítitu que yo pensava habría de venir en forma humana e me diría los thesoros donde los fallaría e nunqua vi nada...[50]

En sus seis confesiones Chaves expuso la variopinta gama de recursos hechiceros, utilizados siempre para saber «donde staran los thesoros» acabando siempre sus descripciones con las frustradas frases: «e no vino a effecto, ni vimos nada», «e stava un rato sperando el spíritu con el tesoro e que vi nada», «e cavamos e no fallamos nada».

---

49. AHN. Inquisición de Valencia, leg. 528 (16); 524 (8); 525 (7); 526 (2); 553 (5); 527 (14); 527 (15); 528 (7); 533 (10); 533 (13); 533 (14); 533 (20); 533 (28).
50. AHN. Inquisición de Valencia, leg. 524 (8).

Realmente la hechicería valenciana de estos años se revela como fruto de una imagen picaresca con un grado absoluto de inmadurez.

Todo lo contrario que las repetidas manifestaciones de impotencia y frustración de sus hechicerías por parte de Chaves y demás hechiceros son las imaginativas descripciones de sus visiones por parte de Tecla Sirvent «no veya moltes vegades la ostia sino Jhesucrist vestit com a sacerdot quel prevere lo alçava», «veya los cels cuberts y ven com Deu eternal tenia tres lances significant que volia destruyr lo món», «stant en oració vingué hun ànima de hun home que havía mort al camí de Sant Vicent», con notorio sentido apocalíptico: «digués els pobles que si vollen esser relevats de aquesta sentencia tant cruel que Deu eternal te ha mostrat es mester facen tres processons per la ciutat ab gran devoció lo cors presios del meu fill Desus ab les creus cubertes de negre tots descalços axi homes com dones ab los cabells spandits ab degut orde cridant misericordia al meu fill eternal vos vulla haver pietat». Tecla Sirvent llegó a escribir al papa contándole sus visiones: «Vos qui sou cap de la sglesia vullau dar bon exemple a tots los altres castigant aquells qui mal viven, e axí castigant y corregint los peccats publichs Deu eternal per sa infinita bondat alargarnos ha los dies e destroyra aquells qui venen contra la sglesia...» La pena que se le impuso a Tecla Sirvent fue cárcel perpetua.[51]

Las penas impuestas por hechicería variaron según la condición de los procesados. Si son seglares se les condena a cien azotes y destierro por 6 u 8 años. Si son clérigos se señala que deberían ser recluidos en un monasterio y suspendidos del ejercicio sacerdotal. En estos

---

51. AHN. Inquisición de Valencia, leg. 533 (10). La hechicería valenciana de estos años merecería un estudio profundo, pues parece un tanto al margen de las constantes habituales de la brujería europea de estos años. Destaca la escasa importancia del culto al demonio, la ortodoxia papal, el muy relativo papel de la mujer en su protagonismo... Vid. *La stregonería en Europa (1450-1650)*, a cura de M. Romanello. Bolonia, 1975.

tipos de delitos no se perdona la simplicidad ni la ignorancia aunque los sortilegios se hicieran para buen efecto y con buena intención. Para matizar la gravedad del delito se tenía muy en cuenta si «la invocación de los demonios fue con palabras de mandar o imperio, o con palabras de ruego y supplicatorias; si con palabras de imperio y mando no parescía haver sospecha de herejía y assi no procedia la inquisición; si con palabras suplicatorias parece indican adoración, culto y reverencia a los demonios y ay sospecha de heregía».[52]

FAUTORÍA

Por esta razón fueron procesados Damián Andrés, Melchor Mont, Andrés Asensi, Esperanza Cardona, Pedro Calvo, Francisca Celma, Bartolomé Serra, el agustino Martín Sánchez, Bartolomé Roig, Diego Torquemada, Juan Carroz y Juan Trilles.[53]

El concepto «fautoría» era un tanto genérico abarcando todos los delitos de ofensas al Santo Oficio. Ofensas que oscilan del típico «impedimento» bloqueando la iniciativa inquisitorial cuyo ejemplo más representativo es el caso de las jerarquías de Teruel, a la infracción de alguna norma del derecho peculiar de la Inquisición como la revelación de declaraciones, presionar a testigos o informar a los procesados de la trayectoria del proceso y las difamaciones contra la Inquisición.

La mayor parte de los «impedimentos» se debieron a la obstrucción a algún funcionario de la Inquisición del ejercicio de sus funciones.

El delito más frecuente es el de alteración del secreto o deformación de la normativa procesal.

El caso de Pedro Calvo, notario de Javaloyas es bien

---

52. AHN. Inquisición de Valencia, leg. 799 (3).
53. AHN. Inquisición de Valencia, leg. 533 (13); 523 (6); 522 (15); 522 (13); 522 (10); 522 (16); 550 (33); 522 (20); 550 (35); 558 (30).

representativo. Ante las presiones de algunos judíos como Joan de Ledos le descubrió a éste las declaraciones de una tal Teresica contra Galcerán Adret y su mujer, afirmando que «eran acusados de cosas graves».[54]

Las penas impuestas por este delito fueron también leves: 50 azotes y destierro de tres meses.

CAUSA CRIMINAL

Por esta causa conocemos un total de 10 procesos: Luis Almudéver, Pedro Monesa, Francisco Natera, Lorenzo Prior, Juan Manaifaguet, Luis Romeu, Miguel Rubert, Catalina Santa Cruz, Martín Zapata y Juan Montesino.[55]

La llamada «causa criminal» comprendía también una amplia gama de delitos, desde la radicalización de los «impedimentos» con la muerte de algún funcionario de la Inquisición hasta el uso indebido de armas presentándose como familiar de la Inquisición, pasando por las testificaciones falsas.

El caso más espectacular es el de Miguel Rubert que en 1520 intentó matar en Barcelona al inquisidor de Mallorca, Juan Navarder. También Diego Faber fue procesado por haber herido a un fiscal de la Inquisición.[56]

Son más frecuentes, desde luego, los casos de pretendida subrogación de los derechos de los familiares de la Inquisición como Luis Almudévar que «no essent ministre ni familiar de la Santa Inquisició per seguretat y protecció de sos desordens e insolencies, falsament o contravenint dit que era de la Inquisició e de casa de mossén Carrasquer, alguatzir de la Sancta Inquisició per que los officials li dexassen portar armes», y sobre todo, de falsas testificaciones, como Juan Montesino que «ha volgut deffendre y favorir los hereges en sus errors y ha empa-

54. AHN. Inquisición de Valencia, leg. 522 (13).
55. AHN. Inquisición de Valencia, leg. 519 (19); 519 (31); 520 (17); 521 (3); 520 (6); 519 (31); 519 (32); 520 (16); 521 (23).
56. AHN. Inquisición de Valencia, leg. 521 (23) y 519 (30).

chat quant en él era, que dels dits hereges nos fes deguda punició e castich, impugnat alguns testimonis del procurador fiscal en favor del dit Joan Sanchis... e no solament ell fehia lo dit fals testimoni mes encara trobam que lo dit Joan Montesino ha induhit altres que fessen fals testimoni».[57]

Las penas por estos delitos son fuertes, oscilando entre la pena capital y la cárcel perpetua.

OTROS DELITOS

Además de los delitos apuntados, la Inquisición incidió sobre otros delitos como la sodomía, las deshonestidades del clero (solicitaciones en confesionarios, vida irregular, matrimonios de sacerdotes), la usura, la misa sin orden sacerdotal, etc., delitos que desde luego se dieron con notoria escasez antes de 1530, el año que sirve de límite cronológico a este libro.

La sodomía antes de 1530 en Valencia fue abundante, pero generalmente fue resuelta por la vía del ajusticiamiento popular. Conocemos varias matanzas de sodomitas anteriores al establecimiento de la Inquisición en 1446, 1447, 1452, 1463 y 1466 que nos consigna el Dietario del capellán de Alfonso el Magnánimo. Estas matanzas, en las que murieron 8 sodomitas, se reprodujeron en 1519, en los aledaños de las Germanías a raíz de las predicaciones de fray Luis de Castelloli, siendo ajusticiados entonces un total de 6 sodomitas. Antes de 1530 no hemos visto ningún proceso inquisitorial a sodomitas. Sólo en el proceso a Antonio Mascó como judaizante, éste confesó ser también sodomita, pero como hemos dicho, no fue ello el móvil inicial del proceso.[58]

La corrupción moral del clero valenciano era notable

---

57. AHN. Inquisición de Valencia, leg. 519 (19) y 520 (16).
58. *Dietari del capellà d'Anfós el Magnànim*, Valencia, 1932, 191 y 243.

y de ello los dietarios han mostrado múltiples referencias. En un pregón de 1457 se prohibía taxativamente: «No sia hom algú que gose de nit o de dia anar en alguns monestirs de monges e dones religioses o seglars, per parlar o comunicar ab aquelles o alguna de aquelles en alguna manera, si no és demanat per la prelada del monestir o convent, en lo qual cas puixa parlar ab la dita prelada, e aso ab alguna altra persona del dit monestir...» Se llegó a nombrar a un visitador de conventos, Antonio de Roxas para reprimir la vida conventual licenciosa. Pero las monjas de la Zaidía abandonaron unánimemente el monasterio en 1496 para no someterse a la disciplina del visitador.[59] A pesar de ello sólo conocemos dos casos de procesamiento antes de 1530 del clero por deshonestidad cometida: *mossèn* Benet Ferrer y el agustino fray Martín Sánchez.

Al primero se le acusó de que había dicho que

no volía sino anarse en terra de moros y casarse... confesa que essent capellà y prevere perque anava darrere les dones hils donava de sos bens y donatse tot a carnalitats vengué a tenir vida de gentil y de mal christià vivint com a bestia... tingué pensament y fent proposit de anarse en Turquía y ferse turch dient que alla se casaría con tantes mullers com volría...

Al segundo, entre otras declaraciones se le atribuyó lo siguiente:

sentint mal de sacrament de la conffesió en derrisión y burla del dit sacrament de la confessió demanant certa dona que la huys de penitencia aquell respos que era dur de orella que muntasen al cor de la sglesia, axí muntaren y alli tingue que fer carnalment ab la dita persona davant lo sacrari hont estava reservat lo cos preciós de Jhesucrist, e axí mateix en lo monestir de Sant Agostí en la capilla del crucifix huynt de conffesió a una dona verge la conegué carnalment y a altra

---

59. SANCHIS GUARNER, M.: *La ciutat de València*, Valencia, 1972, 163.

dona posa la ma en los pits dientli paraules molts desonestes.[60]

Es el único caso de solicitación en el confesionario que conocemos antes de 1530. Después de esta fecha, especialmente en la segunda mitad del XVI, el delito sería tan frecuente que los inquisidores valencianos llegaron a confeccionar un formulario de preguntas a rellenar por las mujeres que denunciaban solicitaciones en el confesionario. Las tres preguntas fundamentales del formulario eran:[61]

1. ¿Después de la referida solicitación se ha confesado de ellas con algún confesor? ¿Éstos le han advertido sobre la obligación de delatar la solicitación al Santo Oficio?
2. ¿Si sabe si el confesor ha solicitado, antes o después de ella, a otra solicitante? ¿La declarante lo ha sido alguna vez por otro confesor?
3. Edad, vecindad y señas personales del delatado.

Las penas impuestas por «solicitación» fueron privación del derecho de confesar, destierro del lugar donde se vivía y reclusión en un monasterio de dos a tres años con imposición de ayuno los viernes de los años de reclusión.

Por otra parte, la Inquisición valenciana procesó en 1507 a Joan Çabater, fraile de Montserrat, por haberse casado, el cual por cierto, fue sólo penitenciado, aunque en la normativa penal de la Inquisición sobre clérigos o frailes casados se especifica que

si el reo fuere clérigo de orden sacro o frayle proffesso y se cassase, fuere condenado a galeras por cuatro o cinco anyos.[62]

---

60. AHN. Inquisición de Valencia, leg. 528 (17) y 550 (33).
61. AHN. Inquisición de Valencia, leg. 799 (4).
62. AHN. Inquisición de Valencia, leg. 539 (19).

III. La Inquisición y la cultura

El despliegue cultural de la Valencia renacentista fue extraordinario y en gran parte debido a la temprana introducción de la imprenta. En 1473 la Gran Compañía de Ravensburg instaló una prensa en Valencia servida por Lamberto Palmart de Colonia, Joham de Salzburg y Paul Hurus de Constanza, a requerimientos de Jacobo Vizlant, mercader alemán, establecido en la ciudad hacía tiempo. La instalación de la imprenta dio paso a lo que algunos han llamado «la internacional del saber» y promovió el bilingüismo cultural permitiendo el proceso de desarrollo de una opinión pública de carácter crítico. La ampliación del mercado del saber condujo a la necesidad de un control ideológico.[63]

La Inquisición no desempeñó un papel directo en la censura y en la concesión de licencias para la publicación de libros. De la licencia previa eclesiástica se encargó la legislación canónica a través de las bulas de Alejandro VI de 1501 y de León X de 1515 que establecerían la necesidad del previo permiso de impresión a cargo de la jurisdicción eclesiástica ordinaria. Los impresores que no obedecieran lo mandado serían castigados con la excomunión y, además, con las penas temporales de perder los libros que serían públicamente quemados, pagar 100 ducados para la basílica de San Pedro y privación de su oficio por un año.[64]

---

63. García Martínez, S.: «Els corrents ideològics i científics», en *Història del País Valencià*, III, Barcelona, 1975, 180.
64. «Nos itaque, ne id, quod ad Dei gloriam, et fidei augmentum, ac bonarum artium propagationem salubriter est inventum in contrarium convertatur, ac Christi fidelium saluti detrimentum pariat super librorum impressione curam nostram habendam duximus, ne de cetero cum bonis seminibus spinae coalescant, vel

La necesidad de la licencia previa eclesiástica fue consolidada por la exigencia de la licencia previa civil plasmada en la pragmática de los Reyes Católicos del 8 de julio de 1502, que inaugura en Castilla el régimen de censura literaria oficial y adjudica al Consejo Real la suprema autoridad tanto en la concesión de licencias como en el ejercicio del examen doctrinal de libros y papeles. Valencia, como toda la Corona de Aragón, al carecer de legislación autóctona sobre censura siguió, de principio, la legislación castellana sobre el particular y, por supuesto, la normativa canónica.[65]

Paralelamente a la rigurosidad exigida en la concesión de licencias en los dos ámbitos, civil y eclesiástico, la censura se puso en marcha desencadenando ofensivas concretas contra apriorísticos peligros. En el plano civil merecen mención los edictos de Carlos I de 1521 y 1523 prohibiendo la impresión, venta, retención, lectura y difusión de libros de Lutero y demás herejes. En el plano eclesiástico cabe destacar la bula *Coena Domini* de Clemente VII en 1524 contra los libros de Lutero y la labor

---

medicinis venena intermisceantur. Volentes igitur de opportuno super his remedio providere, hoc sacro ad probante Concilio, ut negocium impressionis librorum hujusmodi eo prosperetur felicius, quo deinceps indago solertior diligentius et cautius adhibeatur, statuimos et ordinamus, quod de cetero perpetuis futuris temporibus nullus librum aliquem, seu aliam quancumque scripturam tam in urbe nostra, quam aliis quibusvis civitatibus et diocesibus imprimere, seu imprimi facere praesumat, nisi prius in urbe per Vicarium nostrum et sacri palatii magistrum in aliis vero civitatibus, et diocesibus per Episcopum, vel alium habentem peritiam scientiae libri, seu scripturae hujusmodi imprimedae ad eodem Episcopo ad id deputandum, ac inquisitiorem haereticae pravitatis civitatis, sive diocesis in quibus librorum impressio hujusmodi fieret, diligenter examinentur» (SIERRA CORELLA, A.: *La censura de libros y papeles en España y los judíos y catálogos españoles*, Madrid, 1947, 42-43).

65. SIERRA CORELLA, A.: *Op. cit.*, 35-50; ROMEU DE ARMAS, A.: *Historia de la censura literaria en España*, Madrid, 1940, 16-20; y GARCÍA GONZÁLEZ, J.: *La censura de libros en Valencia durante los siglos XVI y XVII*, en *III Congreso Español de Historia de la Medicina*, Madrid, 1972, II, 141-153.

de diversos concilios (los de Brujas de 1528, París de 1528, Canterbury de 1529, Colonia de 1536...).[66]

La Inquisición no intervino, pues, directamente en el proceso de concesión de licencias o de censura previa. Solamente estaba autorizada legalmente para censurar sus propias publicaciones. Sin embargo, en Valencia a lo largo de la primera mitad del XVI, acostumbraba a monopolizar la licencia previa de impresión de libros, ante la ausencia de la jurisdicción eclesiástica ordinaria, representada por el obispo. Ante las quejas recibidas, el rey optó por suprimir esta práctica el 15 de junio de 1571.[67]

La labor inquisitorial fue, sobre todo, la de vigilar el cumplimiento de la legislación (poco celo de censores, importaciones clandestinas de libros heréticos) y, desde luego, corregir o retirar de la circulación los libros considerados como heréticos.

En el *Repertorium Haereticae Pravitatis* de Albert, impreso en 1494, la cuestión de los libros prohibidos ocupa dos capítulos. A la vez que se hace constar el peligro de determinados libros «matemáticos y de cualquiera herejía», se prohíbe el «trasladar libros de la Sagrada escritura al sermón vulgar», explicitándose incluso, para que no hubiera ningún tipo de dudas, toda la larga lista de las Sagradas Escrituras estructuradas en libros canónicos, historiados, hagiógrafos, sapienciales y profetales.[68]

Pero quizá lo más curioso de las recomendaciones inquisitoriales sobre esta materia es el esfuerzo en subrayar la problemática de los *libelli* de los que se exponen

66. SIERRA CORELLA, A.: *Op. cit.*, 45-60.
67. SIERRA CORELLA, A.: *Ibídem*.
68. «Sed pone quod quis non editit, nec compusuit librum errores, vel erronea continentur, sed talem librum ad heretico compositum scienter recepit, eum tenuit penes se, nuncquid per hoc consebitur haereticus, sive credens, dicendum que non sed surgit vehemens suspitio haeresis contra eum, quia nullus debet tales libros scienter suspicere vel tenere, imo is ad cuius manus perveniret, debet statim eos ique comburere, vel inquisitore, seu episcopi resignare, ut per ipsos comburentur...» (ALBERT, M.: *Repertorium haereticae pravitatis*, Valencia, 1494).

una serie de normas especialmente centradas en la necesidad de probar todo lo afirmado en su contenido («debet continere talem causam quae probata sufficiat... obligat actorem ad probationem omnium»).[69]

La difusión del luteranismo y el erasmismo desbordó los márgenes de actuación de la licencia previa sirviendo de gran ocasión intervencionista a la Inquisición.

La previsión jurídico-moral para imprimir daba paso a la provisión sancionadora del consumo cultural, consumo que desde luego monopolizaría la Inquisición. La primera disposición importante de la Inquisición, en este sentido, es la carta acordada del inquisidor general, cardenal Adriano, del 7 de abril de 1521, destinada a recoger y destruir las obras de Lutero. En el año 1523 el nuevo inquisidor general, arzobispo Manrique, despachaba abundante correspondencia a diferentes Inquisiciones —entre ellas la de Valencia— para que fueran recogidas las obras de Lutero. El primer índice de libros prohibidos sería promulgado en 1547 por el entonces inquisidor general Valdés. Pero, como casi siempre, la praxis represiva fue por delante de la normativa jurídica.[70]

La Inquisición valenciana desarrolló su labor represiva en tres niveles: la comercialización, a través de la persecución de libreros, condenados como judaizantes; la manipulación directa o indirecta del consumo cultural y la obstrucción de la producción judeo-morisca.

El primer ámbito que acusó el impacto inquisitorial fue el mundo de los libreros e impresores, cuya vinculación con el judaísmo demostró Madurell Marimón.[71] Conocemos varios libreros procesados por la Inquisición valenciana: Antoni Almunia, Francès Castellar, Pere Trin-

69. *Ibídem.*
70. KAMEN, H.: *La Inquisición española*, Madrid, 1973, 103-105; DE LA PINTA LLORENTE, M.: *Aportaciones para la historia externa de los índices expurgatorios españoles*, «Hispania», XII (1952), 254-268.
71. MADURELL MARIMÓN, J. M.: *Encuadernadores y libreros barceloneses judíos y conversos (1322-1458)*, «Sefarad», XXI-XXIII (1961-1963).

cher, Juan Alemany y Juan Navarro, aunque algunos impresores de reconocido origen converso como Arinyo y Juan Pérez se libraron de la acción inquisitorial.[72]

Trincher, curiosamente, fue el que imprimió junto con Albert el célebre *Repertorium Inquisitorum Pravitatis Haereticae*, obra de extraordinario servicio informativo para los hipotéticos herejes. Un hermano suyo, Joan, fue asimismo ajusticiado por la Inquisición de Barcelona el 8 de agosto de 1488.[73]

Juan Alemany también fue colaborador de Albert. De las obras publicadas por éste destaca un *Confessional*, *El Cavaller* de *mossèn* Ponç de Monaguerra, *Opus de Patre non incarnato* de Joan Roig y el *Quart del Cartoixà* de Roiç de Corella. Quizás el *Confessional* y la obra de Joan Roig fueron libros no gratos a la Inquisición. En cuanto a la obra de Roiç de Corella, traducción de la *Vita Christi* de Ludolfo de Sajonia, tampoco debió de gozar de muchas simpatías por parte de los inquisidores, que obligaron a que otra obra de Roiç de Corella, el *Psalteri*, se publicase en Venecia en 1490 y la presentaran a diversos teólogos «para que los examinasen y en lo que viessen era errada la traslación, la senyalasen y apuntasen, porque, convocados los otros letrados de la ciudad, se les dixesse y provediesse lo necessario».[74]

La presencia de la Inquisición debió de condicionar el consumo cultural de la Valencia de su tiempo. Hay que destacar, desde luego, que la incidencia inquisitorial en este ámbito no sería represiva en los años que estudiamos, salvo en el plano estrictamente teológico con rigurosa atención a las versiones de la Biblia en lengua vulgar.

En este sentido destaca la normativa dictada por el inquisidor Joan de Monasterio, a instancias de Torquemada, el 10 de marzo de 1498:

72. AHN. Inquisición de Valencia, 563 (11).
73. SERRANO MORALES, E.: *Reseña histórica en forma de diccionario de las imprentas que han existido en Valencia*, Valencia, 1898-1899.
74. SERRANO MORALES: *Op. cit.*, 3-15.

la sagrada scriptura fonch trasladada en lengua latina per lo venaventurat y glorios doctor sent Jeronim, la traslació del qual es tenguda e aprovada per la esglesia a honor y alabança de la magestat divina que lo volgue axi perque dispon totes les coses con conve a son servey e a la salvació de les animes dels catholichs xpians; y axi es que apres, molts presumint mes de lo quels convenia contra la doctrina del glorios apostol sent Pau actentaren y han actentat de sacar e trasladar la dita sagrada scriptura en pla y en nostra lengua moderna en algunes parts de la qual alguns dels tals trasladors han errat y era dificil y casi imposible trasladarla sin herror perque los vocables y termens de la lengua moderna en que fonch treta segons la gramatica no basten pera comprendre ni comprenen lo verdader seny ni sentencia de la dita sagrada escriptura. De lo qual se an seguit e segueixen molts grans inconvenients y dagnys en les animes dels catholichs cristians, y en la religió cristiana y per expèriencia en nostre temps haven vist que molts homens lechs e ydiotes legint per les tals escriptures han caygut y cauen de cada dia en herror y en dupte de les coses de la fe y de altres que no les conve duptar majorment alguns christians novells y decendents de linage de jueus que per la affectio que a les coses de sos passats tenian legint les ystories y coses de moyses y de la ley vella han caigut y cahuen en lo dit herror y dupte de la fe; y lo que pejor es molts heretjes han continuat per elles los herrors y heretgies perque sos pares y mals mestres falsificaren les dites escriptures y especialment del salmista y en molts y diversos llochs y passos e senyaladament ahon se vulla que lo salmista y la sagrada escriptura sentera de Jhesu Christ nostre redemptor llevaren a Jhesu Christ y posaren Davir o altres de la ley vella falsificant lo seny e enteniment verdader de la sagrada escriptura lo qual es estat y es en gran perill e detriment de les animes dels catholichs christians com dit es... Exortam, amonestam e manam pera que portats los maneu quemar lo qual com dit es manam a vos los demunt dits y a cascu de vos so la dita pena y sentencia de exocomunicació y so pena de esser sospitosos de heregia y als que seran abjurats so pena de relapsos en el crimen de heregia per ells abjurat y si ho feu fareu lo que deveu fent lo contrari lo que no crehem y passat lo dit terme dels dits quinze jorns y repetides les dites monicions posam y promulgam en los que seran contumases y rebells sentencia de excomunicacio maior en aquest escrits y per ells certificants los que proceyren a imposició de les altres penes y tant quant de justicia trobarem esser faedor.[75]

La respuesta de la sociedad valenciana fue tan contestataria que obligó en principio a sobreseer la disposición inquisitorial arriba transcrita:

E por quanto de la publicación y provisión de las dichas letras todo el pueblo estava dello escandalizado y tambien los vicarios generales le havian requerido que como de las dichas letras todo el pueblo estoviese escandalizado y como la privissión de aquelles no fuesse justa ni procediese de justicia y le requirieron proviesse en ello donde no lo hiziesse que ellos provehirian. E visto que todo el pueblo estava puesto en escandalo y también vista la requisicion que los vicarios generales le havian hecho dixo que suspendía e suspendio las dichas letras y la prevission de aquellas y lo en ellas contenido fasta que otra provission en contrario se diesse la qual suspensión hizo por vedar el dicho escandalo a efecto de consulta con el dicho Reverendo señor prior de sancta cruz y con los otros señores generales inquisidores y consejo de la general Inquisición e otorgó unas letras sobre la dicha suspensión las quales mando publicar en la dicha y affigir en las puertas de aquella el tenor de las quales es este que se sigue.[76]

La solución que se acabaría adoptando es la consulta previa a los más acreditados teólogos para determinar qué libros debían ser quemados y cuáles no:

El Señor Inquisidor fizo llamar y venir ante si a los Reverendos señores mestre Matheo Perez obispo de gracia, mestre Jaume Conil mestre Joan Alfajarin y mestre Joan Boix maestros en sancta theologia a los quales dixo que por quanto la Sentencia del señor prior de Sancta Cruz y de los señores generales inquisidores mandavan las biblias y libros en romance de la yglesia se examinasen si eran bien sacados y los que fueren bien sacados que quedasen y los otros que los quemasen que el les encomendava rogava y encargaba quisiessen tomar cargo de examinar los dichos libros, etc.,

75. SERRANO MORALES: *Op. cit.*, 152.
76. SERRANO MORALES: *Op. cit.*, 153.

los quales dixieron que por servicio de Dios y de la Sancta Inquisición eran contentos azer todo lo que sus señorias les mandasen.[77]

La agresividad inquisitorial contra el ámbito de los libros se evidenció en la quema de todos los ejemplares impresos de la traducción de la Biblia al catalán que había hecho Bonifacio Ferrer. La impresión de esta obra se haría en 1478 y sería barrida tan sólo unos años después por la Inquisición, hasta el extremo de que no se conserva actualmente ni un sólo ejemplar impreso, lo que demuestra la eficacia represiva inquisitorial.[78] En contraste, la Inquisición permitió la publicación a finales del siglo XV de la traducción valenciana de las Epístolas de San Pablo: «Epistoles de Sanct Pau arromançades en rims valencians», aunque Rubió especifica que era de uso exclusivo de los dominicos.[79] Por lo demás, hasta 1530 la Inquisición valenciana adoptó una actitud netamente liberal en lo referente al consumo literario.

La manga ancha fue absoluta hacia la literatura frívola o incluso concupiscente —recuérdese la publicación del *Cancionero de obras de burlas provocantes a risa* en 1519, ó las célebres comedias eróticas de *Tebaida, Seraphina e Hippolita* en la misma fecha. Por otra parte no parece que hubo restricciones en el terreno ideológico: el lulismo filosófico, con tan destacados representantes como Jaume Janer y Alfonso de Proaza, no tuvo ninguna limitación como refleja la edición del *Blanquerna* en 1521; el eiximenismo, relativamente progresista en el aspecto socio-político, tampoco tuvo problemas de difusión, sucediéndose las ediciones de las obras de Eiximenis, y el humanismo prerrenacentista, con sus connotaciones aperturistas, se extendió libremente en Valencia como refleja el éxito de Dante, traducido por Andreu Febrer, de obras

77. SERRANO MORALES: *Op. cit.*, 154-155.
78. RIBELLES COMÍN, J.: *Bibliografía de la lengua valenciana*, Madrid, 1929, I, 304-314.
79. RUBIÓ I BALAGUER, J.: *La cultura catalana del Renaixement a la decadencia*, Barcelona, 1964, 113-129.

como la *Celestina* que se editó por 6a. vez en Valencia en 1514 o de figuras autóctonas como Jaume Roig, cuyo *Llibre de les Dones* se imprimió en Valencia en 1531, o Martorell cuyo *Tirant* se editó en 1490.[80]

Pero donde se manifestó más claramente la actitud liberal de la Inquisición valenciana en estos primeros años fue en su posición ante el erasmismo. A pesar de que, según Bataillon, el erasmismo español se nutrió inicialmente de las filas de los conversos, perseguidos, el hecho cierto es que el erasmismo fue, en principio, perfectamente absorbido en un contexto de cierta inflación de la literatura mística (recuérdese la publicación en Valencia en 1491 de la traducción hecha por Miguel Pérez del Kempis —la *Imitación de Cristo*— y exaltación del intimismo preiluminista.[81]

Al socaire del proteccionismo del inquisidor general Manrique hacia el erasmismo, cuyo triunfo más espectacular fue la Junta de Teólogos de Valladolid de 1527, se hicieron diversas ediciones de las obras de Erasmo en Valencia.

En 1528 se imprimió el Coloquio de Erasmo, titulado *Institución del matrimonio cristiano*, edición que realizó Joan Joffre sobre la endeble traducción de Diego de Morejón (Medina del Campo, 1527). Asimismo se hicieron dos ediciones en el mismo año de la versión castellana del *Enchiridion*, una a cargo de Jordi Costilla y otra por Joan Joffre. Bernat Pérez de Chinchón, canónigo de León, Gandia y Valencia tradujo al castellano diversas obras de Erasmo (*Declaración del Pater noster; Silenus de Alcibiades, Lengua* y *Preparación y aparejo de bien morir*) que se publicaron en Valencia entre 1528 y 1535.[82]

Las bibliotecas de esta época que hemos examinado (libros poseídos por los agermanados, el canónigo Guillem

80. RIBELLES COMÍN, J.: *Op. cit.*, II, 332-348, 546-572; y I, 392-435.
81. GARCÍA MARTÍNEZ, S.: *Op. cit.*, 180; y RIBELLES COMÍN, J.: *Op. cit.*, I, 461-478.
82. GARCÍA MARTÍNEZ, S.: *Op. cit.*, 180-185; y FUSTER, J.: *Rebeldes y heterodoxos*, Barcelona, 1972, 168-170.

Serra, el mercader Mateo de Montagut, etc.) demuestran estar absolutamente al día de la producción cultural europea.[83]

La ausencia de interferencias represivas de la Inquisición valenciana en el consumo cultural no excluye el que su presencia ayude a promocionar una línea específica de manifestación cultural. Las cantidades, nos atrevemos a llamar, industriales de literatura religioso-hagiográfica publicada en Valencia en la transición del siglo xv al xvi con su obsesiva dedicación al tema de la Virgen y Jesucristo, principales víctimas de la erosión crítica de la cultura judía, como ha demostrado López Martínez, y la abundancia, asimismo, de literatura confesional son bien significativas.[84]

El canto de la Sibila, las horas de la Semana Santa, el *Gamaliel* de san Pedro Pascual, la *Vida de Cristo* de sor Isabel de Villena, las obras de fray Antoni Canals, las sermonarias de san Vicente Ferrer editadas repetidas veces a lo largo del siglo xv, son obras destinadas a reforzar el dogma católico y especialmente el mesianismo cristiano, frente al judío, poniendo especial acento en la Pasión con su indiscutible carga de animosidad vengativa contra los judíos.[85]

La hipertrofia de la literatura confesionaria (un total de 15 confesionarios editados de 1485 a 1530, entre los que destacan el de Eiximenis) tiene como posible explicación la psicosis delictiva generada por la Inquisición lo que radicalizaría el interés por la metodología confesional y por la rigurosidad en la delimitación de las fronteras del pecado.[86]

La transcendencia de la Inquisición en el ámbito de la producción cultural es indiscutible. Pero su responsabilidad ha sido en ocasiones maximizada. No creemos

83. ARV. Real 639.
84. LÓPEZ MARTÍNEZ, N.: *Los judaizantes castellanos y la Inquisición en tiempos de Isabel la Católica*, Burgos, 1954, 132-165.
85. SANCHIS SIVERA, J.: *Op. cit.*, I, 63-65; 97-103; 446-450; 582-583; 601-638.
86. *Ibídem*, 46-63.

que la Inquisición sea culpable, ni tan siquiera en parte, contra la hipótesis de Ventura, de la famosa y siempre polémica decadencia de la cultura catalana, entre otras razones porque no estamos de acuerdo en el motivo que se ha aportado: «La nueva Inquisición aniquiló la capa burguesa valenciana, la que era sostén y fundamento de gran parte de aquella cultura.» Que la gran víctima de la Inquisición fue la burguesía valenciana parece evidente, pero resulta un tanto arriesgado atribuir a esa burguesía el supuesto monopolio de la cultura catalana.[87]

Pero lo más inadmisible de esta hipótesis es la atribución a la Inquisición valenciana de la responsabilidad de que Luis Vives escribiese en latín: «De no mediar la Inquisición es muy probable que sus obras hubieran sido escritas en el catalán literario de la época», lo que es una elucubración gratuita que ignora la significación socio-cultural del latín en aquella época.[88]

Desde luego, está fuera de toda duda hoy que la ausencia de Vives de Valencia se debió al miedo a la Inquisición, que barrió, aparte de sus padres, a sus tíos abuelos, Joan Almenara e Isabel Valeriola en 1489, a su abuelo materno, Jaume March en 1491, a sus tíos Daniel Vives, Salvador Vives, Castellana Guioret, sus primos Miquel Vives y Manuel Vives, su primer maestro: Anthoni Tristany... Hay que hacer constar que la ausencia física de Vives no significó un distanciamiento evasivo de la problemática familiar. Sus contactos con su padre fueron continuos. Desde Brujas, sabemos que le enviaba a su padre a través de los mercaderes Joan Delgado y Gabriel Sanç «un plech de llibres en que fonch desplegat en presencia del senyor receptor y foren atrobats tres volumens de stampa que comença Johannis Ludovici Vives Valentini Somnium que est prefacio Ad hominum y hun carnet sobre lo glorios Sanct Agosti de Civitate Dei», libros que, por cierto, serían confiscados por la Inquisi-

---

87. VENTURA, J.: *Lluis Alcanyç*, «Cuadernos de Historia Económica de Cataluña», Barcelona, 1973, 75.
88. *Ibídem*, 75-76.

ción y vendidos por la suma global de 264 sueldos 8 dineros.[89] Pero, además de esta intercomunicación padre-hijo es indiscutible el interés con el que Vives siguió la situación valenciana. En una carta a Cranevelt exponía sus inquietudes:

> Con estas noticias recteciéronse la ansiedad y la inquietud de mi espíritu. Estoy pendiente de las cosas de España y no me atrevo a tomar una resolución en definitiva para más adelante. No se si convenir en esas circunstancias irme allá o quedarme. ¿Es allí necesaria mi presencia? Ni lugar me queda para la deliberación tan atados nos tiene la condición de las cosas.[90]

Y en la carta dirigida a su amigo Honorato Juan, se expresa así:

> No dudo que es grande la soledad que reina en nuestra familia con la pérdida de aquel hombre [se refiere a mestre Estrany], a quien tú llamaste con toda razón sostén y pilar. Ruégote, mi carísimo Honorato, por el mutuo bien que nos queremos y el afecto correspondido que nos profesamos que vayas con frecuencia a ver a aquellas damas y tenerlas algún rato de compañía. Por lo que toca a aquel negocio, sé que harás todo lo que buenamente puedas, aunque no me cabe duda de que ahí lo hallarás todo muy trocado y muy diferente de lo que aquí pensabas. Pienso llamar aquí a mi hermana [alude a Beatriz], porque espero que, o bien aquí se casará con mayor acomodo o vivirá a mi lado de soltera, si ya no es que tú hubieras hallado para ella alguna conveniencia... Después de tu marcha de aquí, recibí dos cartas tuyas, la segunda de Valencia, nuestra patria común cuya visita te envidiara ciertamente si te amase menos. Día por día, estoy esperando aquella misiva tan larga que me prometiste para saber muchas cosas de nuestra patria...[91]

---

89. ARV. Maestre Racional, leg. 344, C. 8350.
90. *Vid.* GARCÍA CÁRCEL, R.: *Notas en torno al contexto familiar de Luis Vives*, «Cuadernos de Historia de la Medicina Española», Salamanca, XIII (1974), 337-345.
91. *Ibídem*, 343.

El panorama valenciano angustió, pues, sobremanera a Vives que dudó y vaciló largo tiempo en torno a si debía o no volver a Valencia, entre el compromiso o la evasión. El 10 de marzo de 1523 escribía a Erasmo:

Yo, por ningún motivo he podido sustraerme a ese viaje a España para donde pienso salir mañana o pasado mañana. Plegue a Cristo prosperar mi jornada y de allí pasaré a Inglaterra.[92]

Sin embargo, no salió entonces para Valencia. Cinco días después le escribía a Cranevelt:

Platicando con los amigos los días transcurren sabrosos para mí pero a pesar de sus amabilidades, mi espíritu sufre duramente por la indecisión de lo que debo hacer. No repatriarme, no me apetece y quedarme aquí no puedo. De mi tierra me llaman; últimamente por carta. Me retrae el gasto y me lo desaconseja el riesgo...[93]

No se sabe con seguridad si llegó a desplazarse a Valencia. Víctor Sanz no cree que llegara a hacer el viaje. Bonilla y San Martín considera, en cambio, que viajaría a Valencia aunque su estancia aquí debió de ser muy fugaz: de mayo a noviembre de 1523. Por nuestra parte nos inclinamos a creer que debió viajar a Valencia, por la carta que el 10 de mayo de 1523 le escribió a Cranevelt:

Mañana parto de Brujas para Inglaterra donde saludaré en tu nombre cariñosamente a Moro, como conviene a la amistad común; de ahí a España pero por mar, pues ahora, en este tiempo calamitosísimo apenas vivo por tierra. Diferí este viaje hasta ahora por si amanecía alguna esperanza por la bondad de España. Todo es cerrazón y noche, no menor en las cosas que en mi espíritu y en mis consejos, que todos me los quitó la violencia de mis molestias y no faltan quienes dicen que es un viaje de recreo. Quiera el Cielo que ellos no se tomen jamás tales recreos.[94]

92. *Ibídem*, 344.
93. *Ibídem*, 345.
94. *Ibídem*, 345.

Este texto parece confirmar pues la idea del viaje de Vives a Valencia en 1523, en plena represión de las Germanías, antes de que fuera ejecutado su padre. La ambigua posición de Vives ante la revuelta agermanada, distante al mismo tiempo del extremismo popular como del reaccionarismo feudal, responde coherentemente a su extracción burguesa. Su discreción ante las peripecias familiares, más que un testimonio de su calidad moral, que por otra parte no negamos, es un reflejo de su contexto vital generado por la Inquisición, en el que la represión hacía estériles los lamentos e inútiles las imprecaciones.

La mayor responsabilidad de la Inquisición valenciana en el ámbito que nos ocupa fue la agresión a la cultura judeo-morisca, cuyos perfiles científicos ha delineado L. García Ballester. La acción inquisitorial tuvo dos vertientes: la promoción de una literatura agresiva contra judíos y moriscos y lo más penoso, la eliminación física de grandes figuras representativas de este mundo cultural.

En el primer aspecto, merecen citarse los casos de Juan Andrés, un morisco convertido al cristianismo, hijo del alfaquí de Xàtiva, que escribió un tratado apologético de la religión cristiana frente a la musulmana, *Confesión de la Secta Mahometana*; fray Dimas Sanz, religioso mercenario que escribió en 1544 un apasionado libro: *Contra judaeos* y, sobre todo, la traducción valenciana hecha por Joan Carbonell de la obra de fray Joan Alemany, con un título bien expresivo: *De la venguda del Antichrist e de les coses que se han de seguir amb una reprobació de la secta Mahometica*, impresa en noviembre de 1520 por Joan Joffre. En la introducción, aparte de un grabado que representa «la gran bestia mahometana» con siete cabezas coronadas, se especifica la finalidad del libro:

perque los feels christians vegen les fatuitats que ha dexat scrit lo inmunde Mahomat; perquè aprés facen gràcies a Déu com los ha fet mercè d'ésser christians e illuminats de la sancta fe catholica.[95]

---

95. Eximeno, F.: *Escritores del reyno de Valencia*, Valencia, 1747-1749, 75-85.

Pero, sobre todo, hay que cargar en la responsabilidad de la Inquisición la consumación de la degradación a los niveles catacumbarios del *ghetto* de la cultura judeo-morisca condenada a la ausencia de otras opciones que la sublimación místico-mesiánica y el resentimiento amargo de que es testimonio este texto judío encontrado en Valencia en 1500:

¡Oh Jerusalem, com estas en poder de stranys pobles! Apiadat senyor sobre Jerusalem! Jerusalem! Jerusalem! Quando, Señor, embiarás al tu Mesias! Quando fora se volveran a nosostros con las tus pedradas e gracias. Apiada señor sobre nosotros: embianos prestemente el tu Mesias que salgamos de captivitat. Mira a la tierra de Jerusalem. Señor que faré, que diré que nuestro mal se empeora, cada día se aumenta nuestra mudanya. Señor, apiada sobre nosotros agora que avemos menester las tus piedades car en gran mal estamos puestos, porque Señor nos has olvidado a nosotros! Porque Señor as largado la tu ira sobre la casa de Jacob. Apiada Señor sobre las ovejas de la tu postura. Tiralas Señor, tiralas de poder de pastores stranyos. Facennos jurar contra la tu ley bendita. Facennos adorar Diosos estranyos mas nuestros corazones se revuelven en tu Señor padre nuestro. Apiada Señor sobre nosotros e sobre el tu pueblo a Israel el qual esta muy triste. Apiada Señor sobre nosotros e sobre el pueblo de Israel que está lleno de lloros e llamando tu mayor, tu mayor e gran señoría. Señor, faz milagros en nosotros así como ficistes a Moyseu con Farahon e contra los señores de aquel que fueron detras idos. Asi señor como destruistes aquellos, asi señor distruye todos los principes de España que an destruido el tu pueblo de Israel. Señor, danos venganza deste Reyno e malvado de España que ha destroido el tu pueblo de Israel e lo han lansado a mal e lo ha quemado hi muerto hi sparsido por el mundo sin ninguna piedat y ahun face Señor mayor mal que nos facen olvidar la tu ley santa y a puertas habiertas sobre nosotros defendiendo nos mandamientos de la nuestra ley santa e bendita...[96]

---

96. FRANCES, Joan: *Llibre de noticies de la ciutat de Valencia (1306-1535)*. Manuscrito núm. 1.206 de la Biblioteca Universitaria de Valencia.

La normativa que trazó el inquisidor general en noviembre de 1497 era ya bien expresiva de la represión de la cultura judía:

> Nuestros subdelegados, salud e gracia, sepades que nos avemos seydo informados que hay muchas personas en estos dichos Reynos que tienen libros escriptos en ebrayco que tocan y son de la ley de *los judíos e de medecina e cirugía e de otras ciencias e artes e asi mismo brivias en romance* de lo qual se esperan seguir e siguen daños e ynconvenyentes e ynfidelidad no solamente aquellos que los dichos libros tiene mas aun a otros que con ellos tuvyesen o tienen amystad o conversación. E por quanto a nos conviene remediar lo semejante como a ynquisidores generales queriendo evitar los dichos ynconvenientes mandamos a vos los dichos ynquisidores y a cada uno de vos que luego sin dilación mandeys a todos los lugares dessa dicha inquisición a todas e qualesquier personas de qualesquier estado e preheminencia o dignidad que sean que tyenen los dichos libros e brivias e otros qualesquiere de qualquier suerteescriptos en ebrayco trayan e presenten todos syn que en ellos quede ni finque ninguno ante vosotros o cualquierde vos desde el dia que cerca de lo sobredicho vuestra carta les fuere notificada e publicada fasta quince dias primeros siguientes, so pena de ser sospechosos en la fe e de excomunion mayor e de perdición de todos sus bienes para la camara e fisco de sus altezas a cada uno de los que lo contrario hizieren las quales dichas penas y otras qua lesquer que por vosotros les fueren puestas nos por el thenor de la presente se las ponemos. E asy traydos e presentados ante vostros los dichos libros e brivias vos mandamos que dentro de otros ocho dias primeros siguientes después que ante vosotros fueren presentados los mandeys quemar e se quemen publicamente so las dichas penas.[97]

Es indiscutible el papel de los judíos como intermediarios en el fenómeno de la transmisión de la cultura árabe, transmisión que encontró su mejor época en el siglo XIII paralelamente a la promiscuidad racial y religiosa de este siglo (de esa cultura de «frontera» son bien representativas las figuras de Arnau de Vilanova o Alfon-

---

97. SERRANO MORALES: *Op. cit.*, 154-155.

so X). Las crisis del siglo XIV originarán una serie de desequilibrios económico-sociales que evidenciarán la fragilidad de las pautas convivenciales del siglo anterior, con la progresiva deflación de la cultura judeo-árabe que sufre una arremetida feroz con las matanzas de 1391. Las figuras de A. Turmeda y de Mohamad-Al-Chafra representan el esfuerzo potenciador de una cultura que pronto pasará a considerarse proscrita.[98] De la conciencia de Turmeda del contexto represivo en el que se encontraba son fiel reflejo los versos que en *Cobles a la divissió del Regne de Mallorca* aludían a la existencia de la Inquisición medieval: «Així m'en preu com lo gall, depuis que après lo vall, a la porta plegadissa, més enllá d'una bardissa, viu mon companyó cremar. Un altre en viu socaprar el mateix any en Evissa».[98 bis]

El siglo XV se caracterizará por el fenómeno que L. García Ballester ha llamado «reflujo de la escolástica», de cuyo triunfalista contexto es buen reflejo la literatura de «cruzada» desde el *Tirant* al Romancero castellano y la cruel ironía con la que Roig fustigaba la forzosa ambigüedad de los conversos:[99]

A veguinotes
fictes devotes
qui totes festes
se paren festes
al combregar.
Massa privar
causa menyspreu;
lliurar-se deu
molt cautament;

e majorment
a les contràries,
per se molt vàries
e contumaces
e pertinaces,
plenes de cisma:
perd-s'hi la crisma,
pèrfidament,
del prepotent

---

98. GARCÍA BALLESTER, L.: *La cirugía en la Valencia del siglo XV. El privilegio para disecar cadáveres de 1477*, «Cuadernos de Historia de la Medicina Española» (Salamanca), 6 (1967), 155-171. Las ideas esbozadas en este artículo L. García Ballester las ha ampliado y desarrollado plenamente en su obra: *Historia social de la medicina bajomedieval en España. I: la minoría musulmana y morisca*, Madrid, 1976.

98 bis. TURMEDA, A.: *Cobles a la divisió del regne de Mallorca*. Bernat METGE - Anselm TURMEDA: *Obres menors*, Barcelona, 1967.

99. ROIG, J.: *Llibre de les Dones o Spill*, Barcelona, 1928, 197.

> ver Déu, hom, rei.
> E de sa llei
> se desesperen
> encara esperen
> altre Messies,
> ni són juïes
> ni cristianes,
> hoc són marranes
> e filistees,
> cert cananees,
> samaritanes,
> indrèduls, vanes,
> apostatades;
> són batejades
> e la judaica
> llei, e musaica,
> enlo cor tenen;
> a llur dan prenen
> lo pa sagrat
> sens fe, sens grat,
> indignament;
> mas certament
> per llur error
> no'n perd valor,
> ni'n val res menys
> per llurs desdenys
> l'alt sagrament.

En el ámbito literario, la cultura judía se diluye hasta su práctica desaparición. El oscuro lenguaje de un converso como Ausiàs March, que como dice J. Fuster: «Ningú no acabava de comprendre, però que tothom intuïa genial», puede estar en función de este contexto.[100] En el ámbito científico una serie de figuras judías (Abraham Shalom, Elí Abillo, Abraham Nahamias) traducen del latín al hebreo obras de autores escolásticos muy representativos (san Alberto Magno, santo Tomás). Pero la mayor parte se dedica a potenciar un tanto subrepticiamente los valores intrínsecos de su cultura en pleno terrorismo exterior (predicaciones de san Vicente Ferrer, críticas de Eiximenis), con logros espectaculares como la fundación en 1409 por Lorenzo Salom, posible converso, del Hospital dels Ignocents, el primer manicomio valenciano.[101]

Y esta autopromoción en el terreno científico, en convivencia con el influjo de las Universidades italianas, especialmente la de Bolonia, encontró su mejor cauce expresivo en la escalada social y científica de los barberos y cirujanos de la ciudad de Valencia, cuyo punto de partida fue su solicitud en 1462 de establecer estudios regla-

100. TIMONEDA, J.: *Flor d'enamorats*, Introducció de J. Fuster, Valencia, 1973, 35.
101. GARCÍA BALLESTER, L.: *La cirugía...*, 160-165.

mentarios de cirugía y su primer gran triunfo el privilegio de concesión para la disección de cadáveres de 1478, que tendrá su continuación feliz en la creación del Estudi General de 1499 y en la confirmación por el Rey Católico en 1502 del privilegio papel de fundación de la Universidad con estudios quirúrgicos.[102] Ello representaba el triunfo de una nueva actitud que operaba sobre la base de una valoración positiva de la técnica, que actuó como factor de cambio.

Es evidente que este proceso contó con la oposición de importantes sectores escolásticos —la mayor parte de los maestros en artes y medicinas— terminantemente enfrentados a la vía pragmática propugnada por el grupo judeo-converso. Esta oposición encontró su mejor valedora en la Inquisición, que destruyó la tramoya del movimiento científico descrito eliminando o, simplemente, aterrorizando a sus protagonistas. Los procesos a familiares próximos de Dalmau y Pintor y la directa incidencia sobre Alcanyç, que fue quemado junto con su mujer, sirven de triste muestra.[103]

De la biografía de Alcanyç, Martí Grajales nos aporta algunos datos de interés. Examinador de médicos en 1467, 1471, 1476, 1480, 1487, 1492, 1498, 1499, 1503 y 1504, estableció antes de la creación de la Universidad una clase o «lectura» para los que se dedicaron a la práctica de la cirugía donde él impartió los cursos de 1469-1470, 1472-1473 y 1487. Constituida la Universidad de Valencia, fue nombrado catedrático con 35 libras de sueldo, desarrollando una extraordinaria labor en la incorporación de la escuela de cirugía a la universidad.[104] Alcaniç fue la figura más destacada del movimiento de renovación científica en la Valencia de la segunda mitad del siglo XV, movimiento al que pertenecían hombres como Lluis Dal-

102. *Ibídem*, 169-171.
103. De la familia Dalmau fueron procesados un total de 3 miembros; de la familia Pintor fueron 6 los procesados.
104. Martí Grajales: *Ensayo de un diccionario biográfico y bibliográfico de los poetas que florecieron en el Reyno de Valencia hasta el año 1700*, Madrid, 1927, 35-36, y Ventura, J.: *Op. cit.*, 70-72.

mau, Pere Pintor, Jaume Quinzá, Ferrer Torrella y la promoción más joven de Jaume Torres y los demás Torrella.

Detenido por la Inquisición el 9 de febrero de 1504, estuvo encarcelado hasta el 24 de noviembre de 1506 —la estancia en prisión más larga de los procesados por la Inquisición antes de 1530— siendo, finalmente, quemado el 25 de noviembre. Tenía 3 hijos: Francès, Lluïsot y Jaume, y 4 hijas, Aldonça, Angela, Violant y Gerónima. Su mujer, Leonor Sparça, fue también quemada por la Inquisición el día 19 de septiembre de 1505.[105]

Pero el impacto de la Inquisición en la ciencia valenciana no acabó aquí. Otras destacadas figuras de la medicina se vieron introducidas directa o indirectamente en el remolino represivo. Los Torrella y Pedro Pomar sintieron la acción ejecutoria de la Inquisición plasmada en los procesos a familiares suyos y Jaume Torres fue procesado y penitenciado. Torres es una figura un tanto olvidada por la historiografía. Catedrático de cirugía de 1515 a 1521, procedía de familia de médicos. Su tío, homónimo suyo, fue médico de Gandia, trasladado a Valencia y procesado también por la Inquisición en 1521.[106]

El Jaume Torres-catedrático fue encarcelado el 20 de marzo de 1522, permaneciendo en prisión hasta el 6 de septiembre de 1524 en que fue penitenciado. Casado con Sperança, también procesada, tuvo una hija, Beatriu, que se casó con un catedrático de la Facultad de Medicina, Francés Alemany, que ejerció como tal de 1519 a 1521 y que no fue procesado, suponemos, que entre otras razones, porque murió de peste en 1523. Un hermano de Torres, Joan, fue asimismo catedrático de Matemáticas en la Universidad también de 1515 a 1521. No conocemos que

105. ARV. Maestre Racional, leg. 345, C. 8351; leg. 347, C. 8365; y AHN. Inquisición de Valencia, leg. 538 (21).
106. ARV. Maestre Racional, leg. 338, C. 8320-8321; leg. 339, C. 8322; leg. 341, C. 8337-8338; leg. 342, C. 8339-8340; leg. 343, C. 8345-8346; leg. 244, C. 8347-8350; leg. 345, C. 8353-8354; leg. 346, C. 8362-8363 y 8369-8374. De la familia Pomar fueron procesados un total de 11 miembros; de la familia Torrella lo fueron 4 miembros.

fuera procesado, pero sí su mujer Leonor en 1506. Hemos elaborado un cuadro genealógico de la familia Torres con indicación de las personas de esta familia que conocemos fueron, sin duda, procesados por la Inquisición.[107]

La Universidad sufrió, pues, directamente la incidencia inquisitorial, y ello aun teniendo en cuenta que la plantilla de catedráticos estaba casi totalmente integrada por «cristianos viejos» —sólo siete conversos en el conjunto total de cátedras, antes de 1530.[108]

Pero si sabemos pocos datos de la biografía de Torres, afortunadamente tenemos información pormenorizada de parte del contenido de su biblioteca, inventariada por un médico, *mestre* Calvo, para someterla a pública subasta. Decimos parte, porque su hija «por necessidat que tenía para comer» tras la confiscación general de bienes, se vio obligada, según propia confesión a venderlos a un corredor, Thomas Belcayre, y a un estudiante llamado Reyner.[109]

Aun no conociendo completa la biblioteca, el total de volúmenes registrados asciende a 66, cifra abundante. Un examen del contenido de la biblioteca revela el contexto cultural en que se movería Torres y la generación de médicos a que nos hemos referido más arriba, contexto calificable como de rotundo progresismo, de identificación con las directrices científicas más avanzadas del momento en Europa, de plena convicción de «estar al día», por decirlo de otro modo.

Se observa una estrecha vinculación con el grupo nominalista de físicos parisinos (Pierre Tartaret) y con el aristotelismo crítico de la escuela de Padua (Paolo Nico-

---

107. ARV. Esta genealogía la han elaborado en base a la información suministrada por los procesos parciales que conocemos del Jaume Torres —tío del catedrático (AHN, Inquisición de Valencia, leg. 5311 [1]).

108. PALANCA, A.: *Historia de la Universidad de Valencia durante los reinados de Carlos I y Felipe II*, en *VIII Congreso de Historia de la Corona de Aragón*, Valencia, 1973, 203-207; y *La Universidad de Valencia en el primer decenio del siglo XVI*, «Saitabi», 1970.

109. ARV. Maestre Racional, leg. 344, C. 8350.

Cuadro genealógico de la familia Torres

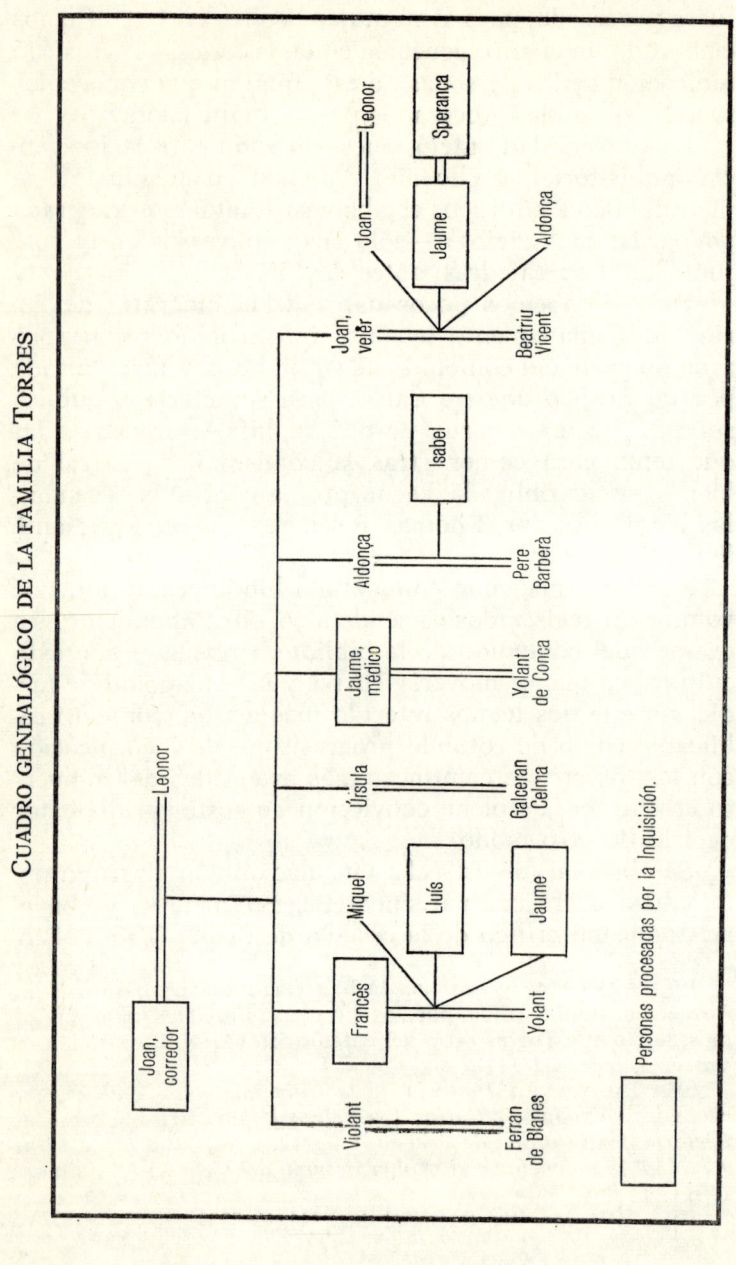

- Joan, corredor == Leonor
  - Violant == Ferran de Blanes
  - Francès == Yolant
    - Miquel
    - Lluís
    - Jaume
  - Úrsula == Galceran Celma
  - Jaume, médico == Yolant de Conca
  - Aldonça == Pere Barberà
    - Isabel
  - Joan, veler == Beatriu Vicent
    - Joan
    - Jaume == Leonor
      - Sperança
    - Aldonça

☐ Personas procesadas por la Inquisición.

lettus Venetus, Nicolaus Falcutius, Walter Burley, Johan Arculanus...).[110]

La biblioteca de Torres, en definitiva, sirve para ratificar el avanzado nivel de desarrollo científico de esta generación de médicos de la transición del siglo xv al xvi, avanzadilla del saber de su época, que sería astillada por el impacto de la Inquisición.

L. García Ballester ha demostrado en el ámbito de la medicina que a la primitiva cultura judeo-mudéjar, tras el choque frontal con la Inquisición no le quedará otra alternativa a lo largo del siglo xvi que la postración y la penosa subsistencia en el *ghetto*, mientras que sus protagonistas recorrerán el largo camino que transcurre del respeto científico universitario a la progresiva indefinición profesional cuya puerta de salida será el curanderismo.

---

110. Estas deducciones acerca del contenido de la biblioteca de Torres constituyen sólo un avance de un trabajo que preparamos, en colaboración con L. García Ballester, sobre la sociología de la cultura judeo-morisca, en el que expondremos la relación completa de los libros de Torres, así como de otras bibliotecas que ayudarán a completar los rasgos de esta cultura que aquí sólo hemos esbozado.

APÉNDICE:

Nómina de procesados por la Inquisición valenciana (1484-1530)

NOTA

Este apéndice ha podido ser elaborado con el inestimable apoyo de una beca concedida por la Fundación March.

El sistema que hemos seguido para confeccionar esta nómina es el siguiente: En primer lugar figuran el apellido y el nombre del procesado. En el caso de las mujeres, si el apellido aparece entre paréntesis quiere decir que es el del marido, no conociendo nosotros el propio de ella. Si las mujeres son procesadas junto con sus maridos y no conocemos su apellido las hacemos figurar junto con ellos. Inmediatamente después exponemos entre paréntesis los parentescos más directos. Cuando exista una —I— detrás de alguno de estos familiares es porque a su vez éste ha sido procesado por la Inquisición en estos años. Luego figura la profesión; después la localidad en donde reside, si ésta es distinta de Valencia-ciudad, y de donde es natural, si ésta no coincide con el lugar de residencia en el momento del procesamiento. Por último señalamos el motivo por el cual es encausado el sujeto y la resolución del tribunal definitiva o del último proceso y los años en los que consta documentalmente les fueron confiscados bienes. Cuando alguno de estos datos falta es que no los conocemos.

ABELLA, Alfonso de; mercader; jud.; penit. 1519, 1520.
ADRET, Galcerán y su mujer, Jerónima; mercader; jud.; penit. 1488, 1497, 1500 y 1510.
ADZAPER, Guillem; *corredor d'orella*; jud.; penit. 1518.
ADZUARA, Luis; notario; fautoría; penit. 1528.
AGOSTINA, Leonor; alias la Barduxa; jud.; penit. 1512.
AGRINYO, Fernando; mercader; de Xàtiva; jud.; relax. 1511, 1514 y 1520.
AGRONYA, Violant; jud.; penit. 1512.
AGUILAR, Fernando; cordonero; jud.; penit. 1510.
AGUILAR, Fernando de; mercader; jud.; penit. 1528, 1529, 1530.
AGUILARET, Joan; mercader; jud.; relax. 1485, 1486, 1487, 1488, 1501, 1502 y 1503.
AGULLÓ, Anna; jud.; penit. 1519 y 1522.
(AGULLÓ), Isabel (casada con Luis A.); corredor; jud.; relax. 1513 y 1514.
ALA, Berenguer d'; mercader; de Tortosa; jud.; relax. 1491 y 1508.
ALA, Delfina d'; jud.; penit. 1514.
ALA, Francesch d'; mercader; de Tortosa; jud.; penit. 1486, 1491, 1498, 1502 y 1508.

ALA, Gaspar d'; escribano; de Tortosa; jud.; relax. 1513.
ALA, Pere d'; médico; de Tortosa; jud.; relax. 1490, 1514 y 1520.
ALANYA, Arnau; jud.; penit. 1491.
ALANYA, Guillem; mercader; de Tortosa; jud.; relax. en estatua. 1491, 1493, 1499 y 1508.
ALANYA, Luis; corredor; jud.; relax. 1518.
ALAVANYA, Francès; *tintorer de seda*; jud.; penit. 1486.
(ALAVANYA), Isabel (casada con Miguel A. —I—); jud.; penit. 1513, 1514, 1515, 1517, 1519 y 1526.
ALAVANYA, Miguel (casado con Isabel A. —I—); *seder*; jud.; relax. 1514.
ALAVANYA, Violant; jud.; 1526.
ALBARRACÍN, Aldonça de (casada con Joan Jordan); de Vilarquemado; jud.; penit. 1516 y 1517.
ALBINYANA, Jaume; *peller*; jud.; penit. 1485.
ALCANYZ, Guillem; de Xàtiva; relax. en estatua. 1491, 1498, 1507 y 1520.
ALCANYZ, Isabel (casada con Ausiàs Costa —I—); jud.; relax. en estatua. 1486, 1510, 1518, 1520 y 1524.
ALCANYZ, Jaume (casado con Violant Proxita —I—); mercader; de Xàtiva; jud.; relax. 1496, 1506, 1507, 1508, 1509, 1510, 1511, 1512, 1514, 1517, 1518, 1520, 1521, 1526 y 1527.
ALCANYZ, Joan; y su mujer, Aldonça; notario; de Xàtiva; jud.; relax. 1510, 1518, 1519, 1520, 1521, 1522, 1524, 1525 y 1528.
(ALCANYZ), Leonor (casada con Bernat A., *botiguer*; y madre de Pere A., notario); jud.; relax. 1485, 1486 y 1528.
ALCANYZ, Luis (casado con Leonor Esparça —I—); médico; jud.; relax. 1506, 1507, 1509 y 1510.
ALCANYZ, Yolant (casada con Luis Costa —I—); de Xàtiva; jud.; relax. 1485, 1502, 1506, 1507, 1510, 1518 y 1520.
ALCARAZ, Alfonso de (hijo de María de A. —I—); tintorero; jud.; penit. 1514.
ALCARAZ, Isabel (casada con Gil Sanchis); jud.; penit. 1514.
ALCARAZ, Joana (casada con Gonzalo de Vabriera); jud.; relax. 1511.
(ALCARAZ), María de (madre de Alfonso de A. —I—); jud.; penit. 1518.
ALCUDIA, Miguel de la y su mujer, Johana; mercader; jud.; penit. 1509 y 1510.
ALDOMAR, Enrich; carnicero; jud.; penit. 1523, 1524, 1525, 1526 y 1530.
ALDOMAR, Joan (casado con Gracia Garbelles —I—); *calceter*; jud.; relax. 1485, 1486, 1489, 1491, 1492, 1493 y 1501.
ALEGRE, Arcis; calcetero; de Tortosa; jud.; relax. en estatua. 1486 y 1490.
ALEGRE, Joanot, de Tortosa; jud.; 1491.
ALEGRE, Lucas y su mujer, Isabel; de Tortosa; jud.; penit. 1490.
ALEGRE, Luis; mercader; de Tortosa; jud. 1486, 1493 y 1508.

ALEGRE, Ramón; de Tortosa; jud.; penit. 1486, 1490, 1493 y 1508.
ALEGRE, Salvador (casado con Sperança Monçonis —I—); *peller*; jud. 1485 y 1486.
ALEMANY, Gaspar; *hostaler*; jud.; penit. 1521.
ALEMANY, Isabel; jud.; penit. 1514.
ALEMANY, Joan; *librer*; jud.; 1509.
ALEMANY, Leonor (casada con Gabriel de la Rosa, tejedor), jud.; penit. 1520, 1521 y 1522.
ALEMANY, Lucrecia (casada con Pere Oller, *argenter*), jud.; penit. 1520.
ALFAGARIM, Angelina (casada con Bernat Delgado, corredor); jud. 1521.
ALFAGARIM, Brianda; jud.; penit. 1513 y 1514.
ALFAGARIM, Manuel y su mujer, Sperança; *corredor d'orella*; jud.; relax. 1513, 1514 y 1516.
ALFAGARIM, Miguel y su mujer, Francina; barbero; jud.; penit. 1520.
ALFO, Francès; notario; jud.; penit. 1520.
ALFONSET de Valencia; *giponer*, jud.; relax. 1493, 1517 y 1518.
ALFONSO, Francès; notario; jud.; penit. 1512, 1514, 1520.
ALFONSO, Gaspar y su mujer Ursula; corredor; jud.; penit. 1485.
ALFONSO, Gracia (casada con Gaspar Pujol —I—); jud.; penit. 1485.
ALFONSO, Juan; corredor, jud.; relax. 1489.
ALFONSO, Miguel y su mujer Aldonça; *calceter*; jud.; penit. 1485.
ALFONSO, Nicolau; *corredor d'orella*; jud.; relax. 1486, 1514.
ALFONSO, Pere y su mujer, Angelina; notario; jud.; relax. 1486, 1487, 1488, 1491, 1495, 1504, 1513, 1514 y 1516.
ALFONSO, Violant; jud.; penit. 1519 y 1522.
ALICANTE, Johan; *calceter*; jud.; penit. 1510.
ALLEPUZ, Francès (casado con Damiata Monçonis —I—); médico; jud.; relax. 1489, 1491, 1495, 1502 y 1504.
ALMAZÁN, Manuel; de Zaragoza; jud.; relax. 1497.
ALMAZÁN, Pedro de; mercader; de Zaragoza; jud.; relax. 1497, 1514, 1518.
ALMENARA, Aldonça (viuda de Miguel Sanchis —I—); jud.; penit. 1526.
ALMENARA, Berthomeu; pintor; jud., relax. 1502, 1509.
ALMENARA, Carlos; velero; jud.; relax. en estatua. 1501, 1502, 1526.
ALMENARA, Castellana (casada con Joan Salvador, sedero); jud.; penit. 1528.
(ALMENARA), Gostança (casada con Miguel A.); jud.; relax. 1521.
(ALMENARA), Isabel (casada con Luis A.), jud.; relax. 1526.
ALMENARA, Jaume (casado con Yolant Dolç —I—); mercader de paños; jud.; relax. 1515, 1518 y 1523.
ALMENARA, Joan; *draper*; jud.; relax. 1488, 1489, 1490, 1491, 1502 y 1511.

ALMENARA, Leonor; alias Marigaldo (casada con Joan March); jud.; 1529.
ALMENARA, Luis; notario; jud.; penit. 1522, 1525, 1526, 1527 y 1528.
ALMENARA, Miguel y Yolant, su mujer; jud.; penit. 1526.
ALMENARA, Vicent; jud.; relax. 1485.
ALMENARA, Yolant (casada con Pere de Sent Pol —I—); jud.; penit. 1526.
ALMODAGUER, Mahomat; moro de Serra; relax. 1491, 1499, 1500 y 1508.
ALMUDEVER, Luis; *flequer*; criminal; relax. 1492.
(ALMUDÉVAR), Sperança (casada con Joan A., sastre); jud.; relax. 1513 y 1514.
ALMUNIA, Antoni; librero; jud.; relax. 1514, 1517 y 1518.
ALONSO, Johan; jud.; relax. en estatua 1493.
ALTAVAS, Joan; corredor; jud.; penit. 1523.
ALUJA, Francès; zurrador; jud.; penit. 1514.
ALUJA, Luis; corredor; jud.; penit. 1518.
ÁLVAREZ, Agosti (casado con Violant Bellcayre —I—); *escrivà del rei*; de Tortosa; relax. en estatua. 1491, 1493, 1508.
(ÁLVARO), Isabel (casada con Pere A., *peller*); jud.; penit. 1502.
ÁLVARO, Joan y su mujer, Clara; *peller*; jud.; relax. 1506 y 1509.
ÁLVARO, Luis.
ALVIA, Galcerán; jud.; penit. 1490 y 1495.
ALVIA, Pere; jud.; penit. 1489.
(ALVIA), Sperança (casada con Joan A., sastre); jud.; relax. 1514.
AMADOR, Luis; labrador; de Teruel; jud.; relax. 1522 y 1525.
AMAT, Florença (casada con Joan Lopiz —I—); de Barcelona; jud · penit. 1520 y 1528.
AMAT, Gaspar; jud.; penit. 1504.
AMORÓS, Isabel (casada con Pere A., *peller*; hija de Úrsula Corella —I—); jud.; relax. 1485, 1492 y 1500.
AMORÓS, Jaime; *velluter*; jud.; penit. 1486.
AMORÓS, Luis; jud.; relax. la memoria. 1528 y 1529.
ANDRÉS, Damián; impediente; relax. 1527 y 1528.
ANDRÉS, Jaime; jud.; penit. 1521.
ANDREU, Pere y su mujer, Gracia; corredor; jud.; relax. 1514.
(ANGLESOLA), Aldonça (casada con Anglesola, *porter*); jud.; penit. 1520.
ANGLESOLA, Salvador y su mujer, Graciosa; mercader; jud.; penit. 1485.
ANRICH, Joan; *teixidor*; jud.; penit. 1518.
ANRICH, García y su mujer, Clara; *argenter*; jud.; relax. 1501.
ANTEQUERA, Beatriz (casada con Miguel García), jud., penit. 1520 y 1521.
ANTEQUERA, Caterina; jud.; penit. 1506.
ANTHONI, Pere; jud.; penit. 1528.
ARAGÓ, Alfonso de; jud.; relax. 1516.
ARAGÓ, Leonoart de; *peller*; jud.; penit. 1506, 1509 y 1510.

Aragonés, Alfonso; *giponer*; jud.; relax. 1514.
(Aragonés), Brianda (casada con Martín A. y en 2as. nupcias con Luis de Santjordi, *brodador*); jud. 1514 y 1518.
Aragonés, Coloma; jud.; penit. 1511 y 1512.
Aragonés, Francisco; jud.; penit. 1485.
Aragonés, Gracia (hija de Joan y Ayronis Aragonés —I—); jud.; penit. 1491, 1524.
Aragonés, Isabel; penit. 1522.
Aragonés, Joan y su mujer, Ayronis (padres de Gracia A. —I—); *espader*; jud.; relax. 1491, 1492, 1493, 1499, 1502, 1503, 1509, 1511; 1512, 1515, 1520.
Aragonés, Pere y su mujer, Maria; *capoter*; jud.; relax. en estatua. 1500, 1502, 1503.
Aragonés, Perot, alias Bou; jud.; penit. 1518.
Aragonés, Úrsula, alias la Balancera (casada con Joan, A.; *balancer*); jud.; relax. 1513, 1514, 1516, 1518.
Arcenich, Guillem; mercader; jud.; penit. 1510.
Arenos, Beatriu (casada con Pere Bosch —I—); jud.; penit. 1485.
Arenos, Brianda (casada con Manuel Lagostera); jud.; penit. 1485.
Arenos, Johan de (casado con Damiata Coscolla —I—); mercader; jud.; absuelto. 1485, 1487, 1510.
Arenos, Leonor (casada con Jaume Bosch); jud.; penit. 1486.
Arenos, Manuel; mercader; jud.; absuelto. 1485, 1487.
Arenos, Pere y Beatriu; mercader; jud.; relax. en estatua. 1497.
Arenos, Salvador, y su mujer, Isabel; sastre; jud.; penit. 1485.
Arinyo, Hieronimo; abj. de vehementi; penit. 1528.
(Artes), Benvenguda (casada con Gabriel A. y madre de Gracia A. —I—); jud.; penit. 1511.
Artes, Francès de; jud.; relax. 1506, 1507 y 1508.
Artes, Gaspar; *veler*; jud.; penit. 1486.
Artes, Gracia (hija de Gabriel y Benvenguda —I— Artes); jud.; penit. 1485, 1486.
Artes, Gostança (casada con Miquel Ferrer —I—); jud.; relax en estatua. 1528.
Artes, Pere; sastre; jud.; penit. 1509.
Artes, Sicilia; jud.; relax. 1528.
Artes, Sperança (casada con Bernat Pintor —I—); jud.; penit. 1506, 1507 y 1509.
Artux, Ahmet, moro; jud.; relax. 1499.
Asensi, Andrés (casado con Esperanza Cardona —I—); fautoria; relax. 1510.
Asi, Fray Vicent de del Carmen; penit. 1528.
Asturiano, Joan; jud.; penit. 1520.
Auger, Anthoni; labrador; de Xàtiva; jud.; penit. 1526.
Avinyo, Francès; de Xátiva; jud.; penit. 1517, 1518, 1520 y 1527.
Ayora, Luis; mercader; de Xátiva; jud.; penit. 1522.

Baena, Joan; capotero; jud.; penit. 1514.

Baena, Luis de; escudero; jud.; relax. 1514.
Baga, Luis; clérigo; de Segorbe; penit. 1524.
Balaguer, Pere; *ciutadà*, jud.; relax. en estatua. 1500.
Ballester, Angelina (casada con Pere de Conqua —I—); jud.; penit. 1484, 1485.
Ballester, Joan; jud.; penit. 1484, 1485.
Ballester, Joan. jud. penit. 1484, 1485.
Ballester, Pere y su mujer, Beatriu; jud.; penit. 1484 y 1485.
Banyas, Torre; *mestre d'esgrima*; jud.; penit. 1514.
Barberà, Betenisa; jud.; penit. 1484 y 1485.
Barberà, Enrich (casado con Joana Beneta Martorell); ciudadano; jud.; penit. 1528 y 1530.
Barberà, Gabriel; mercader; jud.; relax. en estatua. 1528.
Barberà, Isabel (casada con Manuel Manrana —I—); de Gandia; jud.; penit. 1506, 1509, 1511, 1512 y 1515.
Barberà, Jaume; *peller*; jud.; penit. 1484 y 1485.
Barberà, Pere y su mujer, Aldonça; jud.; relax. en estatua. 1528.
Barberà, Úrsula; jud.; penit. 1484 y 1485.
Baró, Graciosa (hija de Rafael B. —I—); jud.; penit. 1487 y 1490.
Baró, Jaume; jud.; relax. 1487, 1488 y 1502.
Baró, Constança; viuda; jud.; relax. 1521.
(Baró), Lionor (casada con Rafael B. —I—); jud.; relax. 1487, 1490, 1521, 1522, 1523 y 1525.
Baró, Rafael (casado con Lionor B. —I— y padre de Graciosa —I—); tejedor de seda; jud.; relax. en estatua. 1487, 1490, 1520, 1521, 1523 y 1525.
(Baró), Úrsula (viuda de Pere B.); jud.; penit. 1490.
Bayona, Joan y su mujer; jud.; relax. 1487.
(Beltrán), Blanquina (casada con Nicolau B.); jud.; relax. 1500 y 1501.
Beltrán, Francina; de Tortosa; jud.; penit. 1513, 1514 y 1518 (casada con Joan de Burgos).
Beltrán, Francisco; de Mora; jud.; penit. 1491.
Beltrán, Gabriel; escribiente; jud.; penit. 1512.
Beltrán, Jaime; *vanover*; jud.; penit. 1514, 1515 y 1516.
Beltrán, Joan y su mujer, Caterina; corredor; de Tortosa; jud.; penit. 1489, 1491 y 1514.
Beltrán, Juan; médico; de Moya; blasfemia; relax. 1529.
Beltrán, Luis y su mujer, Isabel; de Tortosa; jud.; relax. 1486, 1489, 1490, 1493 y 1508.
Beltrán, Martín; mercader; jud.; penit. 1502, 1503 y 1510.
Beltrán, Salvador; *vanover*; jud.; penit. 1514.
Beltrán, Tomás; jud.; penit. 1486.
Bellcayre, Castellana (casada con Luis Fuster —I—); jud.; penit. 1518.
Bellcayre, Gabriel; jud.; penit. 1491 y 1493.
Bellcayre, Gaspar; *lister*; jud.; relax. en estatua. 1521.

BELLCAYRE, Joan, menor (hijo de Orfelina B. —I—); de Tortosa; jud.; relax. en estatua 1491, 1492 y 1508.
BELLCAYRE, Jofré y su mujer, Úrsula; *lister*; jud.; relax. 1517, 1518, 1520 y 1521.
BELLCAYRE, Luis; jud.; relax. 1491 y 1493.
BELLCAYRE, Orfelina (madre de Joan B., menor —I—); de Tortosa; jud.; relax. en estatua 1491 y 1503.
BELLCAYRE, Pere; corredor de lonja; jud.; penit. 1517, 1518, 1519, 1520 y 1526.
BELLCAYRE, Tomás (hijo de Jofré B. —I—); jud.; relax. en estatua. 1521.
BELLCAYRE, Violant (casada con Manuel Bellviure); jud.; penit. 1491, 1497, 1500, 1503, 1508, 1514.
BELLCAYRE, Yolant (casada con Agostí Álvarez —I—); de Tortosa; jud.; penit. 1489, 1491, 1493, 1508, 1514.
BELLPUIG, Bonjorna (casada con Gabriel Andreu); jud.; penit. 1486.
BELLUGA, Ausias; jud.; penit. 1518.
BELLUGA, Baltasar y su mujer, Gostança; jud.; penit. 1485.
BELLUGA, Beatriu; jud.; penit. 1485.
(BELLUGA), Brianda (casada con Bernat B.); jud.; penit. 1485.
BELLUGA, Francisco; de Teruel; jud.; relax. 1486.
BELLUGA, Yolant (o Yolant Morales, alias Belluga); jud.; penit. 1516, 1518 y 1523.
BELLVER, Pere y su mujer; jud.; penit. 1510.
BELLVIS, Diego de; jud.; penit. 1502.
BELLVIS, Gaspar; jud.; penit. 1488.
BELLVIS, Joan; *ferrer*; jud.; penit. 1522.
BELLVIURE, Aldonça Flor de; jud.; penit. 1486.
BELLVIURE, Daniel; mercader; jud.; relax. 1497.
BELLVIURE, Francès; mercader; jud.; relax. en estatua. 1511.
BELLVIURE, Gaspar; mercader; jud.; relax. en estatua. 1487, 1488, 1489, 1498, 1508 y 1511.
BELLVIURE, Lucio; jud.; penit. 1501.
BENDICHO, Joana (casada con Luis de Sayes —I—); jud.; penit. 1506.
(BENE), Isabel (casada con Fernando de B.); jud.; penit. 1510.
BENET, Joan y su mujer, Ángela Francisca; procurador; de Tortosa; jud.; él, penit.; ella, relax. 1491, 1493, 1508 y 1510.
BENET, Llorenç y su mujer, Isabel; mercader; de Barcelona; jud.; relax. 1491.
BENET, Perot; jud.; penit. 1519 y 1522.
(BENET), Violant, alias la Sorda (casada con Luis B.); de Tortosa; jud.; relax. 1489.
BENVILLA, Esperança (casada con Jordi B.); jud.; penit. 1485 y 1486.
(BERART), Brianda (casada con Galcerán B.); de Teruel; jud.; relax. 1485 y 1486.

BERART, Daniel; mercader; jud.; penit. 1526.
BERLANGA, Martín de; jud.; penit. 1519.
BERNAT, Alfonso; *capser*; jud.; penit. 1516.
BERNAT, Francès y su mujer, Blanca; jud.; penit. 1509 y 1510.
BERNICH, Leonart; tejedor; jud.; penit. 1522 y 1525.
BERIA, Fernando; jud.; penit. 1526.
BERIA, Johan de y su mujer, Úrsula; *paraire*; de Liria; jud.; relax en estatua. 1526.
BERIA, Salvador; mercader; jud.; relax. 1526.
BESANT, Brianda (casada con Luis de Santangel —I—); de Teruel; jud.; relax. 1484 y 1486.
BESANT, Donosa (casada con Antoni Roiz —I—); de Teruel; jud.; relax. 1484, 1486 y 1487.
BESANT, Gonzalo; jud.; penit. 1502 y 1515.
BESANT, Joan; jud.; penit. 1508.
BESANT, Pau; mercader; de Teruel; jud.; relax. 1484, 1486, 1503, 1507, 1509 y 1510.
BESANT, Tolsana (casada con Joan Gracián); jud.; penit. 1521.
(BESÒS), Blanquina (casada con Pere B.); jud.; relax. 1506.
BIABRERA, Brianda (casada con Luis Tagamanent —I— y hermana de Gaspar B. —I—); de Teruel; jud.; relax. 1487.
BIABRERA, Gabriel; mercader; de Teruel; jud.; relax. 1487 y 1509.
BIABRERA, Gaspar (hermano de Brianda B. —I—); sastre; jud.; relax. 1487, 1488, 1489, 1490, 1506, 1507, 1509, 1510, 1512 y 1515.
BIABRERA, Jaume y su mujer, Leonor; jud.; relax. 1488, 1506, 1509 y 1512.
BIABRERA, Jaume; *argenter*; jud.; relax. 1488, 1506, 1509, 15512 y 1518.
BIABRERA, Joan; *capoter*; jud. penit. 1514.
BIABRERA, Luis de; escudero; jud.; relax. 1514.
BLANCH, Aldonça (casada con Rafael de Libia —I—); jud.; relax. en estatua. 1499.
BLANCH, Bernat; jud.; relax. 1509.
BLANES, Alfonso de; *torcedor de seda*; jud.; penit. 1526 y 1527.
BLANES, Fernando y su mujer, Violant; *teixidor*; jud.; penit. 1485 y 1486.
BLANES, Francès (hijo de Leonor Blanes —I—); *velluter*; jud.; penit. 1528 y 1530.
BLANES, Guillem; *teixidor*; jud.; penit. 1485 y 1502.
BLANES, Jaime y su mujer, Leonor; tejedor; jud.; penit. 1509.
BLANES, Leonor (madre de Francès Blanes —I—); jud.; relax. 1528.
BLANES, Yolant (casada con Bernat de Santafe); jud.; penit. 1528 y 1530.
BLAY, *micer*; mercader; luterano; penit. 1524.
BOGA, Francès y su mujer, Yolant; *corredor d'orella*; jud.; penit. 1524 y 1525.
BOGA, Pere; corredor; jud.; relax. 1500, 1504, 1506 y 1515.
(BOIL), Aldonça (casada con Daniel B., tejedor); jud.; relax. 1506.

Boil, Blanca (casada con Miquel Manrana —I—); de Gandia; jud.; relax. 1485, 1503, 1505, 1506, 1507, 1511, 1512 y 1515.
Boil, Damiata (casada con Manuel Sparça); jud.; penit. 1485.
Boil, Francisca (casada con Gabriel March Boil); jud.; relax. 1500 y 1501.
Boil, Gabriel; jud.; penit. 1486.
Boil, Galcerán; velero; jud.; absuelto 1485 y 1487.
(Boil), Isabel, alias la Boyla (viuda de Gabriel B.); jud.; penit. 1485, 1487, 1518, 1526.
Boil, Joan y su mujer, Leonor; *seder*; de Teruel; relax. 1485 y 1487.
Boil, Luis; *argenter*; de Gandia; jud.; relax. 1506 y 1521.
Boil, Pere y su mujer, Violant; *teixidor de seda*; de Orihuela; jud.; relax. 1490, 1497, 1509, 1510, 1521 y 1526.
(Boil), Sperança (casada con Jaime B.); jud.; penit. 1485.
Boil, Úrsula (casada con Galcerán March); jud.; penit. 1485.
(Boil), Yolant (casada con Pere B., *capater*); de Gandia; jud.; relax. 1506, 1521 y 1526.
(Boil), Yolant, viuda; jud.; relax. 1527 y 1528.
Bonafonat, Aldonça; jud.; penit. 1518.
Bonafonat, Luis; jud.; penit. 1485.
Bonanat, Aldonça; jud.; penit. 1514 y 1518.
(Bonaventura), Angelina (casada con Jaume B.); jud.; penit. 1485.
Bonavida, Diego y su mujer, Aldonça; *botiguer*; de Murcia; jud.; penit. 1520, 1521 y 1524.
(Bonavida), Leonor (casada con Joan B.); hereje; relax. 1527 y 1528.
Bonet, Francès y Violant; sastre; jud.; penit. 1485.
Bonet, Gostança; jud.; penit. 1528.
Bonet, Rafael y su mujer, Isabel; sastre; jud.; relax. 1511.
Bonet, Salvat, ciego y su mujer, Gostança; jud.; relax. 1521.
Boniverna, Joan; jud.; penit. 1518.
Boniverna, Johana (casada con Joan Salvador); jud.; relax. 1513, 1514, 1516, 1517 y 1518.
Boniverna, Úrsula (casada con Francès Sanchis, *baxador*); jud.; penit. 1514.
Bonjorna, Isabel (casada con Luis Tristany —I—); jud.; penit. 1521.
Bonjorna, Isabel (casada con Bonvehí, lencero); jud.; relax. 1497.
Bonjorna, Joane; jud.; relax. 1514, 1516, 1517 y 1518.
(Bonvehi), Clara (casada con Gilabert de B. —I—); jud.; penit. 1485.
Bonvehi, Gabriel; velero; jud.; penit. 1485 y 1530.
Bonvehi, Gaspar; corredor; de Xàtiva; jud.; penit. 1485.
Bonvehi, Gilabert de (casado con Clara B. —I—); jud.; relax. en estatua 1486, 1491, 1495, 1502, 1503 y 1509.
Bonvehi, Jaume (casado con Violant Guasch); jud.; penit. 1485.
(Bonvehi), Joana (casada con Gabriel B.); jud.; penit. 1502.
Bonvehi, Manuel; corredor; jud.; relax. 1511 y 1512.

BONVEHI, Pere; notario; de Gandia; jud.; penit. 1506 y 1521.
BONVEHI, Úrsula (casada con Lois Nadal —I—); jud.; penit. 1485.
(BORJA), Graciosa (casada con Fernando de B.); jud.; penit. 1485.
(BORJA), Isabel (casada con Manuel B.; tejedor); jud.; penit. 1514 y 1520.
BORJA, Joan de y su mujer, Gracia; jud.; penit. 1485.
(BORRAS), Blanquina (casada con Jaume B.; corredor); jud.; relax. 1497 y 1510.
BORRAÇ, Galceran; *botiguer*; de Concentaina; jud.; relax. 1515, 1520 y 1522.
(BORRAS), Leonor (casada con Luis B.); de Xàtiva; jud.; relax. 1506 y 1515.
BORRIANA, Isabel (casada con Luis Tristany —I—); jud.; penit. 1486.
BOSCH, Aldonça (casada con Galceran Gomis); jud.; penit. 1486.
BOSCH, Antoni; jud.; penit. 1510.
BOSCH, Benvenguda (casada con Francès Tristany —I—); de Gandia; jud.; relax. 1485, 1503, 1505, 1511, 1512 y 1515.
BOSCH, Jaume; de Gandia; jud.; relax. 1506, 1511, 1512 y 1521.
BOSCH, Jofre (casado con Leonor Tristany —I—); *seder*; de Gandia; jud.; relax. 1502, 1505, 1506, 1509, 1511 y 1512.
BOSCH, Jofre y Yolant; *corredor de torn*; de Gandia; jud.; relax. 1517, 1521 y 1525.
BOSCH, Lois y su mujer, Beatriu; jud.; penit. 1485.
BOSCH, Pere; jud.; penit. 1485.
BOTONER, Miquel; jud.; relax. 1526.
(BOU), Aldonça (casada con Manuel B.); jud.; penit. 1499.
BOU, Beatriu, alias Ferrándiz; jud.; penit. 1514.
BOU, Castellana; jud.; penit. 1486.
BOU, Isabel (casada con Luis Alcanys); jud.; penit. 1502.
BOU, Joan; jud.; penit. 1486.
BOU, Perot y Gracia; portero; jud.; penit. 1514 y 1516.
BOU, Rosa; jud.; penit. 1486.
(BOU), Tolsana (casada con Pere B.); jud.; relax. 1492.
BOU, Tolsana (casada con Lois Nadal, *botiguer*); jud.; relax. 1491, 1498 y 1506.
(BRUNA), Beatriz Maria, alias la Bruna (casada con Antonio B.); *pellicera*, jud.; penit. 1516, 1517 y 1520.
BRUNA, Isabel (casada con Antoni Starlich, *capoter*); jud.; penit. 1513.
BRUNA, Johan; médico; jud.; 1499.
BUESA, Isabel; beata; relax.; jud. 1516.
BUNYOLERA, Johana la; jud.; penit. 1513 y 1514.
BURGO, Francisco; jud.; penit. 1486.
(BURGOS), Coloma (casada con Mateu B.); jud.; penit. 1509.
BURGUES, Antoni y su mujer, Simona; de Tortosa; jud.; penit. 1491 y 1508.

BURGUES, Pere, menor; de Tortosa; jud.; relax. en estatua 1491, 1492 y 1503.

(CABANES), Isabel (casada con Bernat C.); jud.; penit. 1485.
CABANYERO, Joan; *botiguer* de drogas; de Orán; jud.; relax. 1519, 1520, 1521 y 1522.
CABANYERO, Luis; jud.; penit. 1490.
(ÇABATA), Aldonça (casada con Jaume C.); jud.; penit. 1514.
ÇABATA, Daniel (casado con Elionor Çaragoça y hermano de Manuel Ç. —I—); jud.; relax. en estatua 1491, 1493, 1497, 1498, 1499, 1500, 1506, 1507 y 1509.
ÇABATA, Gabriel; jud.; relax. 1512.
(ÇABATA), Isabel (madre de Joan Ç. —I—); jud.; penit. 1527 y 1528.
ÇABATA, Joan (hijo de Isabel Ç. —I—); jud.; penit. 1527 y 1528.
ÇABATA, Manuel y Aldonça (hermano de Daniel Ç. —I—); mercader; jud.; relax. 1492, 1493, 1497, 1499, 1502, 1509, 1512 y 1516.
ÇABATA, Manuel y su mujer, Esperança; jud.; relax. 1511, 1517 y 1527.
ÇABATA, Sperança (casada con Joan Munyoz, médico —I—); jud.; relax. 1511 y 1512.
(ÇABATA), Violant (casada con Gabriel Ç.); jud.; penit. 1485.
ÇABATER, Juan o fray Juan Carni del monasterio de Montserrat; religioso-casado; penit. 1507.
CABELLO, Mari; hechicería; penit. 1528.
(CABRERA), Aldonça (casada con Bernat C.); jud.; penit. 1514, 1515 y 1520.
CABRERA, Beatriu; jud.; penit. 1485.
CABRERA, Galceran y Lionor (padres de Rosa —I— y Violant —I— C.); jud.; penit. 1485.
CABRERA, Gaspar y su mujer; jud.; penit. 1495.
(CABRERA), Isabel (casada con Arcís C.; corredor); jud.; relax. 1511.
(CABRERA), Isabel (casada con Ausias C.); jud.; penit. 1511.
CABRERA, Ramón; jud.; penit. 1485.
CABRERA, Rosa (hija de Galceran C. —I— y hermana de Violant C. —I—), jud.; penit. 1485.
CABRERA, Violant (hija de Galceran C. —I— y hermana de Rosa C. —I—); jud.; penit. 1485.
ÇAERA, Leonor (casada con Leonart Pujol); jud.; penit. 1487.
ÇAFRABEGUES, Esperança; hechicería, relax. 1515.
ÇAHAT, Aliadi; moro; de Mocastre; *moriscat*; 1522.
CALAHORRA, Beatriu; jud.; relax. 1514 y 1516.
CALATAYUD, Francès de y su mujer, Na Parda; jud.; relax. 1495, 1496, 1499 y 1510.
CALDERETA, Angelina (casada con Bartolomé de Leonis —I—); jud.; 1485, 1487 y 1497.
CALDOYRO, Berenguer; blasfemia; penit. 1485.

CALDOYRO, fray Juan; fraile de la Santa Trinidad; penit. 1528.
(CALP), Caterina (casada con Manuel C. —I—); jud.; penit. 1520.
CALP, Manuel (casado con Caterina C. —I—); jud.: corredor; relax. 1520 y 1521.
CALVO, Pedro; notario; de Sabolayes; fautoría; relax. 1499.
CAMARGO, Ferrando; seguero; jud.; 1526.
CAMBRA, Martin de la; de Gandia; blasfemia; relax. 1515.
CANELLA, Leonor (casada con Pere Moreno —I—); jud.; relax. 1509.
CANIZAR, Joan; de Tortosa; jud.; 1510.
CAÑETE, Juan (o juan HORTELANO); corredor de oro; de Cañete; proposiciones heréticas; relax. 1530.
CAPDEVILA, Frare Luis; de Poblet; renegado; penit. 1511.
CAPELL, Isabel, alias Clarí(a); jud.; penit. 1514.
CAPELLA, Castellana (casada con Jeroni Manrana —I—); de Gandia; relax. 1488, 1491, 1512, 1513, 1514, 1519, 1520 y 1521.
CAPELLA, Leonor, alias March; jud.; 1501 y 1502.
CAPELLA, Nicolau; notario; jud.; 1488 y 1491.
ÇAPENO, Luis; *mestre*; jud.; penit. 1509.
ÇAPORTA, Salomón; de Sagunto; jud.; relax. 1488.
CAPOTE, Antoni; de Tortosa; jud.: relax. 1486.
CAPUJADES, Arnau; jud.: penit. 1484.
ÇARAGOÇA, Andreu; *rajoler*; jud.; 1490 y 1508.
ÇARAGOÇA, Gabriel (casado con Gracia Mas —I—); corredor; jud.; relax. 1516 y 1521.
ÇARAGOÇA, Joan y su mujer, Agnes; de Gandia; jud.; relax. 1521.
ÇARAGOÇA, Joan y su mujer, Ursula; *lister*; de Teruel; relax. 1487, 1488 y 1491.
ÇARAGOÇA, Joan y su mujer, Ursula; *seder*; de Gandia; jud.; relax. 1507, 1509, 1516, 1520 y 1521.
ÇARAGOÇA, Rafael; mercader; jud.; relax. 1511 y 1512.
ÇARAGOÇA, Yolant (casada con Joanot Sanç); de Gandia; jud.; 1520.
ÇARAGOÇA, Yolant (casada con Jeroni Guitart); jud.: relax. 1526 y 1528.
ÇARAGOÇANO, Andreu; jud.: 1503 y 1508.
CARAVANYA, Luis; de Xàtiva; jud.; 1491.
CARBO, Bertomea (casada con Pere Arbos); de Barcelona; jud.; 1513.
CARBO, María; *tonyinera*; jud.: penit. 1514, 1516 y 1518.
(CARBO), Teresa (casada con Pere C., mercader); jud.; relax. 1511 y 1514.
CARBONELL, Advast (casado con Sperança March —I—); jud.; 1485.
CARBONELL, Beatriu (casada con Joan Ferrer —I—); jud. 1485 y 1501.
CARBONELL, Manuel; jud.; 1485.
CARBOTO, Macià; *tonyiner*; jud. 1518.
CARCASONA, Gabriel; jud.; penit. 1521.
CARDONA, Galceran; jud.; 1504.

CARDONA, Isabel (casada con mestre Jaume Viviach, zurrador); jud. 1529.
CARDONA, Johan y su mujer, Damiata; notario; jud.; relax. 1502, 1510, 1528 y 1529.
CARDONA, Leonart; *paraire;* jud. 1511.
CARDONA, Leonor (casada con Miguel Guasch —I—); jud.; penit. 1512.
CARDONA, Sperança (casada con Andreu Asensi —I—); fautoría; relax. 1510.
CARDONA, Úrsula (casada con Ramón Seguer); jud.; relax. 1526.
CARDOS, Giego; jud.; 1510.
CARMONA, Fernando; tintorero; de Mislata; jud.; penit. 1516, 1517 y 1527.
CARNICER, Joan; de Tortosa; jud.; relax. 1486.
CARRION, Ana; jud.; relax. 1530.
CARROZ, Juan; criminal; relax. 1507.
CARTERA, Joana (casada con Gabriel Dolcet —I—); jud.; penit. 1509.
CASES, Francès; mercader; jud.; penit. 1500 y 1501.
CASES, Gabriel y su mujer, Brianda; *especier;* jud.; 1485 y 1486.
CASES, Jeroni; velero; jud.; penit. 1524 y 1526.
CASES, Pau (casado con Isabel Dura —I—); corredor; jud. 1485 y 1486.
(CASES), Úrsula (casada con Gabriel C., mercader), jud. 1485 y 1486.
(CASTELL), Aldonça (casada con Rafael C., tejedor de seda); jud.; penit. 1514 y 1518.
CASTELL, Brianda; jud.; penit. 1518 y 1519.
(CASTELL), Leonor (casada con Luis C., sabater); jud. 1517.
CASTELL, fray Pere; pobre; penit. 1506 y 1510.
CASTELLANA, Francesca (casada con Jaume de Prades); jud.; absuelta, 1514.
CASTELLAR, Aldonça (hija de Joan C.; casada con Frances Joan, sedero y luego con Galceran Nadal); jud.; relax. 1498, 1499, 1508 y 1509.
CASTELLAR, Antoni; *moriscat;* penit. 1512.
CASTELLAR, Beatriu (hija de Bertomeu C. —I—); jud.; 1485.
CASTELLAR, Bertomeu y su mujer, Violant (padres de Beatriu C. —I—); *botiguer;* jud.; 1845.
CASTELLAR, Bertomeu; *escrivent;* jud.; 1514.
(CASTELLAR), Blanquina (casada con Joan C.); jud.; 1506.
CASTELLAR, Francès (casado con Yolant Salvador —I—); velero; jud.; penit. 1521, 1522; 1523 y 1524.
CASTELLAR, Francès, alias Abraham y su mujer, Isabel; librero; de Almería; jud.; relax. 1485, 1492, 1501, 1521, 1522, 1523 y 1524.
CASTELLAR, Galceran y su mujer, Rica; notario; jud. 1502.
(CASTELLAR), Gostança (casada con Francès C.); jud.; relax. 1524.
(CASTELLAR), Gracia (casada con Joan); jud.; 1485.

CASTELLAR, Guillem (casado con Isabel Cerda —I—); mercader; jud.; penit. 1487, 1489, 1495 y 1528.
CASTELLAR, Joan; jud.; relax. 1489, 1490, 1491, 1492, 1502, 1506 y 1515.
CASTELLAR, Perot y su mujer, Isabel, velero; jud.; relax. 1497, 1498, 1509, 1510 y 1526.
CASTELLAR, Salvador y su mujer, Ángela; jud.; relax. 1528 y 1530.
CASTELLAR, Ventura (casada con Frances de Proxita —I—); jud.; penit. 1485 y 1486.
(CASTELLAR), Violant (casada con Jaume C.); jud.; penit. 1485.
CASTELLBELL, Isabel, alias Nas de Paper; jud.; 1507.
(CASTELLO), Aldonça (casada con Luis C. —I— y madre de Beatriz —I— e Isabel —I—); jud.; penit. 1495, 1497 y 1510.
CASTELLO, Beatriz (casada con Gabriel Dolcet —I—); jud. 1485.
CASTELLO, Beatriu (casada con Luis Pardo; hija de Luis —I— y Violant —I— C. y hermana de Isabel —I—); jud.; penit. 1497 y 1502.
CASTELLO, Benvenguda; de Gandia; jud.; relax. 1511.
CASTELLO, Gentil (casada con Salvador Pardo); jud.; relax. 1485, 1486, 1489 y 1492.
CASTELLO, Isabel (casada con Rafael Pardo; hija de Luis —I— y Violant —I— C.; y hermana de Beatriu —I—); jud.; penit. 1497.
CASTELLO, Jaume; jud.; 1485.
CASTELLO, Johan; *botiguer*; de Mallorca; jud.; relax. 1512 y 1520.
CASTELLO, Luis (casado con Aldonça C. —I— y padre de Beatriu —I— e Isabel —I—); notario; jud.; 1487.
CASTELLO, Pere; corredor; jud.; penit. 1514.
CASTELLO, Rafael; *carnicer*; jud.; penit. 1519 y 1522.
CASTILLO, Aldonça del (casada con Joan Castellar); jud.; absuelto 1485, 1507 y 1519.
CASTILLO, Alonso del; mercader; jud.; relax. 1497, 1499 y 1502.
(CASTILLO), Angela del (casada con Ausias del C.); jud.; relax.
CASTILLO, Brianda (casada con Pere Leonart); jud. 1485.
CASTILLO, Fernando y su mujer, Elvira; jud. 1485.
CASTILLO, Francina, alias Riera; viuda; jud.; penit. 1524 y 1525.
CASTILLO, Joan y su mujer, Leonor; *botiguer de lens*; jud.; penit. 1511.
(CASTILLO), Leonor (casada con Nicolau C.); jud.; 1485.
CASTRO, Pere de; clérigo; 1501.
CATALÀ, Gaspar y su mujer, Sperança; *argenter*; jud.; 1485.
CATALÀ, Jieronimo; albardero; morisco; relax. 1523 y 1524.
CATALÀ, Joan (casado con Isabel Torrijos —I—); *guarda de camins*; jud.; penit. 1521 y 1526.
CATALÀ, Jaume y su mujer, Isabel; jud.; 1485.
CATALÀ, Joan; seder; jud.; 1499.
(CATALÀ), Joana (casada con Daniel C.); jud.; penit. 1485.
CATALÀ, Martí; notario; jud.; relax. 1509.
CATALÀ, Nicolau; jud.; 1485.
CATALÀ, Oliver y su mujer, Isabel; jud.; 1485.

CAUDÈT, Gabriel; de Segorbe; jud.; penit. 1490.
CAVALLER, Louis; sastre; jud.; relax. en estatua 1511.
CELMA, Àngela (casada con Daniel Ginestar —I—); jud.; penit. 1485.
CELMA, Felip; negro; de Albarracín; jud.; penit. 1493, 1502 y 1503.
CELMA, Francina (casada con Luis de Bou, tejedor); fautoría; relax. 1509, 1510, 1521 y 1522.
CELMA, Gabriel; palabras heréticas; relax.
CELMA, Galceran y su mujer, Úrsula; jud.; 1485 y 1500.
CELMA, Gonzalbo; *teixidor de vels*; jud.; penit. 1520.
CELMA, Gracia (casada con Jaume Ferrer —I—); jud.; 1526.
CELMA, Isabel (casada con Leonart Jordi —I—); jud.; penit. 1519, 1520, 1522, 1527 y 1528.
CELMA, Isabel (casada con Joan Andreu Rosell —I—); jud.; relax. 1486, 1496 y 1503.
(CELMA), Jerónima (casada con Rafael C.), jud.; relax.
CELMA, Joan (casado con Yolant de La Flor —I—); sedero; jud.; penit. 1506, 1509, 1510, 1511, 1521, 1522, 1524 y 1526.
CELMA, Joan el antiguo y su mujer, Sperança; *botiguer*; jud.; relax. 1497, 1506 y 1509.
CELMA, Leonart y su mujer, Isabel Celma; *botiguer*; de Tarragona; jud.; penit. 1520
CELMA, Luis; mercader; jud.; penit. 1526, 1527, 1528 y 1530.
CELMA, Miguel; de Carcaixent; jud.; 1526.
CELMA, Perot y su mujer, Beatriu; jud.; penit. 1485.
(CELMA), Violant (casada con Francès C.); jud.; 1502.
CENTELLAS, Miguel (hermano de Pedro C. —I—); moriscado; penit. 1506.
CENTELLAS, Pedro (hermano de Miguel C. —I—); moriscado; penit. 1506.
CENTELLES, Domingo Miguel; jud.; 1510.
CENTELLES, Frances; *sabater*; jud.; 1518.
CENTELLES, Violant (casada con Alfonso García); jud.; 1485 y 1486.
CEPELLO, Galceran (casado con Lionor C. —I—); notario; jud.; relax. 1521.
CEPELLO, Jaume; mercader; jud.; relax. en estatua 1499.
(CEPELLO), Lionor (casada con Galceran C. —I—); jud.; relax. 1485.
CEPELLO, Nicolau; notario; jud.; relax. 1487, 1491, 1492, 1493, 1500, 1503, 1510 y 1515.
(CERDÀ), Aldonça (casada con Francès C. —I—); jud.; 1485.
CERDÀ, Francès (casado con Aldonça C. —I—); *peller*; jud.; 1506 y 1510.
CERDÀ, Isabel (casada con Guillem Castellar —I—; jud.; 1485, 1486 y 1510.
CERDÀ, Violant (casada con Gabriel de Bonvehi —I—); jud.
(CERVELLÓ), Damiata (casada con Gueran de C.); jud.; relax. 1500.
(CERVELLÓ), Úrsula (casada con Gueran de C.); jud.; relax. 1500.

CERVERA, Galceran y su mujer, Francina; jud.; relax. en estatua 1493.
CERVERA, Isabel (casada con Gabriel B.); jud.; penit. 1512.
CERVERA, Lois (casado con Violant C. —I—); *teixidor de vels*; jud.; 1493.
CERVERA, Manuel y su mujer, Catarina; jud.; penit. 1485.
CERVERA, Nicolau (casado con Leonor Durá —I—; *teixidor de vels*; jud.; penit. 1521, 1522, 1524, 1526, 1528 y 1529.
CERVERA, Pedro; alguacil de la Inq. de Xàtiva; de Torrente; criminal; penit. 1524 y 1544.
(CERVERA), Violant (casada con Lois C. —I—); jud.; relax. 1500.
CERVERA, Violant (casada con Joan Morell); jud.; 1485.
CERVERÓ, Manuel; familiar; de Cullera; criminal.
CETINA, *mossèn* Miquel; 1510.
CISARÇA, Joan; notario; jud.; penit. 1526.
(CLARAMUNT), Eufrosia (viuda de Pere Cl.); jud.; relax. 1510.
CLARER, Juana; jud.; relax. 1489.
CLARIANA, Galceran; lencero; jud.; penit. 1526 y 1528.
CLARIANA, Isabel; alias Castellana o Chiquilla (casada con Manuel Giner y luego con Miquel Vives —I—; jud.; relax. 1500, 1501, 1503, 1504, 1511, 1514, 1515, 1517 y 1518.
(CLARIANA), Isabel (casada con Bernat Clariana; tintorero); jud.; penit. 1514, 1515, 1517 y 1518.
(CLARIANA), Úrsula (casada con Jaume C.); jud.; 1485.
CLIMENT, Andreu y su mujer, Violant; jud.; 1493 y 1508.
(CLIMENT), Beatriu (viuda de *mestre* Andre Cl., médico); jud.; 1508.
CLIMENT, Bernat; jud., penit. 1485.
CLIMENT, Francina; jud.; penit. 1485.
CLIMENT, Guillem y su madre, de Tortosa; jud. relax. en estatua; 1491, 1493, 1501, 1508 y 1510.
CLIMENT, Jaume; de Tortosa; jud.; relax. en estatua 1493 y 1510.
(CLIMENT), Leonor (casada con Jaume Cl.); de Tortosa; jud.; relax.
CLIMENT, Nicolau; jud.; 1493.
CLIMENT, Perot y su mujer, Bonjorna; mercader; jud.; relax. 1486, 1491, 1492, 1508 y 1510.
CODRILLAS, Matheu; de Pozo; jud.; 1499.
COLOM, Alonso; portero; jud.; relax. 1514.
COLOM, Fernando y su mujer, Mencia; jud.; *sabater*; relax. 1511 y 1514.
COLOM, Johana (hija de Johan C. y casada con Pere Navarro); jud.; relax. 1500.
COLOM, Thomas; mercader; jud.; penit. 1497.
COLOMA, jud.; penit. 1514.
COLOMER, Galceran; peller; jud. 1503.
(COLOMINA), Margarita (casada con Pedro C.); de Alzira; jud.; penit. 1526.

(COMPANY), Magdalena (casada con Sebastiá C.); jud.; penit. 1509.
CONCA, Luis de, y su mujer; Isabel; corredor; jud.; relax. (él) y penit. (ella). 1524, 1526, y 1495 (ella) y 1527 (él).
CONCA, Perot de (casado con Angelina Ballester —I—); jud.; 1485.
(CONCA), Sperança (casada con Alonso de C., sastre); jud.; relax. 1511.
(CONCA), Sperança (casada con Joan de C.); jud.; penit. 1514.
CONCA, Violant (casada con Pere de Torres); jud.; penit. 1485.
CONELLES, Brianda; dona enamorada; 1511.
(CONILL), Aldonça (casada con Baltasar C.); jud.; 1485.
CONILL, Brianda, alias Sanchis (casada con Joan Sanchis —I—); jud.; 1501, 1503, 1511 y 1516.
(CONILL), Isabel (casada con Miguel C., mercader); jud.; 1485.
CONILL, Luis y su mujer, Yolant; jud.; relax. 1507, 1508 y 1509.
CONQUES, Elfa (casada con Joan Garces —I—); de Teruel; jud.; 1516.
(CONQUES), Margarida (casada con Pere C. y luego con Johan Vizcaino); jud.; 1493.
CORBIN, Gaspar; *ferrer*; de Castellfabib; jud.; penit. 1524.
CORBIN, Miguel; presbítero; de Castellfabib; jud.; penit. 1524.
CÓRDOVA, Diego; jud.; penit. 1509.
(CÓRDOVA), Elvira (casada con Fernando de C., *argenter*); jud.; penit. 1512 y 1513.
CORELLA, Francès y su mujer, Beatriu; tejedor de seda; jud.; relax. (él) y penit. (ella); 1530 ambos y 1520, 1522 y 1523, ella.
CORELLA, Thomas (casado con Violant Gençor —I—); jud.; 1485.
(CORELLA), Úrsula (casada con Joan C. y madre de Isabel Amorós —I—); jud.; relax. 1482, 1489, 1492 y 1500.
CORNELIO; pintor de retablos; de Gante, residente en Valencia; luterano; relax. 1529.
CORTÉS, Gabriel; *calcetero*; jud.; penit. 1524.
CORTILLES, Aldonça y su madre (casada con Guillem Monço y hermana de Francès C. —I—); jud.; penit. 1485.
(CORTILES), Brígida (casada con Bernat C.); jud.; 1491.
CORTILLES, Francès y Aldonça, su mujer (ella sobrina de Bernat —I— y Violant —I— Porta); notario; jud.; relax., en estatua 1512 y 1514.
CORTILLES, Guillem; *teixidor de seda*; jud.; relax. 1502.
CORTILLES, Isabel y sus hijos (casada con Gueran Lopis); de la Alquería; jud.; relax. 1513 y 1514.
CORITLLES, Joan y su mujer, Angelina; jud.; relax. 1515.
(CORTILLES), Leonor (casada con Salvador C., notario); jud.; relax. 1511 y 1514.
CORTILLES, Perot; jud.; penit. 1513 y 1514.
CORTILLES, Ursula (casada con Tristán de Roca; *argenter*); de Gandia; jud.; 1512.
CORULLOS, Angelina (casada con Joanot Cotillas); jud.; 1512.
COSCOLLA, Aldonça; jud.; relax. 1528.

(COSCOLLA), Berengueda (casada con Joan C.); de Gandia; jud.; 1521.
COSCOLLA, Damiata (casada con Joan Arenós —I—); jud.; 1485.
COSCOLLA, Francès (casado con Isabel Falcón —I—); de Alzira; jud.; penit. 1501, 1510 y 1526.
COSCOLLA, Gostança; jud.; relax. 1528.
COSCOLLA, Isabel (casada con Manuel Trullols); jud.; 1485.
COSCOLLA, Luis (casado con Úrsula Manrana —I—); *argenter*; jud.; penit. 1528 y 1530.
COSCOLLA, Pere (casado con Leonor Francès —I—); notario del Mestre Racional; jud.; relax. 1528, 1529 y 1530.
COSCOLLA, Violant (casada con Leonart Durá —I—); jud. 1485 y 1528.
COSTA, Ausias, alias Alpicat (casado con Isabel Alcanyiz —I—); notario; de Xàtiva; jud.; penit. 1510, 1518, 1520, 1524 y 1530.
COSTA, Francès; *calceter*; de Xàtiva; jud.; relax. 1489, 1490, 1491, 1493, 1501, 1502, 1503, 1504 y 1509.
COSTA, Gaspar (hijo de Luis C. —I—); de Xàtiva; jud.; penit. 1485.
COSTA, Joan; *tonyiner*; jud.; penit. 1514.
COSTA, Joan; notario; jud. 1505.
COSTA, Luis (casado con Yolant Alcanyz —I— y padre de Gaspar C. —I—); *apotecari*; de Xàtiva; jud.; penit. 1485, 1510, 1518 y 1520.
(COSTA), Úrsula (casada con Guillem C.); jud.; penit. 1513.
(COVES), Caterina (casada con Joan C.; *scrivent*); jud.; relax. 1500.
CRISTIA, Gabriela (casada con Antoni Lluch; labrador); jud.; penit. 1512.
CRISTIA, Isabel, alias Martínez; jud.; penit. 1512.
CRUELLES, Isabel (casada con Pedro de Almansa; jud.; relax. 1495.
(CUBELLS), Delfina (casada con Antoni C.; *assaunador*); jud.; relax. 1513 y 1520.
CUBELLS, Isabel (casada con Gaspar Redó, velero); jud.; penit. 1504, 1515 y 1519.
CUBELLS, Jaime; *matalafer*; jud.; penit. 1512 y 1518.
CUBELLS, Pedro; *matalafer*; blasfemia; relax. 1515.
CUENCA, Alfonso de; *giponer*; jud. 1506.

CHAVES, Juan de; hechicería; relax. 1512.
CHIPRE, Joan; canónigo; de Segorbe; jud.; relax. 1492 y 1493.

DALMAU, Joan y su mujer, Isabel; jud.; penit. 1485.
DALMAU, Luis y su mujer, Brianda; *botiguer*; jud.; penit. 1485.
DALMAU, Miguel; corredor; jud.; relax. 1497 y 1510.
DAMIATA, doncella; jud.; penit. 1520.
DAROCA, Gabriel; jud.; penit. 1528.
DAROCA, Tristany; jud.; penit. 1485.
(DAROCA), Violant (casada con Gabriel D.); jud.; penit. 1485.

Dauder, Angelina (casada con Manuel Salvador —I—); jud.; relax. 1485 y 1509.

Dauder, Gabriel y su mujer (padres de Úrsula, casada con Joan Moncada, *seder* —I—, y de Gostança —I—); de Teruel; jud.; relax. 1486, 1497 y 1498.

Dauder, Gostança (hija de Gabriel D. —I— y casada con Pau Gabriga, *veler* y luego con Pere Nicolau, corredor); jud.; 1485; 1523 y 1528.

Delart, Isabel; jud.; penit. 1515.

Delart, Pere y su mujer, Ángela; *tintorer*; jud.; penit. 1516.

Delgado, fray Agostín; penit. 1528.

Delgado, Alfonso; *assaonador*; criminal; relax. 1490 y 1492.

Delgado, Bernat y su mujer, Beatriu; *corredor d'or*; jud.; relax. 1512, 1513, 1514, 1515, 1516 y 1521.

Delgado, Diego; *carnicer*; jud.; relax. 1511 y 1514.

Delgado, García y su mujer; jud.; penit. 1498, 1499 y 1506.

Delgado, Gonzalo; corredor; jud.; relax. 1503 y 1506.

Delgado, Joan y su mujer, Gracia; *corredor d'or*; de Teruel; jud.; relax. (él) y penit. (ella) 1493, 1500, 1510, 1511, 1513 y 1514.

Delgado, Pedro, y su mujer, Mencia; portero; jud.; relax. 1498, 1499, 1504, 1506 y 1514.

Dequete, Joana; jud.; penit. 1514.

Desfar, Joana (casada con Jaime Frances —I—; notario); jud.; relax. 1492, 1493 y 1504.

Despuig, Aldonça (hermana de Valençana D. —I—); jud.; penit. 1499, 1521, 1522, 1525 y 1528.

Despuig, Bernat; mercader; de Orihuela; jud.; penit. 1522, 1523, 1525, 1526 y 1528.

(Despuig), Celestina (casada con Tomás D.; mercader); jud. 1508.

Despuig, Gracia (casada con Joan Escolano —I—); jud.; 1491, 1495, 1497, 1502, 1503 y 1504.

(Despuig), Isabel (casada con Rafael D.); jud.; penit. 1485 y 1486.

Despuig, Jaume; de Murcia; jud.; penit. 1522.

Despuig, Joan; mercader; de Albarracín; jud.; relax. en estatua 1488, 1489, 1493, 1501, 1502 y 1504.

Despuig, Joan; mercader; de Orihuela; jud.; penit. 1522, 1523 y 1528.

Despuig, Leonor; doncella; jud.; penit. 1527.

Despuig, Valençana (hermana de Aldonça D. —I—); jud.; relax. 1522, 1525 y 1528.

Despuig, Violant (casada con *micer* Francesch Palau); de Tortosa; jud.; penit. 1482.

Diez, Álvaro y su mujer, Violant; músico; de Teruel; jud.; relax. 1486, 1487, 1491, 1498, 1502 y 1508.

Diez, Caterina; jud.; relax. 1510 y 1511.

Diez, Gaspar (casado con Johana D. —I—); mercader; jud.; relax. 1517, 1518 y 1519.

(DIEZ), Johana (casada con Gaspar D. —I—); jud. 1514.
DIEZ, Leonor; blasfemia; penit. 1528.
DIEZ, Miquel y su mujer, Beatriu; *teixidor de vels*; jud.; relax. 1521, 1522, 1523 y 1531.
DIONIS, *mestre* Baltasar (hermano de Sperança D. —I— y casado con Isabel Roca —I—); pintor; jud.; relax. 1514, 1520, 1521 y 1527.
DIONIS, Bertomeu; *calderer*; de Teruel; jud.; penit. 1485.
DIONIS, Esperança; doncella (hermana de Baltasar D. —I—); jud.; penit. 1520 y 1527.
DIXAR, Joana; jud.; penit. 1500.
DOLÇ, Gabriel; jud.; penit. 1485.
DOLÇ, Gracia (casada con Francès Scrivà); jud.; penit. 1485.
DOLÇ, Jayme y su mujer, Violant; mercader; de Teruel; jud.; penit. 1517, 1518 y 1520.
DOLÇ, Pere; *tintorer*; jud.; penit. 1520.
DOLÇ, Yolant (casada con Jaume Almenara —I—); jud.; penit. 1518.
DOLÇ, Violant (hija de Damiata D. —I—); jud. 1501.
DOLÇ, Damiata (madre de Violant D. —I—); jud. 1502.
DOLESA, Pere y su mujer, Aldonça; jud.; penit. 1485 y 1486.
DOMÉNECH, Ferrer; mercader; jud.; relax. 1487, 1489 y 1492.
DOMÉNECH, Joan y su mujer, Violant; corredor de oro; jud.; relax. 1492 y 1493.
DOMINGO, Joan menor y su mujer, Violant; *paraire*; de Sagunto; jud.; relax. 1493 y 1516.
DOMÍNGUEZ, Bertomeu; *veler*; de Teruel; jud.; penit. 1485.
DONZELL, Yolant (casada con Francès Mas; *corredor d'orella*); jud.; 1512 y 1518.
DRAPER, Isabel (casada con Luis Puig); jud.; 1516.
(DRAPER), Violant (casada con Luis D.); jud.; penit. 1485 y 1486.
DURA, Beatriu, alias de Tovar (casada con Joan de Tovar); de Sevilla; jud.; penit. 1528 y 1529.
DURA, Isabel (primera mujer de Pau Cases —I—); jud.; 1491 y 1502.
DURA, Joan y su mujer, Coloma; corredor de oro; de Teruel; jud.; penit. 1485, 1487, 1497 y 1498.
DURA, Leonart (casado con Violant Coscolla —I—); jud.; relax. 1485 y 1528.
DURA, Leonor (casada con Nicolau Cervera —I—); jud.; relax. 1521, 1528 y 1529.
DURÁN, *mossèn* Francisco; presbítero; de Teruel; jud.; penit. 1528.
DURÁN, Jaume; *paraire*; de Teruel; jud.; relax. 1528.

EICHART, Gabriel; jud.; penit. 1485.
ELART, Felipe; *velluter*; bigamia y jud.; relax. 1530.
ELVIRA, mujer de Ferrando; jud.; 1514.

Escolano, Joan (casado con Gracia Despuig —I—); mercader; de Segorbe; jud.; 1491, 1495, 1497, 1501, 1502, 1503 y 1504.
Escolano, Sperança; jud.; penit. 1524.
Escriva, Beatriz (casada con Diego de Montemayor); jud.; penit. 1528.
(Escriva), Brianda (casada con Jaime E.); jud.; 1509 y 1510.
(Escriva), Isabel (casada con Jaume E.; *lencer*); jud.; 1506.
(Escriva), Isabel (casada con Bertomeu E.); de Oliva y habitante en Valencia; jud.; relax. 1516, 1520 y 1521.
Escriva, Lois (casado con Graciosa Tori —I—); jud.; penit. 1485.
Esperonera, Isabel la; jud.; 1520.
Espuig, Aldonça (hermana de Violant —I— y de Beatriu —I—); jud.; 1499.
Espuig, Beatriu (hermana de Aldonça —I— y de Violant —I—); jud.; 1499.
Espuig, Violant (hermana de Aldonça —I— y de Beatriu —I—); jud. 1499.
Esquelles, Rafael; *teixidor*; jud.; relax. 1497 y 1510.
Estrada, Gonzalbo; de Sevilla; jud.; 1500 y 1504.
Estrada, Pedro; jud.; penit. 1526 y 1530.
Estranya, Galceran; *cavaller*; jud.; penit. 1526.

Fabra, Francina (casada con Antoni Gascó); jud.; penit. 1497 y 1512.
Fabra, Francisco; platero; jud.; absuelto 1507.
Fabra, Joanot (casado con Violant Tori —I—); sastre; jud.; 1497.
Fabra, Pere (casado con Violant Pujades —I—); *giponer*; jud. 1485 y 1497.
Falco, Francès, alias Bounin; *botiguer*; de Tortosa; jud.; relax. 1491, 1493 y 1508.
(Falco), Francisca (casada con Luis F.; *vanover*); jud.; relax. 1500.
Falcón, Isabel (casada con Francès Coscolla —I—), alias Coscollana; de Alzira; jud.; relax. 1512, 1514, 1517, 1526, 1527, 1528 y 1530.
Falcón, Joanot; *calceter*; de Tortosa; jud.; relax. en estatua 1508, 1510, 1511 y 1514.
Falcó, Pere; jud.; penit. 1485.
Falgi, Francisca; jud.; penit. 1512.
Faro, Ferrando; *vanover*; jud.; penit. 1485.
Farmana, Luis y su mujer, Florença; *tintorer*; de Xàtiva; jud. 1493.
Fayos, Gaspar; *corredor d'orella*; jud.; 1520.
Fayos, Marti y su mujer, Violant; corredor; jud.; 1518.
Fea, Maria la (casada con Beneyto el Feo); jud.; penit. 1520.
Felip, Francesch y su mujer, Francina (padres de Francina —I— y Leonor —I—); de Tiviça; jud.; relax. en estatua 1486, 1491, 1508 y 1510.
Felip, Francina (hija de Francesch —I— y Francina —I— F.); de Tiviça; jud. 1492.

FELIP, Leonor (hija de Francesch —I— y Francina —I—); de Tiviça; jud. 1492.
FELIP, Guillem; de Tiviça; jud.; relax. en estatua 1486, 1491, 1492 y 1508.
FELIPA, la Negra; esclava liberada; jud.; relax. 1494.
(FENOLL), Blanquina (casada con Manuel F.); jud.; penit. 1485.
FENOLL, Gaspar; sastre; jud.; relax. 1511.
FENOLLAR, Joan; jud.; relax. 1510.
FENOLLOSA, Ángela (casada con Luis Serra; mercader); jud.; penit. 1510.
FENOLLOSA, Francès (casado con Gracia Boil —I—); jud.; penit. 1485.
FENOLLOSA, Gabriel (casado con Esperança Pintor —I—); mercader; penit. 1498.
FENOLLOSA, Isabel (hija de Luis F.); jud.; penit. 1485, 1486 y 1491.
FENOLLOSA, Joan; mercader; jud.; relax. 1502.
FENOLLOSA, Miguel; sastre; jud.; 1518.
FERNÁNDEZ, Luis; velero; jud.; penit. 1523, 1526 y 1529.
FERNÁNDEZ, Manuel; tornadizo; penit. 1502.
FERRÁNDIZ, Alfonso; cambiador; de Oliva; jud.; relax. 1511 y 1514.
FERRÁNDIZ, Alfonso; *espartenyer*; jud.; penit. 1518.
FERRÁNDIZ, Álvaro; portero; jud.; penit. 1522 y 1528.
(FERRÁNDIZ), Catalina (casada con Pere F.); jud.; relax. 1512.
FERRÁNDIZ, Galceran (casado con Leonor March —I—); sastre; de Gandia; jud.; relax. 1493, 1501, 1520 y 1523.
FERRÁNDIZ, Gonzalbo y su mujer, Clara; portero; jud. 1512, 1514 y 1518.
FERRÁNDIZ, Isabel, alias Sevillana; jud.; penit. 1528.
FERRÁNDIZ, Luis; *teixidor*; jud.; penit. 1522 y 1529.
FERRÁNDIZ, Yolant (casada con Manuel Flexa; sastre); jud.; penit. 1516, 1517, 1523, 1524 y 1525.
FERRANDO, Francès y su mujer, Isabel; jud.; penit. 1485.
FERRER, Ángela (casada con *mossèn* Berthomeu Figuerola; *cavaller*); jud.; penit. 1528.
FERRER, Beatriu (casada con Ferrando Goçalbez); jud. 1500.
FERRER, Benito; *prevere*; herejía; relax. 1515.
FERRER, Bernat; *seder*; jud.; relax. 1509.
FERRER, Blanquina (casada con Gabriel Vives —I—); jud.; penit. 1485.
FERRER, Diego; criado; criminal, 1513.
FERRER, Francesch; jud.; relax. en estatua 1493.
FERRER, Galceran y su mujer, Isabel; *seder*; jud.; penit. 1485.
(FERRER), Graciosa (casada con Jaume F.); jud.; 1511.
FERRER, Isabel (casada con *mossèn* Miguel Celma y luego con Francès Garçola, alguacil de su Majestad); jud.; penit. 1528, 1529 y 1530.
FERRER, Jaumot; tendero de lienzos; de Teruel; jud.; relax. 1486,

1487, 1488, 1489, 1491, 1493, 1495, 1497, 1499, 1500, 1501, 1502, 1503, 1504, 1505, 1506, 1509 y 1515.

FERRER, Jaume (casado con Graciosa Celma —I—); velero; jud.; relax. 1526.

FERRER, Joan (casado con Beatriu Carbonell —I—); mercader; jud.; relax. 1500, 1501 y 1509.

FERRER, Luis y su mujer, Beatriz; jud.; penit. 1509 (él) y 1495 (ella).

FERRER, Manuel; jud.; 1502.

FERRER, Miguel (casado con Gostança Artes —I—); mercader; jud.; relax. en estatua 1485 y 1528.

FERRER, Miguel (casado con Margarita Marti); ciudadano; jud.; penit. 1528 y 1530.

FERRER, Nicolau; jud.; penit. 1485.

FERRER, Pere; sastre; familiar; de Requena; penit. 1514 y 1548.

FERRER, Sibila; jud.; relax. 1485 y 1528.

FERRER, Violant (casada con Guillem lo Roiz); jud.; relax. 1485 y 1486.

FERRERES, Joan; bigamia; 1508.

FERRERO, Domingo; de Sant Mateu; jud.; relax. 1528.

(FERRERUELA), Catalina (casada con Juan F.); de Albarracín; jud.; penit. 1516.

(FERRI), Úrsula (casada con Ferrando Ferri); jud. 1526.

FERRIÇ, Guillem y su mujer, Gostança; jud.; penit. 1485 y 1486.

FERROJOSA, Miguel; sastre; jud. 1518.

FERROL, Gaspar de; *peller*; jud.; relax. 1514.

(FEXO), Ramoneta (casada con Pere F.); jud.; penit. 1485.

(FLOXA), Aldonça (casada con Fernando; platero); jud.; penit. 1526.

FOGUET, Bertomeu (casado con Isabel Guardiola —I—); *mercader*; jud.; penit. 1522, 1523, 1524, 1525, 1527, 1528 y 1530.

FOGUET, Bertomeu (casado con Úrsula Ramón —I—); *teixidor*; de Teruel; herejía; relax. 1487, 1511 y 1512.

(FORCADELLA), Úrsula (casada con Andrés F.); jud.; relax. 1506.

FORES, Tomás; lugart. del alguacil de la Inq. en Sant Mateu; deshonestidad; relax. 1518.

(FORNES), Angelina (casada con Johan F.; guarda del general); jud.; penit. 1497 y 1510.

FRANCÈS, Aldonça (casada con Johan Marti); de Enova; jud.; penit. 1512.

FRANCÈS, Jaime (casado con Joana Desfar —I—); notario; jud.; penit. 1495, 1505 y 1511.

FRANCÈS, Joan y su mujer, Biranda; *seder*; jud.; 1485 y 1491 (ella).

FRANCÈS, Johan (casado con Violant Pedralbes); mercader; jud.; 1498, 1499, 1504, 1505 y 1507.

FRANCÈS, Leonor (casada con Pere Coscolla —I—); jud.; relax. 1491, 1500, 1501, 1510, 1518, 1521, 1525, 1528, 1529, 1530 y 1531.

263

Francès, Tomás y su mujer, Leonor; *seder*; jud.; relax. 1500, 1501, 1505, 1507 y 1509.
Francès, Violant (Manuel Sanç); jud.; penit. 1486.
Francesch, Berengueda (hermana de Leonor B. —I—); jud. 1491.
Francesch, Leonor (hermana de Berengueda F. —I—); jud.; 1491.
Francesch, Perot; jud.; penit. 1485.
Francia, Pere de y su mujer, Úrsula; *calceter*; jud.; relax. en estatua 1488, 1489, 1491, 1495, 1498, 1499, 1500, 1501, 1502, 1503 y 1507.
Francis, Aldonça; jud.; penit. 1485.
Francisco, esclavo negro; proposiciones heréticas; relax. en estatua.
Franch, Estafanía (casada con Pedro Nadal; *vanover*); jud.; penit. 1526, 1528 y 1530.
Franch, Gabriel e Isabel; jud.; relax. en estatua 1485 y 1528.
Franch, Isabel (casada con Jaume de Na Flor —I—); jud.; relax. en estatua 1510, 1524, 1525, 1526, 1527 y 1528.
(Franch), Joana (casada con Manuel F.; corredor); jud.; 1509.
(Franch), Lionor (casada con Luis F. —I—; *teixidor de vels*); jud.; relax. 1502 y 1509.
Franch, Luis; *botiguer* y *teixidor* (casado con Lionor —I— y padre de Isabel —I— y suegro de Gabriel March Voiyl —I—); jud.; relax. en estatua 1486, 1491, 1493, 1496, 1497, 1498, 1501 y 1509.
(Franch), Mencia (casada con Perot F. —I—); jud.; penit. 1514.
Franch, Perot; jud.; 1515.
Fuente, Fernando de la; *peller*; jud.; penit. 1524.
(Fullech), Catherina (casada con Galceran F.); jud.; relax. 1486 y 1508.
Fusillo, Alfonso; corredor de oro; jud.; relax. 1519 y 1520.
(Fuster), Aldonça (casada con Pedro F.); de Líria; jud.; relax. en estatua 1498, 1499, 1516, 1518 y 1520.
Fuster, Andreu y su mujer, Clara; jud.; 1490, 1503, 1504, 1506 y 1510.
Fuster, Arnau; sastre; jud.; relax.
Fuster, Beatriz (casada con Joan de Berra); jud.; relax. 1490.
Fuster, Bernat; *vanover*; de Gandia; jud.; relax. 1511, 1514, 1516, 1519 y 1521.
(Fuster), Blanquina (casada con Miguel F.); jud.; relax. 1493.
Fuster, Bonanat (casado con Violant Torregrosa —I—); de Gandia; jus.; relax. 1521.
Fuster, Brianda (madre de Isabel F. —I—); viuda; jud.; relax. 1520.
Fuster, Daniel.
Fuster, Enrich (casado con Ángela Moncada —I—); *cambiador*; de Gandia; jud.; relax. 1520, 1521, 1523, 1524 y 1525.
Fuster, Fernando (casado con Gostança F. —I—); mercader; jud.; relax. en estatua 1522 y 1525.

(Fuster), Florença (casada con Joan F. —I—); de Líria; jud.; penit. 1517, 1518 y 1520.
(Fuster), Gostança (casada con Fernando F. —I—); jud.; relax. en estatua 1520 y 1521.
Fuster, Isabel; doncella (hija de Brianda F. —I—); jud.; relax. 1520.
Fuster, Jaume (casado con Úrsula F. —I—); *argenter*; de Xàtiva; jud.; relax. 1484, 1487, 1493 y 1503.
Fuster, Joan (casado con Florença —I—); *paraire*; de Líria; jud.; relax. 1504, 1512, 1517, 1518 y 1528.
Fuster, Joan (casado con Isabel Sánchez —I—); jud.; penit. 1493, 1515 y 1516.
Fuster, Leonor (casada con Luis de Santangel; sastre; y hermana de Violant —I—); jud.
Fuster, Luis (casado con Castellana Belcayre —I—); *tintorer d'ollata*; jud.; relax. 1518.
Fuster, Miguel y su mujer, Gracia; *paraire*; de Líria; jud.; relax. 1520.
Fuster; Pere (casado con Aldonça F. —I—); *tender*; de Líria; jud.; relax. en estatua 1498, 1499, 1516, 1518 y 1520.
Fuster, Perot; *argenter*; de Xàtiva; jud.; penit. 1493, 1501 y 1516.
(Fuster), Sperança (casada con Arnau F.); jud.; relax. 1492, 1494 y 1495.
(Fuster), Úrsula (casada con Jaume F. —I—); de Xàtiva; jud.; relax. 1484, 1487 y 1492.
Fuster, Úrsula (casada con Joan de Vera —I—); de Xàtiva; jud.; penit. 1487 y 1526.
Fuster, Ventura (casada con *mestre* Joan de Moros); jud.; 1516.
Fuster, Violant (casada con Alonso Rodríguez, *abaixador*; y hermana de Leonor F. —I—); jud.; penit. 1498 y 1499.

Gabriel, Joan; de Teruel; jud.; penit. 1526 y 1530.
Gacens, Francès; *teixidor*; jud.; 1508.
Gacens, Gaspar; mercader; de Vila-real; jud.; relax. en estatua 1521 y 1522.
Gacens, Pere; mercader; jud.; penit. 1517 y 1518.
Gache, Antón; *paraire*; de Francia y habitante en Teruel; luterano; relax. 1510 y 1512.
Galaga, Blanquina; jud.; penit. 1513.
(Galceran), Isabel (casada con Jaume G.; *matalafer*); jud.; penit. 1514 y 1516.
Galci, Agosti; *librer*; jud.; penit. 1487.
Galiana, Francisco (casado con María Naterana); jud.
Galiana, Galceran; jud.; penit. 1485, y su mujer, Leonor.
Galiana, Manuel; jud.; 1501.
Galindo, Jaume; *argenter*; jud.; relax. en estatua 1502 y 1504.
Gallarda, Esperança, herejía; 1529.

GARBELLES, Antoni; tejedor de seda; jud.; relax. 1514, 1517, 1518, 1519 y 1521.
GARBELLES, Beatriu (hija de Jaume G. —I—); jud.; relax. 1485 y 1492.
GARBELLES, Gracia, o Aldomar (casada con Joan Aldomar —I—); jud.; relax. 1485, 1586, 1489, 1491, 1492, 1493 y 1501.
GARBELLES, Jaume (padre de Beatriu G. —I—); jud.; penit. 1485.
(GARCÉS), Angelina (casada con Miguel G., señor de la Torre —I—); jud.; penit. 1485.
GARCÉS, Francès; *torcedor de seda*; jud.; 1509.
GARCÉS, Joan (casado con Elfa Conqués —I—); sastre; de Teruel; jud.; penit. 1510.
GARCÉS, Luis; *giponer*; jud.; relax. 1518, 1519, 1520 y 1521.
GARCÉS, de Manilla; Miguel; señor de la Torre (casado con Angelina G. —I—); jud.; penit. 1510.
GARCÉS, *Violant* (casada con Pere Oliver —I—); jud.; penit. 1485.
GARCÍA; Beatriu (casada con Pere Gamir); jud.; penit. 1510, 1524 y 1526.
GARCÍA, Beatriu (casada con Joan de Sierra —I—); jud.; penit. 1485.
(GARCÍA), Castellana (casada con Antón G.); jud.; 1514.
GARCÍA, Catalina (casada con Pedro de Valencia; *giponer*); jud.; penit. 1485.
GARCÍA, Fernando (casado con Gracia Pomar —I—); notario; de Teruel; jud.; absuelto 1484.
GARCÍA, Isabel (casada con Bernardo de Berra); jud.; penit. 1524.
GARCÍA, Martín; jud.; 1504.
GARCÍA, Violant (casada con Luis Jordi; *caputxer*); jud.; 1487, 1495, 1498, 1499, 1503, 1504, 1505, 1506 y 1514.
GENÇANA, Catalina; jud.; penit. 1485.
GENÇOR, Brianda; jud.; penit. 1485.
GENÇOR, Francès; corredor; jud.; penit. 1485 y 1528.
GENÇOR, Gracia (casada con Álvaro Roiz); jud.; penit. 1484.
GENÇOR, Isabel (casada con Joan Valeriola); jud.; relax. 1528 y 1529.
GENÇOR, Joan (casado con Leonor Muñoz —I—); notario; jud.; absuelto 1485.
GENÇOR, Salvador y su mujer, Violant; jud.; relax. 1511.
(GENÇOR), Violant (casada con Francès G.); jud.; penit. 1485.
GENER, Francesch y Damiata; *calceter*; jud.; relax. 1497.
GERNI, Nicolás; presbítero; hechicería; relax. 1512.
GEROMEZ, Galceran; *filador de seda*; jud.; penit. 1525 y 1527.
GIL, Bartolomé; notario; de Tortosa; jud.; relax. en estatua 1491 y 1942.
GIL, Guillem; de Paterna; jud.; penit. 1519, 1520 y 1521.
GIL, Joan; jud.; relax. en estatua 1485 y 1486.
GIL, Pere y su mujer, Blanquina; y la madre de ésta, Blanquina (1499); de Tortosa; jud.; relax. en estatua 1491 y 1508.

GILABERT, Dionis; *teixidor de vels*; jud.; relax. 1506, 1509 y 1510.
GILABERT, Francina (casada con Joan Alfonso; *vanover*); jud.; relax. 1488, 1489, 1497 y 1509.
GILABERT, Gabriel (casado con Isabel Gisbert —I—); *capoter*; jud.; relax. 1509 y 1510.
GILABERT, Gaspar y su mujer, Francina; *vanover*; jud.; relax. 1485, 1487 y 1509.
GILABERT, Lois; capero; jud.; penit. 1510.
GINER, Aldonça (casada con Rodrigo Navarro); jud.; 1526 y 1528.
GINER, Beatriz; jud.; penit. 1526.
GINER, Francesch y su mujer, Damiata; *calceter*; jud.; 1497.
GINER, Jaume (casado con Yolant G. —I—); *teixidor de vels*; jud.; relax. en estatua 1526.
GINER, Leonor (madre de Manuel Giner —I—); jud.; penit. 1485 y 1486.
GINER, Manuel (hijo de Leonor G. —I—); jud.; penit. 1485 y 1526.
(GINER), Margalida (casada con Daniel G.); jud.; penit. 1485 y 1486.
GINER, Miguel; *teixidor de vels*; jud.; penit. 1526.
GINER, Yolant (casada con Jaime G. —I—); jud.; relax. 1524 y 1526.
GINESTAR, Daniel (casado con Ángela Celma —I— y hermano de Francina G. —I—); mercader; jud.; penit. 1528.
GINESTAR, Eulalia; jud.; relax. 1528.
GINESTAR, Francina (hermana de Daniel G. —I—); jud.; penit. 1524.
GINESTAR, Leonart; jud.; penit. 1528.
GISBERT, Isabel (casada con Gabriel Gilabert —I—); jud.; penit. 1509 y 1510.
(GOÇALBES), Constança (casada con Luis G.); jud.; penit. 1485.
(GOÇALBES), Isabel (casada con Joan G.); jud.; penit. 1485 y 1486.
(GOMBAU), Francina, alias Soler (casada con Nofre G.); jud.; 1509 y 1510.
(GÓMEZ), Aldonça (casada con Galceran G.); jud.; penit. 1490 y 1526.
GOMIS, Beatriu (casada con Miquel Sanchis —I—); jud.; penit. 1485.
GOMIS, Leonart y su mujer, Beatriu; jud.; relax. 1511.
GOMIS, *mossèn* Joan; predicador; proposiciones heréticas; penit. 1530.
GONDELLA, viuda; jud.; penit. 1506.
GONZÁLEZ, Johanot, alias Ayora; de Xàtiva; jud.; penit. 1491 y 1502.
GONZALO, Joan y su mujer, Violant; *velluter*; jud.; penit. 1514 y 1518.
GONZALO, Yolant (casada con Fernando G., *ligador de seda*); jud.; relax. 1514.

GORDA, Miquel; jud.; penit. 1519 y 1522.
GOU, Jaume; jud.; penit. 1497.
(GRACIA), Aldonça (casada con Gil G.); de Teruel; jud.; relax. 1484 y 1486.
GRACIÁ, Bernat de; corredor; jud.; relax. 1511 y 1514.
(GRACIA), Yolant (casada con Luis G.); de Tudela (Navarra) y vecina de Teruel; jud.; y palabras escandalosas; relax. 1491, 1493 y 1530.
GRACIÁN, Donosa (madre de Jaime d'Esplugues —I—); de Teruel; jud.; relax. 1484, 1486, 1487, 1488, 1502, 1503, 1504, 1516 y 1520.
GRACIÁN, Joan; notario; de Teruel; jud.; relax. 1486, 1495, 1497 1498, 1499, 1500, 1502, 1503, 1504, 1506, 1507 y 1509.
GRACIÁN, Luis (casado con Aldonça Li —I—); *botiguer*; de Teruel; jud.; relax. 1493, 1497, 1498, 1499, 1501, 1503, 1507, 1508 y 1509.
GRACIÁN, hijos de Luis; jud.; 1521.
GRANADA, Berthomeu de; jud.; relax. 1510.
GRANADA, Joan de (antes moro); penit. 1511.
GRANDE, Alfonso; tejedor de seda; jud.; relax. 1511, 1514 y 1518.
GRANDE, Álvaro; portero; jud. 1511 (casado con Violant G. —I—).
GRANDE, Joan, alias Tonibanys; *mestre d'esgrima*; jud.; 1514.
GRANDE, Johana; jud.; penit. 1513 y 1514.
GRANDE, Martín y su mujer, Catherina; portero; jud.; relax. 1511, 1514, 1515 y 1518.
GRANDE, Violant (casada con Álvaro G. —I—); jud.; penit. 1512.
GRANYANA, Berthoemeu y su mujer, Aldonça; jud. 1489.
GRANYANA, Joan; sastre; jud.; penit. 1486.
(GRANYANA), Joana (casada con Bernat G.); jud.; relax. en estatua 1493.
(GRANYANA), Úrsula (casada con Joan G.); jud.; penit. 1485 y 1486.
GRAU, Álvaro; portero; jud.; 1514.
GREGORIO, Pedro; *tintorer*; de Teruel; injurias, 1516.
GRIEGO, Marco; natural de Grecia; jud.; absuelto 1498.
GUACIL, Angelina; jud.; 1507.
GUARDA, Miquel (casada con Ángela Nadal —I—); velero; jud.; penit. 1514, 1515, 1516, 1517 y 1518.
GUARDIOLA, Francès, y su mujer, Yolant; corredor; jud.; 1522, 1524 y 1525.
(GUARDIOLA), Beatriu (casada con Miquel G.); jud.; penit. 1485.
GUARDIOLA, Guillem y su mujer, Isabel; jud.; penit. 1485.
GUARDIOLA, Isabel (casada con Bertomeu Foguet —I—); jud.; relax. 1523 y 1528.
GUARDIOLA, Miquel; mercader; jud.; penit. 1486.
GUASCH, Aldonça; jud.; penit. 1485.
GUASCH, Bernat; *argenter*; jud.; relax. 1511.
GUASCH, Blanca (casada con Galceran Torregrosa —I—); de Xàtiva; jud.; 1485 y 1491.
GUASCH, Francès y su mujer, Isabel; *argenter*; de Gandia; jud.; relax. 1511, 1512 y 1521.

Guasch, Joan y su mujer, Angelina; sastre; de Gandia; jud.; relax. 1506 (ella), 1512 (él) y 1515 (ambos).
Guasch, Joan; *argenter*; de Gandia; jud. 1521.
Guasch, Lois, y su mujer, Margarita; sastre; de Xàtiva; jud.; absueltos 1485.
Guasch, Miquel (casado con Leonor Cardona —I—); jud.; penit. 1485.
Guasch, Pere y su mujer, Úrsula; *argenter*; de Xàtiva; jud.; relax. 1502, 1509 y 1520.
Guasch, Violant (casada con Galceran Nadal —I—); jud.; penit. 1485.
Guerán, Aldonça; jud.; relax. 1513.
Guerán, *mestre* Gil; jud.; 1521.
Guerán, Violant; jud.; relax. 1513.
Guimerà, Beatriu (casada con Manuel Çabata); jud.; penit. 1495 y 1509.
Guimerà, Bertomeu y su mujer, Violant; *seder*; jud. 1489, 1491, 1500, 1503, 1504, 1506, 1507, 1509, 1510 y 1518.
Guimerà, Gabriel; jud.; 1491.
Guimerà, Graciosa (casada con Ginés Cardona); de Almenara; jud.; 1492.
Guimerà, Joan y su mujer, Gracia; mercader; jud.; él, penit. y ella relax. 1509 y 1519; 1510 y 1524.
Guimerà, Pere y su mujer, Aldonça; mercader; jud. 1506, 1507, 1509 y 1510.
Guioret, Castellana; jud.; relax.
Guiot, Daniel (casado con Yolant Redó —I—); tintorero; jud.; relax. 1504, 1506, 1507, 1512, 1514 y 1516.
Guitart, *mestre* Martín; cintero; jud.; penit. 1497.
Gutiérrez, Luis; jud.; penit. 1500.

Herrera, Francisco de; jud. 1499.
Huete, Joan de, y su mujer, Isabel; portero; jud.; relax. 1511, 1514, 1515 y 1516.
Huete, Joana de; jud.; penit. 1513 y 1514.

Infant, Luis; jud.; penit. 1519 y 1522.
Ixar, Luis de; menestral; de Vila-real; *morsicat*; 1492 y 1493.

Jaén, Alfonso de y su mujer, Elvira; *tonyiner*; jud.; 1514, 1518 y 1529.
Jaén, Fernando de; alias Naver y su mujer, Úrsula; espartero; jud.; penit. 1506, 1511, 1512 y 1514; y ella: 1508 y 1510.
Jaén, Pedro de; tintorero; natural de Córdoba y vecino de Valencia; jud.; relax. 1504, 1505, 1506 y 1511.
Jiménez, Gracia (casada con Fernando Ram —I—); de Teruel; jud.; relax. en estatua 1484, 1486, 1487 y 1491.
(Joan), Agronis (casada con Joffre J.); jud.; 1506.

JOAN, Aldonça (hija de Jofre J. —I—); jud.; penit. 1485.
JOAN, Bernat (casado con Damiata J. —I—); jud.; 1508 y 1509.
JOAN, Bernat y su mujer, Isabel; corredor; jud.; 1506.
(JOAN), Damiata (casada con Bernat J. —I—); jud.; 1484 y 1508.
(JOAN), Damiata (casada con Francès J. —I—); jud.; penit. 1485.
JOAN, Francès; mercader; relax. en estatua 1524, 1525, 1527 y 1528 (casado con Damiata J. —I—).
JOAN, Francès y su mujer, Yolant; sastre; de Gandia; relax. 1516 y 1521.
JOAN, Joffre y Constança (padres de Aldonça J. —I—); *seder*; jud.; penit. 1485.
JOAN, Lois; *seder*; de Onda; jud.; penit. 1514.
JOAN, Manuel y su mujer, Yolant; *veler*; jud.; relax. 1512, 1514 y 1520.
JOAN, Pere; tintorero; jud.; relax. 1514.
JOFRE, Violant (casada con García Vázquez); de Segorbe; jud. 1517.
JOHANA la *bunyolera*; jud.; 1513 y 1514.
JORDI, Gaspar y su mujer, Violant; *seder*; jud. 1520.
JORDI, Joan y su mujer, Gracia; jud.; relax. 1485 (ella) y 1514.
JORDI, Joan, Catalina esclava negra de; jud.; penit. 1514 y 1515.
JORDI, Joan; *seder*; jud.; relax. 1506 y 1509.
JORDI, Joana (casada con Marti Sanctpol —I—); de Blanes y habitante en Valencia; jud.; relax. 1489, 1490 y 1506.
JORDI, Leonart (casado con Isabel Celma —I—); jud.; relax. 1485, 1486 y 1521.
JORDI, Leonor; jud.; penit. 1528.
JORDI, Luis (casado con Violant García —I—); *caputxer*; jud.; relax. 1487.
JORDI, Luis; criminal; penit. 1505 y 1528.
JUAN, Manuel y su mujer, Violant; jud.; relax. 1512.
JUAN, Pedro de; espartero; de Teruel; *moriscat*; relax. 1487, 1506 y 1512.
JUST, Joan (antes *mestre* Alí) y su mujer, Lionor (padres de Miguel Ángel J. —I—); médico; jud.; penit. 1502, 1514, 1516 y 1518.
JUST, Miguel Ángel (hijo de Joan J. —I—); labrador; jud.; penit. 15.

(LAGOSTERA), Aldonça (casada con Vicenç L.; sastre); jud. 1521.
LAGOSTERA, Bonanat y su mujer, Angelina; tejedor de seda; jud.; relax. en estatua 1505 y 1514.
LAGOSTERA, Gaspar (casado con Yolant L. —I— y padre de Esperança L. —I—); jud.; 1511.
LAGOSTERA, Jaume y su mujer, Aldonça; *teixidor de vels*; relax. 1509, 1521, 1522 y 1523.
LAGOSTERA, Joan; tejedor de seda; jud.; penit. 1520 y 1521.
LAGOSTERA, Salvador; sastre; jud.; penit. 1521, 1522 y 1525.
(LAGOSTERA), Sperança (casada con Manuel L.); jud.; 1502.
LAGOSTERA, Sperança (hija de Gaspar L. —I—); jud.; relax. 1511.
(LAGOSTERA), Yolant (casada con Gaspar L. —I—); jud.; 1521.

Lagostera, Yolant (casada con Martín de Sayes); jud.; relax. 1516.
Lagostera, Violant (casada con Joan Pardo; *calceter* —I—); jud.; 1516.
(Lamas), Sperança (casada con Vitori L.); jud.; penit. 1512.
Lasala, Baltasar; de Mora; jud.; 1491.
Lasala, Galceran; de Mora; jud.; relax. 1491, 1500, 1503, 1508, 1509 y 1510.
Lasala, Jayme; jud.; 1510.
Latorre, Violant (casada con Manuel Puigmitjá —I—); de Teruel; jud.; relax. en estatua 1486.
Lencero, Masip; jud.; 1493.
(Leo), Caterina (casada con Miquel L.); jud.; 1518.
Leo, Leonor; jud.; penit. 1519 y 1522.
(Leo), Violant (casada con Joan L., notario, y madre de Violant L. —I—); jud.; relax. 1497, 1509 y 1510.
Leo, Violant (casada con Pau Natera, *seder*; hija de Joan L. y Violant —I—); jud.; relax. 1509, 1510 y 1521.
León, Joan de; jud.; relax. en estatua 1527.
Leonart, Pere; *calceter*; jud.; relax. en estatua 1524, 1525 y 1526.
Leonis, Baltasar (casado con Yolant Roca —I—); pintor; jud.; relax. 1520 y 1522.
Leonis, Bartolomé, alias Caldereta (casado con Angelina Caldereta —I—); corredor; jud. 1485 y 1487.
Leonis, Joan; corredor; jud.; relax. 1511.
Leonis, Sperança; doncella; jud.; penit. 1520.
Li, Aldonça (casada con Luis Gracián —I— y luego con Diego Sotor); de Teruel; jud.; relax. 1484, 1485, 1486, 1495, 1497, 1498, 1501, 1503, 1507, 1508.
Libia, Rafael (casado con Aldonça Blanch —I—); mercader; jud.; relax. en estatua 1486, 1497, 1501, 1502, 1504, 1506, 1510 y 1511.
Lima, Manuel de; jud.; relax. 1507 y 1508.
Liria, Miguel; *teixidor de seda*; jud.; relax. 1485 y 1493.
Livinyana, Diego; tundidor; de Elche; jud.; relax. 1525 y 1526.
Livinyana, Joan; alias Caraquemada; tendero; natural de Oliva y habitante en Valencia; jud.; relax. 1500, 1501 y 1503.
Livinyana, Pere y su mujer, Violant; *seder*; jud.; relax. 1500.
Livius, Miguel; corredor; jud. 1493.
Logronyo, María de (casada con *mestre* Díez, bonetero); jud.; penit. 1512 y 1518.
Lop, Bernat; jud.; penit. 1485.
Lop, Daniel y su mujer, Clara; sastre; de Gandia; jud.; relax. 1510 (él) y 1521 (ella).
Lop, Gabriel; *giponer*; jud. 1507.
Lop, Sperança (casada con Jaume Riera —I—); de Gandia; jud.; 1507 y 1508.
López, Alfonso; jud.; penit. 1485.
López, Ferrand (casado con Sicilia Serra —I—); *argenter*; jud.; penit. 1520, 1522 y 1528.

LÓPEZ, Florença; jud.; penit. 1519 y 1522.
LÓPEZ, *mossèn* Ximeno; jud.; 1510.
LÓPEZ DE ALCARAZ, Alfonso; jud.; relax. 1515.
(LÓPEZ DE ALCARAZ), Inés (madre de Mencia —I— y suegra de Sancho L. de A. —I—); jud.; relax. 1511 y 1514.
(LÓPEZ DE ALCARAZ), María (casada con Ferran L. de A.); jud.; relax. 1514.
LÓPEZ DE ALCARAZ, Sancho y su mujer, Mencía (hijos de Inés L. de A. —I—); portero; jud.; relax. 1511, 1514 y 1515.
LÓPIZ, Aldonça; jud.; relax. 1512.
(LÓPIZ), Francina (casada con Bernat L.); de Teruel; jud.; relax. 1491, 1501, 1513, 1514, 1518 y 1520.
LÓPIZ, Joan; alias Blanch o *lo blanquer* (casado con Florença Amat —I—); *tintorer de seda*; de Barcelona; jud.; 1519, 1520 y 1521.
LÓPIZ, Lionor (casada con Daniel Vives; mercader); jud.; relax. 1513.
LÓPIZ, Yolant (casada con Sanchis); jud.; penit. 1520.
LORA, Rodrigo de; *sombrerer*; jud.; penit. 1519 y 1522.
LORENÇ, Brianda (casada con Alfonso Cano; mercader); jud. 1516.
(LORENÇ), Castellana (casada con Martí L., *giponer*); jud.; 1526.
LORENÇ, Castellana (casada con Joan Guía; *argenter*); jud.; 1517.
(LORENÇ), Isabel (casada con Miguel L.); de Tortosa; jud.; penit. 1489.
LORENÇ, Pere y su mujer, Angelina; tejedor de seda; jud.; 1520.
LORIS, Leandro de; jurista; asesor del gobernador; jud.; 1528.
(LUNA), Ángela de (casada con Pere de L., *torsedor de seda*); jud.; penit. 1514.
LUNA, Luis de y su mujer, Angelina; jud. 1488.
(LUQUI), Leonor (casada con Rafael Luqui); jud.; relax. 1500.

(MAÇA), Joana, esclava negra de Ángela de la; jud.; 1514.
MAÇA, Leonor (casada con Jaume M.); jud.; relax. 1520.
MAÇANA, Caterina; jud.; penit. 1514.
MAÇANA, Estela (casada con Nicolau Monçonis —I—); de Segorbe; jud.; relax. 1520, 1521 y 1524.
MAÇANA, Francès y su mujer, Úrsula; jud.; 1485.
MAÇANA, Jaime; notario; de Segorbe; jud.; 1491, 1493, 1495, 1499, 1501, 1502 y 1504.
MAÇANA, Joan; mercader; jud.; relax. 1524, 1525 y 1526.
MAÇANA, Manuel y su mujer, Violant; jud.; penit. 1485.
MAÇANA, Pau; *teixidor de vels*; jud.; relax. 1511.
MACIP, Bernat (casado con Úrsula Pelegri —I—); mercader; jud.; relax. 1492.
MACIP, Ferrer, su mujer Florença y su madre, Yolant; mercader; de Tortosa; jud.; relax. 1486, 1491 y 1508 y la madre: 1506.
MACIP, Francès; beneficiado de la iglesia de Tortosa; jud.; relax. 1501 y 1502.

(MACIP), Francina, alias Caçoletes (casada con Francès M.), de Tortosa; jud.; relax. 1489 y 1508.
MACIP, Guillem y su mujer; de Tortosa; jud.; relax. en estatua 1491, 1500 y 1508.
MACIP, Joan y su mujer Damiata; mercader; jud.; él: 1501, 1502 y 1504; ella: 1480.
MADRID, Violant (casada con Joan Torrelles); jud.; relax.
MADRIT, Sperança (casada con Francès Sunyer —I—); jud.; relax. 1498 y 1499.
(MADRIZ), Catalina (casada con Joan M.); jud.; relax. 1499 y 1510.
MADRIZ, Gabriel y su mujer, Aldonça; corredor de oro; jud.; 1489 y 1506.
(MADRIZ), Leonor (casada con Jaume M.); jud.; penit. 1526, 1527, 1528 y 1530.
MAESTRO, fray Miguel; canónigo; de Teruel; hechicería; relax. 1482.
MALFERIT, Bernat y su mujer, Isabel; sastre; de Xàtiva; jud.; 1493 y 1506.
MALFERIT, Joan de Joan; alias Tristany; *botiguer*; de Xàtiva; jud.; 1518.
MALOP, Pedro; labrador; de Alzira; blasfemia; relax. 1530.
MAMBELLA, Pere (casado con Aldonça —I—); teixidor; jud.; relax. 1506, 1511 y 1515.
MALZIQUA, Isabel; jud.; penit. 1519.
(MANRANA), Aldonça (casada con Enrich M. —I—); de Gandia; jud.; 1526.
(MANRANA), Constança (casada con Guillem M.); jud.; penit. 1485.
MANRANA, Enrich (casado con Aldonça M. —I—); *argenter*; de Gandia; jud.; penit. 1516, 1518 y 1520.
MANRANA, Jeroni; notario; jud.; penit. 1528 y 1529.
MANRANA, Leonor (casada con Joan Torregrosa —I—); jud.; 1509, 1511 y 1515.
MANRANA, Leonor (casada con Francès Cardona); de Gandia; jud.; relax. 1503, 1505, 1506 y 1515.
MANRANA, Lois (Blanquina Boil —I—); jud.; penit. 1485.
MANRANA, Manuel (casado con Isabel Barberá —I—); *argenter*; de Gandia; jud.; relax. 1503, 1505, 1506, 1509, 1511, 1512 y 1515.
MANRANA, Miguel (casado con Blanquina Boil —I—); de Gandia; jud.; relax. 1506, 1507, 1511, 1512 y 1515.
MANRANA, Sperança (casada con Perot Bonavida); jud.; relax. 1503, 1505, 1506, 1507 y 1509.
MANRANA, Úrsula (casada con Luis Coscolla —I—); jud; relax. 1510 y 1528.
MANRESA, Beatriz, alias Ángela Torres (casada con Alonso de Cifuentes); de Granada y habitante en Valencia; jud.; penit. 1528 y 1529.
MANRESA, Francès; jud.; penit. 1519 y 1522.
MANRESA, Salvador; pintor; jud.; penit. 1528 y 1529.
MANRIQUE, Johan; jud.; penit. 1512.

(MANUEL), Damiata (casada con Francès M.; *teixidor de vels*); jud.; relax. 1500.
MAR, na Melchiora de; jud.; penit. 1486.
MARÇA, Leonor; beata; jud.; 1528.
MARCA, Matheu y su mujer, Leonor; *mestre d'esgrima*; jud.; penit. 1511.
MARCH, Aldonça (casada con Joan Sanç; hija de Johan M.); jud.; penit. 1485, 1486 y 1499.
MARCH, Antoni; corredor; jud.; penit. 1485.
MARCH, Beatriu; alias Rius (casada con Johan Rius); jud.; relax. 1524 y 1525.
MARCH, Blanca (casada con Luis Vives —I—); jud.; relax. en estatua 1528, 1529 y 1530.
MARCH, Francès; corredor; jud.; penit. 1508.
MARCH, Gabriel, alias Boil y su mujer, Isabel; sedero; de Gandia; jud.; relax. 1491, 1500, 1501, 1508, 1509 y 1520.
MARCH, Galceran (padre de Luis G. —I—); mercader; de Gandia; jud.; relax. 1501, 1514 y 1521.
MARCH, Gostança; jud.; 1503.
(MARCH), Gracia (casada con Ramón M. —I—); de Tortosa; jud.; 1485 y 1501.
(MARCH), Gracia (casada con Leonart M. —I—); corredor; jud.; relax. 1509 y 1512.
(MARCH), Isabel (casada con Jaume M.; corredor); jud.; penit. 1485.
MARCH, Jaime; de Concentaina; jud.; relax. 1491 y 1498.
MARCH, Jaime; jud.; relax. 1487.
MARCH, Joan, alias Cartetas; *corredor d'orella*; de Teruel; jud.; relax. 1482, 1485, 1491, 1492, 1503, 1504, 1508, 1515, 1522 y 1525.
MARCH, Joanot (hermano de Miquel —I—; hijo de Ramón —I—); de Gandia; jud. 1500.
MARCH, Leonor (casada con Galcerán Ferrándiz —I—); de Gandia; jud.; relax. 1513, 1514, 1516 y 1518.
MARCH, Luis (casado con Isabel Serra —I—; hijo de Galcerán M. —I—); mercader; de Gandia; jud.; relax. 1501, 1511, 1514, 1521, 1522 y 1528.
MARCH, Miquel (hermano de Joanot; hijo de Ramón —I—); *mestre d'esgrima*; de Gandia; jud.; 1500 y 1511.
MARCH, Nicolau (padre de Tolsana M. —I—); de Concentaina; jud.; relax. 1485, 1491, 1498, 1500 y 1504.
MARCH, Ramón (casado con Gracia M. —I—); mercader; de Tortosa; jud.; relax. 1506, 1509 y 1510.
MARCH, Sperança (casada con Advast Carbonell —I—); jud.; relax. 1500, 1501 y 1503.
MARCH, Tolsana (hija de Nicolau M. —I—); de Concentaina; jud.; 1499.
MARCH, Úrsula; alias Cartetas (hija de Joan M. —I—); jud.; de Gandia; relax. 1500, 1501 y 1502.

MARCH, Yolant (casada con Perot Moncada —I—); jud.; relax. 1500, 1512, 1513, 1514, 1524, 1525, 1528.
MARCH, Yolant; alias Monros; viuda; jud.; relax. 1524, 1525, 1526, 1527 y 1528.
MARCILLA, Beatriz de (casada con Pedro Ruiz); de Teruel; jud.; relax. 1486.
MARCILLA, García de; de Teruel; impediente; relax. 1486.
MARCO, Luis (casado con Isabel Soria —I—); jud.; 1526.
MARCOS, Ventura; jud.; relax. 1515.
MARES, Ramón del; jud.; relax. en estatua 1493.
MARTÍ, Aldonça; jud.; penit. 1512.
MARTÍ, Angelina (hija de Berenguer M. —I—); de Tortosa; jud.; relax. en estatua 1491.
MARTÍ, Berenguer (padre de Angelina —I—); de Tortosa; jud.; relax. en estatua 1486, 1491 y 1492.
MARTÍ, Brianda, alias Santafé; jud.; penit. 1514 y 1515.
MARTÍ, Diego; capotero; jud.; penit. 1514.
MARTÍ, Jaime; corredor de arroz; jud.; penit. 1521, 1522 y 1528.
MARTÍ, Luis; jud. 1523.
(MARTÍ), Oriana (casada con Jaume M.); jud.; relax. 1528.
MARTÍ, Pere; *sabater*; jud.; penit. 1514.
MARTÍN, Joan; colchero; jud.; penit. 1528.
MARTÍNEZ, Elvira, la ciega (casada con Pere de la Rosa, genovés); jud.; penit. 1513 y 1514.
(MARTÍNEZ), Isabel (casada con Johan Martínez; sastre); de Gandia; jud.; penit. 1512.
MARTÍNEZ, Johan; *paraire*; de Teruel; jud. 1517 y 1524.
(MARTÍNEZ), Luisa (casada con Luis M.; corredor); jud.; relax. 1500.
MARTÍNEZ, Miquel; *corredor d'orella*; jud. 1487, 1489 y 1491.
MARTÍNEZ, Pedro; jud.; 1499.
MARTÍNEZ DE RUEDA, Angelina; jud.; penit. 1520.
MARTÍNEZ DE RUEDA, Francisco; alias Tristany; de Teruel; jud.; relax. 1484, 1486, 1487, 1488, 1491, 1499, 1502, 1503 y 1507 (padre de Johan —I—).
MARTÍNEZ DE RUEDA, Johan (hijo de Francisco —I—); jud.; 1502.
MARTÍNEZ DE SANTÁNGEL, Jaime, mayor; de Teruel; jud.; relax. 1497 y 1498.
MARTÍNEZ DE SANTÁNGEL, Jaime; menor; jud.; de Teruel; relax. 1484, 1486, 1491, 1497, 1498 y 1521.
MARTÍNEZ DE SANTÁNGEL, Luis; jud.; 1493.
MARTORELL, Joan; jud.; penit. 1522.
MAS, Flor (casada con Jaume Sanchis —I—); jud.; 1526.
MAS, Francès, coxo, y su mujer, Francina; corredor; jud.; penit. 1485 (ella) y 1497 (él).
MAS, Gracia (casada con Gabriel Çaragoça —I—); jud.; 1516, 1521 y 1529.
(MAS), Isabel (casada con Gabriel del Mas); jud.; 1511.

275

MAS, Pere y su mujer, Beatriu; mercader; jud.; relax. en estatua 1502.
MASCO, Antonio; cotamallero; jud. y sodomita; relax. 1504 y 1505.
MASCO, Violant; esclava negra; hechicería; relax. 1530.
MATARREDONA, Angelina (casada con Galceran Queixás —I—); jud.; 1511.
MATEO, Luis y su nuera, Isabel; de Tortosa; jud.; relax. en estatua 1491 y 1492.
MATHEU, Pere; *teixidor de vels*; jud.; relax. 1519, 1520, 1521 y 1522.
MATRELL, Gabriel; *tintorer*; jud.; relax. 1485, 1493 y 1502.
MATRELL, Luis; jud.; relax. 1492 y 1493.
(MATRELL), Violant (casada con Leonart M.); jud.; penit. 1493.
MAYLAS, Francès; jud.; 1499.
MEDINA, Isabel de; jud.; relax. 1528 y 1530.
MEDINA, Nicolás de; jud.; 1491, 1500 y 1504.
MEDINA, Teresa.
MEMBRILLO, Urraca (casada con Joan de Valencia —I—); de Xàtiva; jud.; relax. 1503 y 1509.
(MERCADELL), Violant (casada con Leonis M.); jud.; penit. 1486.
MERCADER, Rafael; jud.; penit. 1487, 1491, 1493 y 1503.
MERCED, Pedro de la; alias *Teixidor*; *tender*; jud.; 1514, 1515, 1517, 1520, 1524 y 1525.
MERCER, Carlos; jud. 1510.
MESCIES, Pere; conejero; de Gandia; blasfemia; relax. 1515.
METGE, mestre Joan; alias Maestrech; jud.; 1502.
MILA, Perot; jud.; penit. 1509.
MIQUEL, Antoni; tejedor de lana; jud.; penit. 1520.
MIQUEL, Gonzalbo; portero del gobernador; de Cedrillas; jud.; penit. 1518 y 1519.
MIQUEL, Joan; *obrer de vila*; jud.; penit. 1524.
MIQUEL, Pere y su mujer, Isabel; pintor; relax. (él) y penit. (ella) 1520.
(MIQUO), Catalina (casada con Joan M.; labrador); jud.; penit. 1520 y 1525 y 1528.
MIR, Aldonça (casada con Joan Alavanya); jud.; penit. 1523.
MIR, Bertomeu y su mujer, Damiata; sastre; jud.; penit. 1485.
MIR, Castellana (casada con Jaume Sanchis); jud.; relax. 1523.
MIR, Johan.
MIR, Leonor (hija de Joan y Aldonça M.); jud.; penit. 1523.
MIR, Lois y su mujer, Aldonça; *veler*; jud.; penit. 1485.
MIRÓ, Aldonça (casada con Joan Castro); jud.; relax. 1501 y 1502.
MIRÓ, Angelina; jud.; 1489.
MIRÓ, Brianda (hija de Bertomeu M.); jud.; relax. en estatua 1511.
MIRÓ, Enrich; jud.; penit. 1519 y 1522.
MIRÓ, Luis; *seder*; jud.; penit. 1485.
MIRÓ, Nicolau; *tintorer*; jud.; 1490.

(MITRE), Aldonça (casada con Domingo M.); jud.; penit. 1522.
MOLINA, Daniel; jud.; 1502.
MOLINA, Jaume; notario; jud.; penit. 1485.
MOLINA, Johan de; *vanover*; jud.; penit. 1507, 1508, 1509, 1510, 1511 y 1514.
(MOLINA), Leonor (casada con Francès M.); jud.; 1506.
MOLINA, Manuel de y su mujer, Violant; sastre; jud.; penit. 1490 y 1502.
(MOLINA), Sperança (casada con Pere M.; mercader); jud.; relax. 1497.
MOLINA, Teresa (casada con García de Toledo; *vanover*); jud.; penit. 1512, 1514 y 1515.
MOLINS, Joan; *vanover*; jud.; penit. 1512.
MOLINS, Joan; *velluter*; jud.; 1488.
MOLINS, Pere y su mujer, Úrsula; jud.; penit. 1485.
(MOMBLANCH), Yolant (casada con Leonart M.); jud.; 1506.
MONCADA, Ángela (casada con Enrich Fuster —I—); de Gandía; jud.; relax. 1528.
MONCADA, Dionis; jud.; relax. 1501, 1502, 1506 y 1509.
MONCADA, Joan y su mujer, Angelina; sedero; jud.; relax. 1511 y 1526 (él).
MONCADA, Leonor; ciega; jud.; 1502, 1504, 1508 y 1509.
MONCADA, Luis, su mujer, Aldonça, y su hija Borigis; mercader; jud.; relax. 1528 y 1529.
MONCADA, Nicolau y su mujer, Clara; jud.; penit. 1485.
MONCADA, Perot (casado con Yolant March —I—); jud.; penit. 1528.
MONCADA, Rafael; jud.; 1488.
MONCADA, Rafael; mercader; jud.; relax. 1523, 1524, 1525, 1526, 1527, 1528 y 1530.
MONCADA, Tolosana (casada con Alfonso de Santángel —I—); de Teruel; jud.; relax. 1486, 1517 y 1520.
MONCADA, Yolant (casada con Francès Ballester); jud.; relax. 1514 y 1523.
MONÇONIS, Castellana.
MONÇONIS, Damiata (casada con *mestre* Francès Alapuç —I—); jud.; relax. 1485, 1489, 1491, 1495, 1502 y 1504.
MONÇONIS, Guillem y Brianda; *alcayt*; de Uxó; jud.; relax. 1511 y 1512.
MONÇONIS, Leonor (casada con Jaime Maçana; hermana de Tolosana y Violant); jud.; relax. 1519.
(MONÇONIS), Leonor (casada con Pere M.); jud.; relax. 1511.
MONÇONIS, Miguel; *argenter*; de Segorbe; jud.; penit. 15151, 1514 y 1518.
MONÇONIS, Nicolau (casado con Estela Maçana —I—); notario; de Segorbe; jud.; relax. 1520 y 1521.
MONÇONIS, Sperança (casada con Salvador Alegre —I—); jud.; relax. 1485, 1486, 1511 y 1512.

Monçonis, Tolosana (casada con Joan Trullols; hermana de Violant —I— y Leonor —I—); jud.; relax. 1511 y 1519.
Monçonis, Violant (casada con Juan Riera; hermana de Leonor —I— y Tolosana —I—); jud.; relax. 1511, 1512 y 1519.
(Monçonis), Violant (casada con Pere M.); jud.; penit. 1512.
Moner, fray Rafael; dominico; proposiciones heréticas; penit. 1530.
Monesa, Pedro; labrador; de Calatayud; criminal 1511.
Moneleón, Pascual; *paraire*; de Segorbe; jud.; relax. 1491 (casado con Isabel del Ort —I—).
Monreal, Baltasar; jud. 1485 y 1499.
(Monreal), Graciosa (casada con Luis M.); jud.; penit. 1485.
Monros, Aldonça (hija de Bernat —I— y nieta de Gabriel —I—); jud. 1506 y 1511.
Monros, Aldonça (hija de Gabriel —I—); jud.; 1506.
Monros, Bernat (hijo de Gabriel —I—); jud.; 1506.
Monros, Gabriel (casado con Úrsula —I—; padre de Bernat —I—, Isabel —I— y Aldonça —I—; y abuelo de Aldonça —I—); jud.; 1506 y 1511.
(Monros), Gracia (hija de Pere M.); jud.; penit. 1485.
Monros, Isabel (hija de Gabriel —I—); jud.; relax. 1506 y 1511.
Monros, Jaume; mercader; jud.; penit. 1526, 1528 y 1530.
Monros, Jaume y su mujer, Violant; jud.; penit. 1485.
Monros, Joan; de Tortosa; jud.; 1497, 1502, 1504, 1506, 1508 y 1509.
Monros, Joan y Úrsula; de Mora; relax. en estatua 1486, 1488, 1491, 1493, 1499 y 1503.
(Monros), Úrsula (casada con Gabriel M. —I—); jud.; 1509.
Monsoriu, Manuel y su mujer, Clara; jud.; penit. 1485.
Monsoriu, Sibila (casada con Jaume de Mas); jud.; penit. 1485.
Mont, Melchior; abogado; impediente; relax. 1527 y 1528.
Montalbo, Andrés de; mayordomo de los Salines; jud.; penit. 1514, 1515, 1517 y 1518.
Montalbo, Simo de y su mujer, Viana; jud.; penit. 1485.
Montanyes, Bertomeu y su mujer, Graia; tejedor de lino y lana; penit. (ella) y relax. (él) 1489, 1490, 1491 y 1492.
Montesino, Juan; carpintero; fautoría; relax. 1490.
Montreal, Miguel; *teixidor de seda*; jud.; 1520.
Montserrat, Miguel; tejedor; jud.; penit. 1524.
Mora, Martí de; jud.; 1516.
(Morales), Aldonça (casada con Pere M.; *seder*); jud.; penit. 1515, 1516, 1518 y 1520.
Morales, Johan; jud.; relax. 1515.
Morata, Johan (casada con Bernat M.); jud.; 1509 y 1510.
Morder, Johan y su mujer, Damiata; jud.; penit. (ella) y relax. (él) 1497.
Morell, Jaume y su mujer, Violant; *peller*; jud.; relax. en estatua 1493.

MORELL, Joan y María, su mujer; *draper*; jud.; relax. 1490, 1503 y 1504.
MORELL, Joan; jud.; penit. 1529.
MORENO, Elionor; jud.; relax. 1509 y 1510.
MORENO, Gabriel; corredor; jud.; penit. 1522.
MORENO, Pere; barbero (casado con Leonor Canella —I—); jud.; relax. 1507, 1509 y 1510.
MOXO, Antoni; *cotamaller*; jud.; relax. 1506.
(MUNTANER), Gracia; alias Gasull (casada con Lorenç M.); jud.; penit. 1514.
MUNYOZ, Fernando; alias Joan; jud.; 1506.
(MUNYOZ), Isabel (casada con Pau M.); jud.; penit. 1485.
MUNYOZ, Joan (casado con Sperança Çabata —I—); médico; jud.; penit. 1512.
MUNYOZ, Leonor (casada con Joan Gençor —I—); jud.; absuelta 1485.
MUNYOZ, Leonor (casada con Pere d'Asp; *calceter*); jud.; penit. 1511 y 1512.
MUR, Beatriz de; alias Melchiora; de Teruel; jud.; relax. 1486, 1502 y 1503.
MURCIA, Juan de; capotero; de Tortosa; jud.; penit. 1489.

NA FLOR, Jaume de (casado con Isabel Franch —I—); *torcedor de seda*; jud.; penit. 1522, 1523, 1524, 1525, 1527 y 1528.
NA FLOR, Luis de, y su mujer, Sperança; *teixidor de vels*; jud.; 1528.
NA FLOR, Perot, alias Sanchis y su mujer, Castellana; *teixidor*; jud.; penit. 1485.
NA FLOR, Yolant de (casada con Joan Celma —I—); jud.; 1502, 1521, 1522, 1524, 1526, 1527 y 1530.
(NADAL), Angela (casada con Miguel N.); jud.; 1514, 1515, 1516 y 1521.
NADAL, Galceran (casado con Tolosana Seguer —I—); sastre; de Xàtiva; jud.; relax. en estatua 1489, 1492, 1493, 1502, 1511, 1512 y 1514.
NADAL, Guillem y su mujer, Coloma; jud.; penit. 1485.
NADAL, Isabel (casada con Gaspar Badía; mercader); jud.; 1497, 1501, 1504 y 1511.
NADAL, Joan; de Elche; *moriscat*; 1516.
NADAL, Lois (casado con Úrsula Bonvehi —I—); jud.; relax. en estatua 1492, 1503 y 1522.
NADAL, Manuel y su mujer, Isabel; corredor; jud.; relax. 1511 y 1512 (él).
NADAL, Pere y su mujer, Isabel; mercader; jud.; relax. 1506.
NADAL, Sperança; alias Andreu o Rossell (casada con Gabriel Andreu Rossell —I—); jud.; penit. 1489 y 1490.
NADAL, Sperança; beata; jud.; penit. 1514 y 1515.
NADAL, Úrsula; jud.; penit. 1514.

NADAL, Yolant (casada con Luis N.); jud.; relax. 1522 y 1523.
NAPER, Guillem y su mujer, Gracia; *corredor d'orella*; jud.; penit. 1514.
NATAPA, Aldonça (casada con Pere Próxita); jud.; relax. 1506.
(NATERA), Aldonça (casada con Miguel N.; corredor); jud.; penit. 1495 y 1510.
NATERA, Ángela (casada con Jeroni Manrana —I—); jud.; relax.
NATERA, Francès; corredor; jud.; relax. 1526 y 1527.
NATERA, Francès, sedero; de Gandia; jud. y criminal; 1491 y 1492.
NATERA, Joan (casado con Violant Leo —I—); *especier*; jud.; relax. 1506 y 1509.
NATERA, Joan; de Requena; jud.; penit. 1529 y 1530.
NATERA, Leonor.
NATERA, María (casada con Francisco Galiana —I—); jud.; relax.
NATERA, Mateu y su mujer, Violant; corredor; jud.; penit. 1485.
(NATERA), Violant (casada con Joan Natera); jud.; penit. 1485.
NAVA, Martín de la; caballero; de Teruel; jud.; relax. 1485.
NAVARRA, Violant (casada con Pedro Martínez); de Teruel; jud.; relax. 1517.
NAVARRO, Antoni; *moliner*; de Villalba la Baixa; jud.; penit. 1516 y 1517.
NAVARRO, Francisca (casada con Lope de Bobadilla); jud.; relax. 1506 y 1516.
NAVARRO, Gil y su mujer, Castellana; *veler*; jud.; penit. 1516, 1518, 1520 y 1510 (ella).
NAVARRO, Gil y su mujer, Leonor; *torcedor de seda*; jud.; relax. 1510 y 1516.
(NAVARRO), Isabel; alias María de Tunexa (casada con Joan Navarro); jud.; penit. 1511 y 1517.
NAVARRO, Isabel (casada con Rodrigo Álvarez de León); de Teruel; jud.; relax. 1485 y 1486.
NAVARRO, Joan; *librer*; de Estella; tornadizo; penit. 1501 y 1502.
NAVARRO, *mossèn* Joan; clérigo; penit. 1528.
NAVARRO, Pedro; *paraire*; de Teruel; fautoría; relax. 1518, 1522 y 1528.
NAVARRO, Sperança; hechicería; relax. 1531.
NAVARRO, Úrsula (casada con Pedro Pomar —I—); de Teruel; jud.; relax. 1485.
NAVARRO, Vidal; *tintorer de seda*; jud.; relax. 1500.
NAVARRO, Yolant; alias Pujades (casada con Francès Ballester); de Teruel; jud.; relax. 1517, 1518 y 1523.
NAVES, Joan (padre de Joan —I— y de Pau —I—); *peller*; jud. 1497.
NAVES, Joan (hijo de Joan —I—); jud.; relax. 1497.
NAVES, Pau (hijo de Joan —I—); jud.; relax. 1497.
NAVIERA, Joan; *especier*; jud.; relax. 1506.
NEDILLA, Johan, su mujer y sus hijos; jud.; 1501.

OLIVA, Alfonso y su mujer; corredor; jud.; 1502.
OLIVA, Luis; mercader; jud.; 1526.
(OLIVARES), Beatriu (casada con Alonso O.; corredor); jud.; penit. 1500 y 1509.
OLIVER, Galceran y su mujer, Leonor; jud.; penit. 1485.
OLIVER, Joan; de Mora de Prades; jud.; relax. en estatua 1490.
OLIVER, Joan y su mujer, Úrsula; corredor; de Mallorca; jud.; penit. 1497 (ella), 1522 (ambos) y 1527 (él).
OLIVER, Luis y su mujer, Isabel; arrendador de impuestos; jud.; 1490 y 1501.
OLIVER, Pere (casado con Violant Garcés —I—); jud.; penit. 1485.
OLUSA, Galceran; jud.; 1491, 1499, 1501, 1503, 1504 y 1509.
(OLLER), Aldonça (casada con Alonso O.); jud.; 1495.
ORDONYES, Guiomar; *dona del publich*; bigamia; penit. 1514.
ORIOLA, Leonor de; jud.; relax. 1516.
ORT, Daniel del; *argenter*; de Segorbe; jud. 1491, 1499, 1500, 1503, 1504 y 1512.
ORT, Gabriel y su mujer, Yolant; de Segorbe; jud.; 1491 y 1493.
(ORT), Isabel (casada con Jaime O.; platero); de Segorbe; jud.; penit. 1526.
ORT, Isabel del (casada con Pascual Monelon —I—); jud.; de Segorbe; relax. 1491.
ORT, Lope del y su mujer, Benvenguda; calcetero; de Segorbe; jud.; penit. 1510 (ella) y 1500 y 1512.
ORT, Ramón del; notario; de Segorbe; jud.; relax. 1490, 1491, 1502, 1503 y 1504.
ORT, Sperança del (casada con Pascual Moneleó); de Segorbe; jud.; 1516 y 1521.
ORT, Violant del; jud.; penit. 1495, 1499 y 1504.
ORTI, Luis; notario; jud.; 1510.
ORTIZ, Gracia Felip; jud.; 1504.
OSTALER, Ángelo y su mujer, Catarina; jud.; penit. 1485.

PALAU, Aldonça (casada con Jaume Álvarez; hija de Gabriel P.; *draper*; y hermana de Gostança —I—); de Orihuela; jud.; relax. 1500.
PALAU, Angela (casada con Andreu Tamarit —I—); jud.; penit. 1520, 1521 y 1522.
PALAU, Anthoni y su mujer, Leonor; jud.; penit. 1485 y 1486.
PALAU, Berthomeu; de Elche; jud.; 1529.
PALAU, Bertomeu y su mujer, Leonor; de Tortosa; jud.; penit. (ella) y relax. (él) 1490, 1491 y 1508.
PALAU, *micer* Francesch (casado con Violant Despuig —I—); *doctor en drets*; de Tortosa; jud.; relax. en estatua 1486, 1487, 1488, 1489, 1491 y 1492.
PALAU, Gostança (casada con Gabriel Sanç, *draper*; hija de Gabriel P., *draper*; y hermana de Aldonça —I—); jud.; relax. 1500.
PALAU, Isabel (casada con Galceran Torregrosa); jud.; 1526.

PALAU, Jaume y su mujer, Blanquina; jud.; penit. 1485.
PALAU, Joan y su mujer, Serena; *botiguer*; jud.; penit. 1485.
PALAU, Luis y su mujer, Polisena; jud.; relax. 1489 (él), 1497 (ella) y 1518 (ambos).
PALAU, Salvador; *seller*; jud.; relax. 1511.
PALLAS, Bertomeu; jud.; relax. 1512.
PALLAS, Ramón y su mujer, Francina; jud.; relax. 1510 (ella), 1511, 1512, 1513 y 1518 (él).
PARDO, Aldonça; jud.; penit. 1516.
PARDO, Angela (casada con Garoni Serra; mercader); jud.; relax. 1526 y 1534.
PARDO, Bernat (padre de Pere Ramón —I— y de Violant —I—); mercader; jud.; penit. 1485.
PARDO, Brianda (casada con Joan P. —I—; hija de Flor P. —I—); de Segorbe; jud.; relax. 1491, 1499 y 1511.
PARDO, Catalina; jud.; 1501 y 1504.
PARDO, Damiata (hija de Flor P. —I—); de Segorbe; jud.; relax. 1491 y 1514.
PARDO, Flor (madre de Brianda P. —I— y Damiata —I—); jud.; relax. 1491 y 1493.
PARDO, Isabel (madre de Leandro P.; asesor del gobernador); jud.; 1526.
PARDO, Jaume; de Teruel; jud.; relax. 1487.
PARDO, Joan (casado con Violant Lagostera —I—); *calceter*; jud.; relax. 1513, 1514, 1516 y 1520.
PARDO, Leonor (casada con Pau Bonavida; platero); jud.; relax. 1526.
PARDO, Luis; *calceter*; jud.; penit. 1516.
PARDO, Martín; de Segorbe; jud.; 1497 y 1499.
PARDO, Nicolau; *teixidor*; jud.; relax. en estatua 1497 y 1510.
PARDO, Pau; *calceter*; jud.; 1517 y 1528.
PARDO, Pere Ramón y su mujer, Sperança; *calceter*; jud.; relax. 1485, 1487, 1497, 1500, 1502, 1503, 1504, 1509, 1515 y 1517.
(PARDO), Violant (casada con Joan P.); jud.; penit. 1485.
PARDO, Violant (hija de Bernat —I— y hermana de Pere Ramón —I—); doncella; jud.; penit. 1500 y 1510.
PARÍS, Anthoni de; labrador; de Teruel; jud.; penit. 1485.
PASCUAL, Sancho; de Paterna; jud.; penit. 1519.
(PASTOR), Blanquina (casada con Antoni P.; tejedor); jud.; penit. 1514 y 1518.
PASTOR, Pere; jud.; 1506.
PAU, Blanquina; de Tortosa; jud.; relax. 1486 y 1493.
PAU, Joan y su mujer, Beatriu; alias Ximénez; corredor; jud.; relax. 1493, 1500 (ella) y 1510.
PAUFORES, Blanquina; jud.; 1508.
PEDRALBES, Aldonça (casada con Joan Ycart); de Tortosa; jud.; relax. 1486 y 1496.
PEDRALBES, Francès; jud.; 1493 y 1508.

PEDRALBES, Joan y su mujer, Violant; de Tortosa; jud.; relax. él: 1493; ella: 1486, 1489, 1491, 1493, 1502 y 1508.
(PEIRATS), Angelina (casada con Bonanat P.; corredor); jud.; relax. 1512.
PEIRATS, Beatriu (hija de Joan P. —I—); jud.; relax. 1509.
PEIRATS, Joan y su mujer, Isabel (padres de Beatriz —I—); notario; jud.; relax. 1485, 1490, 1493, 1502 y 1510.
(PELEGRI), Caterina (casada con Joan P.; carnicero); jud.; penit. 1514.
PELEGRI, Damiata; viuda; jud.; penit. 1524.
PELEGRI, Francès y su mujer, Isabel; jud.; penit. 1485.
PELEGRI, Gabriel y su mujer, Aldonça; mercader; jud.; penit. 1485, 1506 y 1507.
PELEGRI, Galceran; tendero; jud.; 1486.
PELEGRI, Jaume (casado con Damiata Próxita —I—); jud.; penit. 1485 y 1486.
PELEGRI, *micer* Luis; jurista; de Concentaina; jud.; relax. 1516, 1518 y 1520.
PELEGRI, Úrsula (casada con Bernat Macip —I—); jud.; relax. 1493.
(PELLICER), Dolça (casada con Pere P.); jud.; relax. 1509.
PENYA, María de la (casada con Benito María); de Segorbe; jud.; 1516 y 1521.
PERATA, Manuel y su mujer, Daniela; jud.; relax. 1520.
PERCHINA, Ausias; jud.; 1508.
PERELLO, Castellana de (casada con Jeroni Manrana); de Gandia; jud.; 1518.
PERETO, March de; jud.; 1486.
PÉREZ, Álvaro; jud.; 1518.
(PÉREZ), Clara (casada con Jaime P.; mercader); jud.; relax. 1512.
(PÉREZ), Gracia (casada con Joan Jeroni P.; *torcedor*); jud.; 1524 y 1525.
PÉREZ, Guillem y su mujer, Sperança; tendero; de Teruel; jud.; relax. en estatua 1486.
PÉREZ, Johan y su mujer, Isabel; sedero; jud.; 1499, 1502, 1504, 1506 y 1528.
PÉREZ, Violant; jud.; 1501.
PÉREZ DE ALCARAZ, Aldonça; jud.; 1501 y 1515.
PÉREZ DE ALCARAZ, Alonso; jud.; 1515.
PERTUSA, Pere; mercader; jud.; relax. 1500.
(PIERA), Aldonça (casada con Manuel P.; mercader); jud.; penit. 1512 y 1518.
(PIERA), Beatriu (casada con Miguel P.); jud.; 1506, 1507 y 1508.
PIERA, Enrich; jud.; penit. 1520 y 1522.
PIERA, Joan y su mujer, Eulalia; corredor; de Tortosa; criminal; relax. 1505, 1508, 1510 y 1516.
PIERA, Miquel; corredor; jud.; penit. 1514, 1515 y 1516.
PNGIONOSA, Manuel de: jud.; 1507.

(PINOL), Coloma (casada con Jaume P.; *calceter*); jud.; penit. 1485 y 1486.
PINTOR, Angelina (casada con Miguel Ginestar); jud.; relax. 1513.
PINTOR, Ausiàs (hermano de Bernat —I—); mercader; jud.; relax. en estatua. 1489, 1491, 1493, 1497, 1499, 1501, 1502, 1503, 1504, 1506, 1509 y 1515.
PINTOR, Bernat (hermano de Ausiàs —I—; casado con Sperança Artes —I—); mercader; jud.; relax. en estatua, 1489, 1491, 1493, 1497, 1499, 1501, 1502, 1503, 1504, 1506, 1509 y 1515.
PINTOR, Isabel (casada con Pere Castellar; *torcedor de seda*); jud.; 1485 y 1508.
PINTOR, Sperança (casada con Gabriel Fenollosa —I—); jud.; 1485, 1486, 1498.
(PINTOR), Yolant (casada con Salvador P.); jud.; 1491.
PINTOR, Yolant (casada con Pere Fuster —I—); de Xàtiva; jud.; 1524 y 1525.
(POLO), Isabel (casada con Juan Polo); jud.; penit. 1514, 1515, 1516, 1517, 1518, 1520 y 1523.
POMAR, Gracia (casada con Fernando García —I—); de Teruel; jud.; relax. en estatua 1491, 1504 y 1520.
POMAR, Jaume; jud.; penit. 1486, 1500 y 1510.
POMAR, Joan y su mujer, Isabel; jud.; 1506 y 1515.
POMAR, Joan y su mujer, Yolant; *botiguer*; de Teruel; jud.; relax. 1517 y 1518; sólo él: 1521, 1525 y 1526.
POMAR, Leonart; jud.; 1507 y 1510.
POMAR, Pedro; el viejo; (casado con Úrsula Navarro —I—); mercader; de Teruel; jud.; relax. 1484, 1486, 1487, 1504, 1515, 1517, 1518.
POMAR, Pedro; *droguer*; de Teruel; jud.; relax. 1525, 1526 y 1528.
POMAR, Sperança.
POMAR, Violant.
PORT, Bernat; jud.; relax. 1500.
PORTA, Andreu; jud.; 1499.
PORTA, Berant y su mujer, Violant (tíos de Aldonça, casada con Francesch Cortilles —I—); jud.; relax. 1497, 1500 y 1504.
PORTA, Jofre; *teixidor*; jud.; relax. 1497.
PORTA, Luis; *veler*; jud.; penit. 1485, 1486 y 1499.
(PORTA), Yolant (casada con Ausias P.); de Xàtiva; jud.; penit. 1516, 1517 y 1520.
PORTELLA, Johan; jud.; 1502.
PRADES, Brianda (hermana de Isabel —I—); doncella; jud.; penit. 1520.
PRADES, Isabel (hermana de Brianda —I—); doncella; jud.; penit. 1520.
PRADES, Jaume y Sperança; jud.; penit. 1485 y 1486.
(PRATS), Damiata (casada con Jaime P.; notario); jud.; 1518.
PRATS, Pere; *sabater*; jud.; penit. 1520.
PRESA, Johan; jud.; 1491.

PRESA, María.
PRIOR, Bertomeu; de Gandesa; jud.; relax. en estatua, 1486.
PROXITA, Ausiàs y su mujer, Brianda (padres de Violant —I—); *argenter*; de Xàtiva; jud.; penit. 1486, 1507, 1509, 1510 y 1520.
PROXITA, Benet de, y su mujer, Angelina; *cambiador*; jud.; relax. 1497 y 1499.
PROXITA, Damiata (casada con Jaume Pelegrí —I—); jud.; penit. 1485 y 1486.
PROXITA, Francès (casado con Ventura Castellar —I—); *argenter*; jud.; relax. en estatua 1502, 1509 y 1510.
PROXITA, Manuel de; *argenter*; jud. 1509.
PROXITA, Miguel; *argenter*; jud.; relax. 1486, 1491, 1493, 1501, 1502, 1504 y 1507.
PROXITA, Nicolau de, y su mujer, Blanquina; jud.; relax. 1497.
PROXITA, Violant (hija de Ausiàs P. —I—; primera mujer de Jaume Alcanyiz —I—); de Xàtiva; jud.; 1520.
PUIG, Alabanda; de Ulldecona; jud.; penit. 1491.
PUIG, Aldonça; jud.; relax. 1522 y 1525.
PUIG, Beatriu; jud.; relax. 1522.
PUIG, Gostança; jud.; penit. 1519 y 1522.
PUIG, Guiomar; jud.; relax. 1518 y 1525.
PUIG, Joan del; jud.; 1503.
PUIG, Isabel; guarda y portalera de la sinagoga; jud.; 1500 y 1501.
PUIG, Luis; *velluter*; jud.; relax. en estatua 1511 y 1514.
PUIG, Manuel del; de Teruel; jud.; penit. 1486.
PUIG, Patrona; jud.; 1510.
(PUIG), Úrsula (casada con Sancho P.; corredor); jud.; penit. 1485.
PUIG, Violant; jud.; relax. 1522.
PUIGMITJA, Francesch; mercader; de Teruel; jud.; relax. 1484, 1486 y 1487.
PUIGMITJA, Joan y su mujer, Florentina; de Teruel; jud.; 1503 y 1506.
PUIGMITJA, Manuel (casado con Violant Carone —I—); de Teruel; jud.; relax. 1485 y 1486.
PUIGMITJA, Manuel y su mujer, Francina; jud.; 1503 y 1508.
PUIGMITJA, Violant (casada con Juan de Toledo —I—); jud.; de Teruel; relax. 1486.
PUJADA, Berenguer; sastre; jud.; relax. en estatua 1500.
PUJADES, Violant (casada con Pere Fabra —I—); jud.; 1497.
PUJADES, Yolant (casada con Bernat Despuig); jud.; penit. 1523.
PUJOL, Beatriu (casada con *mestre* Diego Cindoler); jud.; penit. 1512 y 1514.
PUJOL, Bonanat; alias Cara de Rey; jud.; relax. 1487, 1490, 1497, 1502 y 1509.
PUJOL, Brianda (casada con Luis Rojals); de Teruel; jud.; relax. 1487.
PUJOL, Gaspar (casado con Gracia Alfonso —I—; jud.; penit. 1485.
PUJOL, Isabel (casada con Nicolau); jud.; 1485 y 1491.

PUJOL, Jaime; jud.; penit. 1485.
PUJOL, Luis; *corredor d'orella*; jud.; penit. 1511, 1512, 1513, 1520 y 1523.
PUJOL, Pere y su mujer, Aldonça; jud.; penit. 1485.
PUJOL, Simó y su mujer, Leonor; corredor; jud.; relax. 1511.

QUATORCE, Beatriu (casada con Bernat Q.); jud.; penit. 1485.
(QUATORCE), Beatriu (casada con Gabriel Q.); jud.; 1506.
QUEXANS, Aldonça (casada con Luis Benestrull); jud.; 1511 y 1516.
QUEXANS, Antoni; jud. 1516.
QUEXANS, Beatriu.
QUEXANS, Daniel; jud.; 1516.
QUEXANS, Galceran (casado con Angelina Matarredona —I—); corredor; jud.; relax. 1511.
QUEXANS, Isabel (casada con Lois Álvaro); jud.; penit. 1485.
QUEXART, Antoni; corredor; jud.; relax. 1506.
QUIXANO, Antoni; jud. 1517.

RABAÇA, Beatriu.
RABOSA, moro; de la morería de Valencia; disputas con cristianos; relax. 1510.
RAFAEL, Perot (casado con Gentil Sanç —I—); corredor; de Xàtiva; jud.; penit. 1497.
RAM, Berenguer; mercader; de Teruel; jud.; relax. en estatua 1484, 1486, 1487, 1488 (e hijos), 1489, 1493, 1498, 1499, 1506 y 1517.
RAM, Fernando (casada con Gracia Jiménez —I—); mercader; de Teruel; jud.; relax. en estatua 1486.
RAM, *mossèn* Juan; canónigo; de Teruel; jud.; relax. 1486.
(RAMAYO), Damiata (casada con Francès R.); jud.; 1509.
(RAMAYO), Damiata (casada con Rafael R. —I—); jud.; penit. 1485.
RAMAYO, Leonor (casada con Rodrigo Simó); jud.
RAMAYO, Nicolau; jud.; 1493.
RAMAYO, Rafael (casado con Damiata —I—); notario; jud.; relax. 1500 y 1507.
RAMAYO, Salvador; corredor; jud.; relax. 1511 y 1512.
RAMÓN, Guillem; jud.; 1508.
RAMÓN, Jaime; médico; jud.; relax. en estatua 1486.
RAMÓN, Joan; *sabater*; de Paterna; jud.; penit. 1515, 1516 y 1524.
(RAMÓN), Sperança (casada con Pere R.; mercader); jud.; penit. 1500.
RAMÓN, Úrsula (casada con Bertomeu Foguet —I—); de Teruel; hechicería; 1485 y 1511.
(RAMÓN), Úrsula (casada con Luis R.); jud.
REDÓ, Aldonça (casada con Martí Martínez); jud.; penit. 1485.
REDÓ, Bertomeu; jud.; penit. 1485.
REDÓ, Gaspar; jud.; penit. 1485.
(REDÓ), Leonor (casada con Jaume); jud.; penit. 1485.

REDÓ, Yolant (casada con Daniel Guiot —I—); jud.; relax. 1504, 1506, 1507, 1512, 1514 y 1516.
REGOLF, Baltasar; *guarda de camins*; jud.; penit. 1512 y 1513.
(REGOLF), Sperança (casada con Jaime R.; *teixidor*); jud.; penit. 1514.
RELIS, Stheve y su mujer, Sperança; *carnicer*; jud.; relax. 1514.
(REQUESENS), Graciosa (casada con Pau R.); jud.; relax. 1509.
REQUESENS, Johan y su mujer, Blanquina; mercader; jud.; relax. 1509.
(REQUESENS), Úrsula (casada con Francès); jud.; 1509.
RIBESALTES, Luis; deán de la Seo de Tortosa; relax. en estatua 1502.
(RICART), Angelina, alias Ricarda (casada con Gabriel Ricart); jud.; 1495 y 1510.
RIERA, Anthoni (casado con Violant —I—); velero; jud.; penit. 1485 y 1486.
RIERA, Beatriz (casada con Carlos Almenara; corredor); jud.; penit. 1520 y 1524.
RIERA, Francina; alias del Castillo; jud.; penit. 1527.
RIERA, Gostança (casada con Pere Puig; *velluter*); jud.; penit. 1520 y 1524.
(RIERA), Isabel (casada con Pere Riera; tejedor); jud.; penit. 1529.
RIERA, Isabel (hija de Jaume R.; sastre); jud.; penit. 1524 y 1526.
RIERA, Jaume (casado con Sperança Lop —I—); de Gandia; jud.; relax. 1485, 1486, 1507 y 1508.
RIERA, Juan; *teixidor de vels*; criminal; relax. 1505, 1521 y 1523.
RIERA, Nicolau y su mujer, Leonor; jud.; penit. 1485 y 1486.
RIERA, Pere y su mujer, Isabel; *calceter*; jud.; penit. 1520.
RIERA, Pedro Juan; criminal; 1505.
(RIERA), Violant (casada con Antoni R. —I—); jud.; 1485, 1486 y 1529.
Río, María del (casada con Gonzalo Roiz); de Teruel; jud.; relax. 1484, 1487 y 1507.
RIPOLL, Alfonsa; de Albarracín; jud.; penit. 1516 y 1528.
RIPOLL, Francès y su mujer, Gostança; jud.; penit. 1485 y 1486.
(RIPOLL), Gracia (casada con Luis R.; mercader); jud.; penit. 1485.
RIPOLL, Isabel (casada con Martí Clarés; *assaonador*); jud.; relax. 1514.
RIPOLL, Jaume y su mujer, Isabel; jud.; penit. 1485.
RIPOLL, Joan; sastre; jud.; 1499 (casado con Violant R. —I—).
RIPOLL, Laura (madre de Pablo R. —I—; de Albarracín; jud. 1491.
RIPOLL, María (casada con Joan R.); jud.; penit. 1514.
RIPOLL, Pablo de (casado con María Toledana —I—; hijo de Laura R. —I—); mercader; de Albarracín; jud.; relax. 1490, 1491, 1492, 1493, 1501, 1503 y 1522.
(RIPOLL), Violant (casada con Johan R. —I—); jud.; relax. 1497 y 1510.

Rius, Francina; jud.; penit. 1514.
Rius, Gostança (casada con Miguel Martí); de Alcudia; jud.; relax. 1521.
Rius, Joana (casada con Joan Gaspar); jud.; penit. 1514.
Rius, Luis de; comendador de los mercedarios del Puig; jud.; 1483.
Rius, Perot; de Alicante; jud.; relax. 1516 y 1520.
Riusech, Jofre; jud.; 1487, 1489 y 1491.
Riusech, Úrsula; jud.; penit. 1485.
Rivas, *mossèn* Luis de; jud.; 1502.
Roca, Isabel (casada con Baltasar Dionis —I—); jud.; relax. 1520.
Roca, Jaume y su mujer, Rosa; jud.; penit. 1485.
Roca, Violant (casada con Baltasar Leonis —I—); jud.; 1520.
Roda, Antoni; jud.; penit. 1485 y 1486.
Rodilla, Domingo de (hijo de Joan —I—); jud.; penit. 1500 y 1501.
Rodilla, Fernando de (hijo de Johan —I—); jud.; penit. 1500 y 1501.
Rodilla, *mestre* Joan de (padre de Johan —I—, Fernando —I— y Domingo —I—; casado con Úrsula R. —I—); sastre; jud.; relax. 1500, 1501, 1507, 1528 y 1529.
Rodilla, Johan (hijo de Johan —I—); jud.; penit. 1500 y 1501.
(Rodilla), Úrsula (casada con Joan R. —I— y madre de Fernando —I—; Domingo —I— y Johan —I—); jud.; penit. 1501 y 1528.
Rodríguez, Alfonso; alias Sanromán; natural de Sevilla y habitante en Teruel; blasfemia; relax. 1529.
Rodríguez, Angelina (casada con Antoni Guasch); jud.; penit. 1485.
Rodríguez, fray Antonio; franciscano; hechicería; jud.; relax. 1512.
Rodríguez, Bertomeu; notario; jud.; relax. 1486, 1506 y 1513.
(Rodríguez), Catalina (casada con Fernando R.; portero); alias la Castellana; de Albarracín; jud. y hechicería; penit. 1492 y 1493.
Rodríguez, Damiata (casada con Francès R.); jud.; penit. 1485 y 1486.
Rodríguez, Gonzalo y su mujer, Úrsula; de Tortosa; jud.; relax. en estatua 1491, 1492, 1493, 1508, 1510, 1512 y 1518.
Rodríguez, Jaume y su mujer, Isabel; notario; jud.; penit. 1510, 1511, 1512, 1513, 1514, 1516 y 1517.
Rodríguez, Martín; de Huelva; jud.; penit. 1526.
Rodríguez, Perot; corredor; jud.; penit. 1519 y 1522.
Rodríguez, Sebastián y su mujer, Anna; jud.; 1506, 1507 y 1510.
Roig, Bartolomé; *aloder*; fautoría; relax. 1492.
Roig, Luis y su mujer, Isabel; mercader; jud.; relax. 1489, 1495 y 1499.
Roig, Joan y su mujer, Brígida; jud.; penit. 1486.
Roig, Luis y su mujer, Leonor; tintorero; jud.; penit. 1515 y 1516.
Roiz, Aldonça (casada con Fernando R.); de Teruel; jud.; relax. 1486.
Roiz, Alfonsina (hija de Antón el viejo —I—; hermana de Gra-

cia —I— y de Antón el joven —I—); jud.; 1497, 1498, 1502 y 1511 y 1526.

Roiz, Alfonso; jud.; 1518 y 1521.

Roiz, Alfonso (hijo de Johan, el Generadero —I—); de Teruel; jud.; relax. en estatua 1497, 1499, 1501, 1504, 1514, 1518 y 1521.

Roiz, Antón de Alfonso y su mujer; jud.; de Teruel; relax. 1486, 1488, 1498, 1502 y 1506.

Roiz, Antón de Antoni; el joven (hijo de Antoni R., el viejo —I—; hermano de Gracia —I— y de Alfonsina —I—; jud.; de Teruel; relax. 1498, 1499 y 1529.

Roiz, Antoni el viejo (casado con Donosa Besant —I—; padre de Antón el joven —I—; de Alfonsina —I— y de Gracia —I—); jurista; de Teruel; jud.; penit. 1498, 1499 y 1521.

Roiz, Beatriz; jud. (hermana de Antón R. —I—); jud.; de Teruel 1524, 1526 y 1528.

(Roiz), Blanquina (casada con Daniel R.; sastre); jud.; penit. 1487 y 1518.

Roiz, Brianda (casada con Miguel Aguiló, notario); jud.; penit. 1529.

(Roiz), Donosa (casada con Juan R.; de Teruel; jud.; relax. en estatua 1484 y 1485.

Roiz, Fernando y su mujer, Violant; *argenter*; jud.; 1485, 1509 y 1520.

Roiz, García y su mujer, Agnes; *botiguer*; de Teruel; jud.; penit. 1491.

Roiz, Gil, el Dentudo (casado con Violant Santafé —I—; hermano de Martín R. —I—); mercader; de Teruel; jud.; relax. en estatua 1484, 1486, 1487, 1488, 1489, 1502 y 1506.

Roiz, Gil; ciudadano de Valencia; jud.; relax. 1524, 1525, 1528 y 1530.

Roiz, Gil; alias de la Cabra; beneficiado de Santa Cruz de Zaragoza; jud.; relax. 1486.

Roiz, Gil de Gil; mercader; de Teruel; jud.; relax. 1487, 1498, 1501, 1502 y 1517.

Roiz, Gil de Gonsalbo (hijo de Gonsalbo —I—); mercader; de Teruel; jud.; relax. 1484, 1486, 1487, 1489, 1497, 1498, 1507 y 1521.

Roiz, Gonsalbo (padre de Gil de Gonsalbo —I—); de Teruel; jud.; relax. en estatua 1487, 1488, 1489, 1494, 1502, 1522 y 1529.

(Roiz), Gracia (casada con Gil de Gonsalbo —I—); de Teruel; jud.; relax. 1484 y 1486.

Roiz, Gracia de Antoni el viejo (casada con Luis Linyan; hija de Antoni el viejo —I—; hermana de Alfonsina —I— y de Antón el joven —I—); jud.; de Teruel; relax. 1484, 1486, 1497, 1498, 1502, 1511, 1514 y 1528.

Roiz, Jaime y Clara; jud.; penit. 1485.

Roiz, Jaime y su mujer, Juana; *corredor d'orella*; jud.; penit. 1513 y 1520.

Roiz, Johan el Generadero y su mujer, Agnes Blanes (padres de Alfonso R. —I—); jud.; de Teruel; penit. 1497, 1501 y 1518.
Roiz, Joana; jud.; penit. 1515.
Roiz, Luis y su mujer, Isabel; *tintorer*; jud.; penit. 1522.
Roiz, Luis y su mujer, María; jud.; penit. 1486 y 1487.
Roiz, María (casada con Juan Solsona); jud.; penit. 1486.
Roiz, Martín (casado con Violant —I—; hermano de Gil el Dentudo —I—); mercader; de Teruel; jud.; relax. 1487, 1488, 1502 y 1506.
Roiz, Nicolau; *moriscat*; penit. 1512.
Roiz, Pero; fiscal del Santo Oficio de Gudar, y su mujer, Aldonça; de Gudar; relax. 1485 (ella), y él: 1486, 1487, 1491, 1498, 1507, 1509 y 1510.
Roiz, Pero y su mujer, Leonor; de Teruel; jud.; relax. él: 1521 y ella: 1493, 1512 y 1513.
Roiz, Simón; *teixidor de lli*; de Albuquerque; jud.; relax. 1516.
Roiz, Urraca (casada con Manuel de Valencia —I—); jud.; penit. 1485.
(Roiz), Yolant; de Teruel; jud. 1489, 1517 y 1518.
(Roiz), Violant (casada con Fernando R. —I—); jud.; penit. 1528.
Roiz, Violant (casada con Pedro Martínez de Manilla —I—); de Teruel; jud.; relax. en estatua 1486, 1517 y 1518.
Rojals, Blanquina; jud.; relax. 1520 y 1521.
Rojals, Gabriel y su mujer, Violant; mercader; jud.; relax, él: 1497, 1498, 1499 y 1501; ella: 1511.
Rojas, Fernando de; de Granada; moriscado 1518.
Roldán, Isabel; jud.; relax. 1505.
Román, Alfonso; jud.; penit. 1497.
Romero, Joan; antes moro; jud.; penit. 1511.
(Romeu), Aldonça (casada con Johan Romeu); jud.; relax. 1507.
(Romeu), Beatriu (casada con Joan Romeu; sastre); de Alcañiz; jud.; penit. 1516.
Romeu, Luis; velero; criminal; relax. 1505.
Romeu, Úrsula; jud.; 1524.
Ros, Brianda de (casada con Joan Solanes —I—; hija de Dionís de R. —I—); de Teruel; jud.; relax. 1487, 1506, 1508 y 1510.
Ros, Damiata; moriscada; penit. 1507.
Ros, Dionís de, y su mujer, Gostança (padres de Brianda —I—); mercader; jud.; relax. 1487.
Ros, Enrich de; mercader; jud.; penit. 1524, 1526 y 1527.
Ros, Florença (casada con Joan de Montalbà, alias Leonart; sastre); jud.; 1486 y 1487.
Ros, Luis; alias Peget; jud.; 1510 y 1511.
(Rosa), Na Isabel (casada con Pere de la Rosa); de Teruel; jud.; relax. 1487.
Rosa, Oliver de la; de Teruel; jud.; penit. 1487.
(Rosell), Agronis (casada con Tomás R.); jud.; 1506.
Rosell, Aldonça; alias Moncada (casada con Gabriel Moncada;

hija de Joan Andrés —I—; hermana de Miguel —I— y de Violant —I—); jud.; relax. 1491, 1497, 1499, 1510, 1524 y 1526.
ROSELL, Andreu y su mujer, Leonor; jud.; relax. 1497, 1498, 1506 y 1509.
ROSELL, Damià y su mujer; jud.; relax. 1489, 1491, 1493, 1495, 1499, 1504, 1506 y 1512.
ROSELL, Delfina (casada con Jaume Lopis, *ciutadà*); jud.; penit. 1524.
ROSELL, Dionís y su mujer, Delfina; *ciutadà*; de Teruel; jud.; penit. 1487, 1488, 1496, 1499, 1502, 1506, 1508, 1509, 1510, 1515 y 1524.
ROSELL, Gabriel Andreu (casado con Sperança Nadal —I—); mercader; jud.; 1490.
ROSELL, Gostança; jud.; penit. 1507.
ROSELL, Isabel (hija de Dionís —I—); beata; jud.; penit. 1524.
ROSELL, Jaume y su mujer, Leonor; *peller*; jud.; relax. 1487 (ella) y 1497 (él).
ROSELL, Joan Andreu (casado con Isabel Celma —I—; padre de Miguel Andreu —I—, Violant —I— y Aldonça —I—); jud.; relax. 1485, 1486, 1496, 1502, 1511 y 1514.
ROSELL, Lois; jud.; penit. 1485.
ROSELL, Miguel Andreu y su mujer, Castellana (hijo de Joan Andreu —I—; hermano de Violant —I— y de Aldonça —I—); *peller*; jud.; relax. 1485, 1486, 1492, 1493, 1497, 1499, 1501, 1502, 1504, 1509, 1510, 1511, 1514 y 1515.
ROSELL, Úrsula (hija de Dionís —I—); jud.; penit. 1485.
ROSELL, Violant (casada con Fernando Vicent —I—; hija de Joan Andrés —I—; hermana de Miquel Andreu —I— y de Aldonça —I—); de Segorbe; jud.; relax. 1491, 1499, 1497, 1510 y 1528.
ROSTRILLAS, Beatriz; de Teruel; jud.; penit. 1522.
ROTA, Joan; *tonyiner*; jud.; penit. 1515 y 1526.
RUBERTI, Miquel; criminal; penit. 1520.
RUEDA, Francisco; jud.; penit. 1488.
RUEDA, Jaime de; jud.; penit. 1520.
RUEDA, Juan de; jud.; penit. 1520.
RUIZ, Blanca (hija de Galcerán; hermana de Llunissa —I— y de Manuel —I—); jud.; relax. en estatua 1511.
RUIZ, Llunissa (hija de Galcerán; hermana de Blanca —I— y de Manuel —I—); jud.; relax. en estatua 1511.
RUIZ, Manuel (hijo de Galcerán; hermano de Blanca —I— y de Llunissa —I—); jud.; relax. en estatua 1511.

SAEZ, Leonor (casado con Leonart Pujol); de Teruel; jud.; 1487.
SALA, Joan; jud.; penit. 1510.
SALA, Pere; médico; de Tortosa; jud.; relax. 1514.
SALES, Brianda (hija de Marina S. —I—); jud.; relax. 1528 y 1530.
SALES, Caterina; jud.; penit. 1528.
SALES, Marina (madre de Brianda S. —I—); jud.; 1530.

(SALVADOR), Agronia (casada con Jofre S.); jud.; penit. 1485.
SALVADOR, Aldonça (casada con Jaime Boyl); jud.; penit. 1485.
SALVADOR, Angelina (Lois Fenollosa); jud.; penit. 1485.
SALVADOR, Beatriz (hija de Joan); jud.; penit. 1485.
SALVADOR, Felip; de Teruel; jud.; penit. 1492.
SALVADOR, Francès y Yolant; *cambiador*; jud.; penit. 1486 y 1526.
SALVADOR, Jaume; tejedor de seda; jud.; relax. en estatua 1526, 1527 y 1528.
SALVADOR, Joan; mercader; jud.; penit. 1499, 1506, 1509 y 1510.
SALVADOR, Leonart; velero; jud.; penit. 1512, 1513, 1518, 1520 y 1521.
(SALVADOR), Leonor (casada con Francès S.; corredor); jud.; penit. 1511.
SALVADOR, Luis; *teixidor*; jud.; penit, 1520.
SALVADOR, Manuel, y sus mujeres, Úrsula y Angelina Dauder; jud.; relax. 1485 (Manuel y Úrsula), 1501 (Manuel) y 1509 (Angelina).
SALVADOR, Matheu; notario; jud.; penit. 1488.
SALVADOR, Yolant (casada con Francès Castellar —I—); jud.; penit. 1526 y 1527.
SALVAT, Joan; mercader; de Tortosa; jud.; relax. en estatua 1491, 1492 y 1508.
SALVAT, Pere; jud.; 1491.
SALVAT, Salvador; jud.; penit. 1490.
SANCABLA, Joana; jud.; relax. 1515.
SANCABLA, Sperança; jud.; penit. 1515.
SANÇ, Aldonça (Pere Mombella —I—); jud.; penit. 1485.
SANÇ, Alfonso; de Teruel; jud.; penit. 1486.
(SANÇ), Brianda (casada con Luis S.; *seder*); jud.; penit. 1486.
SANÇ, Gabriel y su mujer, Luisa; de Xàtiva; jud.; relax. 1493, 1497 y 1504.
SANÇ, Gabriel y su mujer, Isabel; *tender*; jud.; relax. 1491 y 1492.
SANÇ, Gentil (casada con Joan S. y luego con Perot Rafael —I—); de Xàtiva; jud.; 1491, 1493, 1497, 1500, 1504 y 1509.
SANÇ, Jaume; corredor; jud.; penit. 1501.
SANÇ, Joan y su mujer, Beatriz; jud.; penit. 1486.
SANÇ, Joan y su mujer, Teresa; *cambiador*; de Xàtiva; moriscado; penit. 1500, 1510, 1522 y 1526.
SANÇ, Lois y su mujer Joana; mercader; jud.; relax. 1500, 1502, 1511, 1514 y 1520.
SANÇ, Manuel (casada con Violant Francès —I—); jud.; penit. 1486.
SANÇ, Margarita; jud.; relax. 1487.
SANÇ, Matheu; jud.; penit. 1510.
SANÇ, Miguel; negro; jud.; penit. 1486 y 1528.
SANÇ, Sperança; jud.; relax. 1514, 1520, 1522 y 1523 (hermana de Yolant —I—).
SANÇ, Yolant (hermana de Sperança —I—); beata; jud.; penit. 1514, 1520, 1522 y 1523.

SANCHIS, Aldonça (hija de Joan —I— y de Gracia —I—; de Teruel; jud.; penit. 1485 y 1487.
SANCHIS, Bernat; jud.; penit. 1490.
SANCHIS, Brianda (hermana de Flor —I— y de Damiata —I—); de Segorbe; jud.; relax. 1502.
SANCHIS, Damiata (hermana de Flor —I— y de Brianda —I—); de Segorbe; jud.; relax. 1502.
SANCHIS, Flor (hermana de Brianda —I— y de Damiata —I—); de Segorbe; jud.; relax. 1502.
SANCHIS, Gabriel; mercader; jud.; penit. 1526 y 1530.
SANCHIS, Gostança (casada con Miquel Gençor; mercader); jud.; relax. 1516 y 1520.
SANCHIS, Isabel (casada con Galcerán S.; portero); jud.; relax. 1514 y 1515.
SANCHIS, Isabel (casada con Joan Fuster); jud.; relax. 1506, 1515 y 1520.
SANCHIS, Jaume (casado con Flor Mas —I—; hijo de Joan —I—); mercader; jud.; relax. 1500, 1502, 1503, 1512, 1514 y 1526.
SANCHIS, fray Juan; agustino de Valencia; palabras heréticas; 1517.
SANCHIS, Johan; alias de Valencia (casado con Brianda Conill —I—); *cambiador*; jud.; relax. 1501, 1511 y 1516.
SANCHIS, Joan y su mujer, Gracia (padres de Jaume —I— y de Aldonça —I—); *mercer*; jud.; penit. (él) y relax. (ella) 1485, 1489, 1500, 1503, 1507, 1518, 1520 y 1522.
SANCHIS, Joan; alias de les Caçoletes (casado con Agnes Socarrats —I—); *corredor d'orella*; de Molina; jud.; penit. 1516, 1517, 1518, 1519, 1520 y 1521.
SANCHIS, Joana (casada con Joan del Castillo); jud.; 1502, 1504 y 1519.
SANCHIS, Joana (casada con *mestre* Diego de Úbeda; sastre); de Castelló de Xàtiva; jud.; relax. 1515 y 1520.
SANCHIS, Leonart y su mujer, Aldonça; mercader; jud.; relax. 1485, 1506, 1509 y 1512.
SANCHIS, Lope; jud.; penit. 1506, 1507, 1508, 1515.
SANCHIS, Luis; mercader; jud.; penit. 1526 y 1530.
SANCHIS, *mestre* Martín; agustino del convento de San Agustín de Valencia; fautoría de moriscos, solicitante y proposiciones heréticas; relax. 1529.
SANCHIS, Miguel (casado con Beatriz Gomis —I—); corredor; jud.; relax. 1503, 1508, 1509 y 1512.
SANCHIS, Perot y su mujer, Isabel; alias lo Roig; *corredor d'orella*; jud.; relax. en estatua 1490, 1495, 1499, 1502, 1503, 1507, 1509, 1519, 1520 y 1521.
SANCHIS, Úrsula (casada con Daniel S.); jud.; penit. 1485.
SANCHIS DE CUTANTA, Mateo; de Albarracín; palabras heréticas; penit. 1505.
SANCHIS DE NA FLOR, Castellana; jud.; relax. 1520.

SANCHIS EXARCH, Joan; mercader; de Teruel; jud.; relax. 1484, 1486, 1489 y 1503.
SANCLIMENT, Pere; jud.; penit. 1485.
SANCLIMENT, Ramón; mercader; jud.; 1499.
SANCTPOL, Martí (casado con Joana Jordi —I—); de Blanes; jud.; penit. 1485.
SANCTPOL, Pere de (casado con Yolant Almenara —I—); jud.; penit. 1485.
SANJAIME, María de (casada con Pere de Sanjaime); jud.; penit. 1509.
SANMARTÍ, Jaume; *tender*; jud.; relax. 1510.
SANTACRUZ, Catalina (casada con Luis de S.); criminal; penit. 1511.
SANTAFÉ, Gisbert y su mujer, Benvenguda; mercader; jud.; relax. en estatua 1503, 1504, 1515, 1519 y 1521.
(SANTAFÉ), Joana (casada con Francisco S.; *argenter*); jud.; penit. 1522, 1524, 1525 y 1526.
SANTAFÉ, Pere de; notario; de Tortosa; jud.; penit. 1491 y 1508.
SANTAMARÍA, Catalina de (hija de Lope —I—); de Albarracín; jud.; penit. 1491 y 1503.
SANTAMARÍA, Lope de (padre de Catalina —I—); de Albarracín; jud.; penit. 1491.
SANTÁNGEL, Alfonso de (casado con Tolosana Moncada —I—); de Teruel; jud.; relax. en estatua 1485, 1486, 1487, 1493, 1498, 1500, 1502, 1503, 1506, 1512 y 1521.
SANTÁNGEL, Ángela (casada con Leonart S.); jud.; penit. 1525.
SANTÁNGEL, Brianda de (casada con Joan Garcés de Manilla); de Teruel; jud.; penit. 1485, 1518 y 1521.
SANTÁNGEL, Jaume; mercader; de Teruel; jud.; relax. 1485, 1486, 1487, 1488, 1489, 1497, 1499 y 1512.
SANTÁNGEL, Leonor; de Teruel; jud.; penit. 1486.
SANTÁNGEL, Luis (casado con Brianda Besart —I—); *peller*; de Teruel; jud.; relax. 1486, 1487, 1488, 1489, 1497, 1498, 1499, 1502, 1503, 1504, 1511 y 1512.
SANTÁNGEL, Violant (casada con Gil Roiz el Dentudo —I—); de Teruel; jud.; relax. en estatua 1484 y 1486.
SANTES, Margarita; de Teruel; jud.; relax. 1487.
SARINYENA, Luis y su mujer, Florença; *tintorer*, de Teruel; jud.; relax. 1491, 1492, 1498, 1499 y 1502.
SAYES, Gaspar y su mujer, Guiomar; corredor; jud.; penit. 1490 y 1520.
(SAYES), Gracia (casada con Pau S.); jud.; relax. 1493.
SAYES, Jaume; jud.; penit. 1485.
SAYES, Leonor (viuda de Luis S.; *traper*); jud.; penit. 1528.
SAYES, Luis (casado con Joana Bendicho —I—); *peller*; jud.; 1506.
SAYES, Martí de y su mujer, Yolant; corredor; jud.; penit. (él) y relax. (ella) 1515, 1516 y 1528 (él).

SCALES, Jofre; *cambiador*; de Gandia; jud.; relax. en estatua 1486, 1491, 1493, 1500, 1502, 1506, 1507, 1508, 1511 y 1512.

SEGARRA, Diego y su mujer, Constança; de Teruel; jud.; penit. (él) y relax. (ella) 1487.

SEGARRA, *mossèn*; clérigo; penit. 1510.

SEGUER, Luis; *sucrer*; proposiciones heréticas; jud.; relax. 1525 y 1526.

SEGUER, Tolosana (casada con Galcerán Nadal —I—); de Xàtiva; jud.; relax. en estatua 1492.

SEGUI, Jaume; *teixidor*; jud.; penit. 1499.

SENENT, Gaspar; jud.; penit. 1493 y 1508.

SERRA, Antoni y su mujer, Violant; jud.; penit. 1485.

(SERRA), Beatriu (viuda de Luis S. y casada con Francesch Celma, *seder*); jud.; relax. 1497.

SERRA, Beatriu (casada con Pere Pallás; labrador); jud.; penit. 1514.

SERRA, Bertomeu (casado con Violant —I—); *torcedor*; fautoría; relax. 1509, 1510 y 1522.

SERRA, Domingo; *ferrer*; de Sant Mateu; jud.; penit. 1529.

SERRA, Francès y su mujer, Joana; mercader; jud.; penit. (ella) y relax. (él) 1522, 1523, 1524, 1526, 1528 y 1527 (él).

SERRA, Gabriel; mercader; jud.; relax. en estatua 1524 y 1525.

SERRA, García y su mujer, Violant; jud.; relax. 1485.

(SERRA), Isabel; alias Agulló (casada con Leonart S. —I— y luego con Luis March); jud.; relax. 1516 y 1528.

SERRA, Jaume; corredor; jud.; penit. 1493, 1504, 1514, 1522, 1523, 1524, 1525, 1526, 1527 y 1528.

SERRA, Jeroni (casado con Ángela Pardo —I—); jud.; penit. 1485.

SERRA, Leonart (casado con Isabel S. —I—); jud.; relax. 1490, 1511 y 1512.

SERRA, Luis y su mujer, Francina; *botiguer*; jud.; penit. 1510.

SERRA, Miguel; *corredor d'órella*; jud.; relax. en estatua 1512, 1514, 1516.

SERRA, Pau y su mujer, Clara; *calceter*; jud.; relax. en estatua 1495, 1510, 1512 y 1514.

SERRA, Salvador; corredor; jud.; relax. 1511.

SERRA, Sicilia (casada con Fernando López —I—; *argenter*); jud.; penit. 1520, 1522 y 1528.

(SERRA), Yolant (casada con Bertomeu S. —I—); jud.; relax. 1528.

SERRAT, mestre Gaspar y su mujer; de Tortosa; jud.; penit. 1491.

SEVILLA, Álvaro de y su mujer, Teresa; *peller*; jud.; relax. en estatua 1500, 1502, 1511 y 1514.

SEVILLA, Juan de; alias Forroga o González Forroga; natural de Orihuela y vecino de Murcia; dado en fianza; jud.; 1521.

SEVILLA, Pedro de; blasfemo; desterrado 1528.

SIERRA, Enrich de; jud.; penit. 1506 y 1510.

SIERRA, Joan de (casado con Beatriz García —I—); jud.; penit. 1485.

Simó, Ángela; jud.; penit. 1519 y 1522.
Simó, Francès; jud.; penit. 1490.
Simó, Miquel; *seder*; jud.; penit. 1522, 1523 y 1524.
Simó, Rafael; *seder*; jud.; relax. en estatua 1502 y 1513.
Simó, Rodrigo; *corredor d'orella*; jud.; 1489, 1490, 1491 y 1502.
Simó, Úrsula (casada con Alfonso Torrijos; *seder*); jud.; penit. 1522.
Sirvent, Tecla; natural de Zaragoza y vecina de Valencia; visionaria; relax. 1495 y 1496.
Socarrats, Aldonça; jud.; relax. 1514 y 1516.
Socarrats, Agnes (casada con Joan Sanchís —I—); jud.; relax. 1516, 1518 y 1520.
Socarrats, Elvira (casada con Joan); jud.; relax. 1514.
Socarrats, Gabriel; *armer*; jud.; relax. 1518 y 1521.
(Sola), Agronia (casada con Jofré S.); jud.; 1506.
Solanes, Andreu y su mujer, Angelina; tintorero; jud.; penit. 1485 y 1520.
Solanes, Gracia (casada con Pere S.); jud.; penit. 1506.
Solanes, Isabel (casada con Alfonso Roiz —I—); jud.; relax. 1528 y 1530.
Solanes, Joan (casado con Brianda de Ros —I—); mercader; de Teruel; jud.; relax. 1487, 1506, 1508 y 1510.
Solanes, Joan y su mujer, Ventura; mercader; jud.; relax. 1511.
Solanes, Yolant (casada con Jofré Belcayre —I—); jud.; relax. 1529 y 1530.
(Soler), Angelina (casada con Berenguer S. —I—); de Teruel; jud.; relax. 1485 y 1509.
(Soler), Angelina (casada con Jaime S.; *teixidor de vels*); jud.; penit. 1510.
Soler, Anthoni y su mujer, Aldonça; jud.; penit. 1485.
(Soler), Beatriz (casada con Francesch S.; *pellicer*); jud.; relax. 1509.
Soler, Berenguer (casado con Angelina S. —I—); jud.; penit. 1485.
Soler, Bernat, ciego y su mujer, Francina; *capater*; jud.; penit. (él) y relax. (ella) 1516, 1518, 1519, 1521, 1522, 1525.
Soler, Francès y su mujer, Sperança (hijo de Gaspar —I— y Joana —I—); jud.; penit. 1516, 1518, 1519, 1520, 1521 y 1522.
(Soler), Francina (casada con Bernat S. —I—); jud.; 1521.
Soler, Gaspar y su mujer, Joana; *teixidor de vels*; jud.; relax. 1520.
Soler, Gostança; jud.; penit. 1485.
Soler, Gracia (hija de Bernat S. —I—); jud.; 1509, 1510 y 1521.
Soler, Jofre y su mujer, Ventura; jud.; penit. 1485.
Soler, Pere; jud.; relax. 1515.
Soler, Violant (casada con Joan Socarrats; *cotamaller*); jud.; relax. en estatua 1515, 1516 y 1520.
Solsona, Bernat; de Teruel; jud.; relax. 1487.

SOLSONA, Joan; mercader; de Teruel; jud.; relax. 1487, 1489, 1490, 1492, 1518 y 1525.
SOLSONA, Leonor; viuda; jud.; penit. 1514 y 1515.
SORIA, Gostança de; jud.; penit. 1500.
SORIA, Isabel (casada con Luis Marco —I—); jud.; penit. 1526.
SORIA, Lope de; *sabater*; jud.; relax. 1518.
SORTS, Leonart de; corredor; jud.; penit. 1521 y 1522.
SPANYOL, Coloma (casada con Jaime S.; *giponer*); jud.; penit. 1511.
SPARÇA, Aldonça (casada con Francès S.); jud.; relax. 1493 y 1504.
SPARÇA, Joan; notario; jud.; relax. 1516 y 1526.
SPARÇA, Leonor (casada con Luis Alcanyç —I—); jud.; relax. 1504, 1505 y 1506.
SPARÇA, Manuel; jud.; relax. en estatua 1493, 1495, 1507 y 1512.
SPARÇA, Pere (casado con Aldonça Vives —I—); jud.; 1506.
SPERANDEU, Luis y su mujer, María; corredor de bestias; jud.; penit. (él) y relax. (ella); 1510, 1511, 1514 y 1515.
SPERANDEU, Pere y su mujer, Gracia; corredor de bestias; jud.; relax. 1494, 1511, 1514 y 1518.
SPERANDEU, Salvador y su mujer, María; jud.; penit. 1511 y 1514.
(SPLUGUES), Bárbara (casada con Guillem Ramón S. —I—); jud.; relax. 1493 y 1509.
SPLUGUES, Beatriu (hija de Francès —I— y Gostança —I—); jud.; relax. 1485 y 1501.
SPLUGUES, Bernat; jud.; relax. 1109.
SPLUGUES, Francès y su mujer, Gostança; corredor; jud.; relax. 1492, 1493, 1501 y 1511.
SPLUGUES, Gentil; viuda; jud.; penit. 1524 y 1525.
SPLUGUES, Guillem Ramón y su mujer, Gostança; corredor; jud.; relax. 1489, 1491, 1492, 1493, 1501.
SPLUGUES, Jaume (hijo de Donosa Gracián —I—); *guixader*; de Teruel; jud.; relax. 1500, 1502, 1503, 1516, 1518 y 1520.
SPLUGUES, Jeroni; *boneter*; jud.; relax. 1521.
SPLUGUES, Luis; tejedor; jud.; penit. 1511.
SPLUGUES, Perot; notario; de Teruel; jud.; relax. 1493.
SPLUGUES, Violant (hija de Francès —I— y de Gostança —I—); jud.; relax. 1485 y 1501.
SANTANYA, Galceran; caballero; jud.; relax. 1527 y 1528.
SANTANYA, Perot; jud.; relax. 1528.
STENÇA, Diego; jud.; penit. 1509.
STHEVE, Bernat y Salvadora; *corredor d'orella*; jud.; penit. 1520.
STHEVE, Joan (casado con Castellana Torrella —I—); labrador; jud.; 1516.
STHEVE, Marquesa (casada con Gabriel Bonvehí); jud.; penit. 1485.
SUNYER, Francès (casado con Sperança Madrit —I—); tejedor; jud.; relax. 1499.
SUNYER, Joan; *hostaler*; jud.; penit. 1528.
SUREDA, *mossèn*; 1510.

TAGAMANENT, Francès (casado con Isabel Torrijos —I—); *teixidor*; jud.; relax. 1497.
TAGAMANENT, Gabriel; *torcedor de seda*; jud.; penit. 1486.
TAGAMANENT, fray Joan; jud.; relax. en estatua 1499, 1508 y 1511.
TAGAMANENT, Luis (casado con Brianda Baviera —I—); jud.; 1489.
(TAMARIT), Aldonça (casada con Joan T.); jud.; penit. 1512, 1518, 1519 y 1524.
TAMARIT, Andreu (casado con Ángela Palau —I—); *botiguer*; jud.; relax. 1509, 1510, 1520, 1522, 1524 y 1526.
TAMARIT, Perot y su mujer, Aldonça; *seder*; jud.; penit. (ella) y relax. (él) 1509, 1510, 1512, 1518, 1519 y 1524.
(TAMAYO), Isabel (casada con Salvador T.); jud.; penit. 1506.
TAMAYO, Rafael; jud.; penit. 1507.
(TAMAYO), Sperança (casada con Salvador T.); jud.; relax. en estatua 1493.
TÁRREGA, Yolant (casada con *mestre* Guillem Redralba; médico); jud.; 1526.
TENCA, Antoni y su mujer, Isabel; *tintorer d'olleta*; jud.; relax. 1522, 1523, 1524, 1525 y 1528.
TENCA, Isabel (casada con Simó T.); jud.; relax. 1509.
TENCA, Yolant (casada con Pedro de Sayes); jud.; 1523 y 1526.
TEROL, Galceran; jud.; penit. 1506 y 1507.
TEROL, Johan y su mujer, Isabel; *teixidor de vels*; jud.; penit. 1499 y 1506.
TEROL, Sperança; jud.; penit. 1585.
TEROL, Vicent y su mujer, Aldonça; tejedor de seda; de Teruel; jud.; relax. 1487 y 1500.
TERUEL, juez, alcalde, regidores y oficiales de la ciudad de; impedientes; relax. 1484.
TERRADES, Francès Joan; *escrivent*; de Orihuela; jud.; penit. 1524, 1525 y 1527.
(THOUS), Gostança (casada con Pascual de T.); de Tortosa; jud.; relax. en estatua 1486, 1493 y 1508.
THELIS, Esteban y su mujer, Sperança; lencero; portugués; habitantes en Valencia; jud.; relax. en estatua 1517.
TIENDA, Bernardo; franciscano; proposiciones heréticas; 1511.
TOGORES, Beatriz; de Segorbe; jud.; 1491, 1502.
(TOGORES), Clara (casada con Joan T.; corredor); jud.; penit. 1524 y 1525.
TOGORES, Felip y su mujer, Angelina y su hija Violant; jud.; penit. 1485.
TOLEDANO, María (casada con Pablo Ripoll —I—); de Albarracín; jud. 1490, 1491, 1492, 1493, 1501, 1503 y 1522.
(TOLEDANO), Clara (madre de Martí T. —I—); jud.; relax. en estatua 1493.
TOLEDANO, Martí y su mujer, Leonor (hijo de Clara —I—); jud.; relax. en estatua 1493.
TOLEDO, Beatriz (hija de Manuel —I—); jud.; relax. 1500.

Toledo, Diego de (casado con Leonor —I—; padre de Juan —I— y de Fernando —I—); mercader; de Teruel; jud.; relax. 1484, 1486, 1487, 1488, 1489, 1495, 1497, 1498, 1503, 1504, 1505, 1506, 1507, 1514, 1516, 1518, 1520, 1521.

Toledo, Elvira (hija de Manuel —I—); jud.; relax. 1500.

Toledo, Fernando (hijo de Diego —I—); de Teruel; jud.; relax. 1495 y 1497.

(Toledo), Isabel (casada con Alfonso T.); jud.; penit. 1485.

Toledo, Juan de (hijo de Diego —I—; casado con Violant Puigmitjà —I—); de Teruel; jud.; relax. en estatua 1485, 1487, 1495 y 1497.

(Toledo), Leonor de; alias la Castellana (casada con Diego de T. —I—); jud.; relax. 1484, 1486, 1514, 1515, 1516, 1518, 1520 y 1521.

Toledo, Luis de; de Teruel; jud.; relax. en estatua 1486.

Toledo, Manuel (padre de Elvira —I— y de Beatriz —I—); mercader; jud.; relax. 1500.

Toledo, Pedro; jud.; penit. 1485.

Tolosa, Gisbert de; mercader; jud.; relax. en estatua 1486, 1487, 1492, 1493, 1497, 1498, 1499, 1500, 1501, 1502, 1503, 1504, 1514 y 1515.

Tolosa, Manuel; rector de Tiviça; relax. en estatua 1508, 1509, 1510 y 1514.

Tolosa, Pere; mercader; jud.; relax. 1484, 1486, 1487 y 1489.

Tolosa, Pau; ciudadano; de Tarragona; jud.; relax. 1488.

Torell, Luis y su mujer, Aldonça; *teixidor*; jud.; penit. 1485.

Tori, Beatriz (casada con Luis Solanes); alias Solanes; jud.; penit. 1528 y 1530.

(Tori), Catherina (casada con Pere T.); jud.; relax. 1512.

Tori, Francès; jud.; penit. 1528.

Tori, Graciosa (casada con Lois Escriba —I—); jud.; penit. 1485.

Tori, Jaime y su mujer, Tolosana; calcetero; jud.; relax. 1493 y 1504.

Tori, Violant (casada con Joanot Fabra —I—); jud. 1497.

Tornadiza, Joana; jud.; penit. 1491.

Tornadiza, Leonor; jud.; penit. 1485.

Torquemada, Diego; impediente; relax. 1507.

(Tortosa), Isabel (casada con Joan T.; notario); jud.; 1516.

Torralba, Joan; jud.; penit. 1512.

Torre, Caterina (casada con Jaume de la T.); jud.; penit. 1514.

Torre, Gabriel de la; tejedor de seda; jud.; penit. 1519.

Torrebanyas, *mestre*; *mestre d'esgrima*; jud.; 1514.

Torregrosa, Ausias y su mujer, Aldonça; *argenter*; jud.; penit. (ella) y relax. (él) 1485 (ella) y 1511 (él).

Torregrosa, Beatriz; de Teruel; jud.; relax. 1487.

Torregrosa, Bernat y su mujer, Leonor; *seder*; jud.; ella: penit. 1485; él: relax. 1511 y 1512.

(Torregrosa), Coloma (casada con Gabriel T.; cambiador); jud.; 1508.

TORREGROSA, Francisca (viuda de Joan Vicent —I—); jud.; penit. 1491, 1495, 1497, 1498, 1499, 1510.
TORREGROSA, Galcerán (casado con Blanca Guasch —I—); de Xàtiva; jud.; 1491.
TORREGROSA, Galcerán (hijo) y su mujer Damiata; platero; de Xàtiva; jud.; penit. 1527.
TORREGROSA, Gaspar; de Teruel; jud.; relax. 1487.
TORREGROSA, Guillem y su mujer, Sperança; jud.; penit. 1485.
(TORREGROSA), Isabel (casada con Bernat T.); jud.; penit. 1486.
TORREGROSA, Jaume y su mujer, Aldonça; *argenter*; jud.; penit. 1490.
TORREGROSA, Joan (casado con Leonor Manrana —I—); sastre; jud.; relax. 1509, 1511 y 1515.
TORREGROSA, Joan Vicent (casado con Francina T. —I—); jud.; relax.
TORREGROSA, Joana; jud.; 1502.
TORREGROSA, Luis (casado con Yolant —I—); mercader; jud.; penit. 1527.
TORREGROSA, Violant (casada con Bonanat Fuster —I— y luego con Manuel Tori); de Gandia; jud.; relax. 1505 y 1509.
(TORREGROSA), Yolant (casada con Luis T. —I—); jud.; relax. 1509, 1510, 1512, 1515 y 1526.
TORRELLA, Castellana (casada con Joan Stheve —I—); jud.; 1516.
TORRELLA, Isabel (casada con Salvador Ros; *peller*); jud.; relax. en estatua 1502, 1509 y 1510.
TORRELLA, Joan y su mujer, Violant; *teixidor*; jud.; 1489, 1491, 1498, 1499, 1504 y 1516.
TORRELLA, Leonor (casada con Jaume Guillem); de Almenara; jud.; 1516.
TORRELLAS, Francès; *teixidor de vels*; jud.; relax. 1492 y 1493.
TORRELLAS, Juana; alias *la paridera valenciana*; de Teruel; hechicería; relax. 1484 y 1485.
TORRELAS, Tolsana; de Segorbe; jud.; relax. 1512.
TORRERO, Pedro; de Albarracín; jud.; 1517.
TORRES, Francès y su mujer, Yolant; mercader; de Gandia; jud.; penit. 1516.
TORRES, Isabel; doncella; jud.; relax. 1528.
(TORRES), Isabel (casada con Joan T.; *spitalero*); jud.; 1509 y 1510.
TORRES, Jaume; médico; de Gandia; jud.; penit. 1511, 1512, 1518, 1520 y 1521.
TORRES, Jaume; médico; de Valencia (sobrino del anterior); jud.; penit. 1524, 1525, 1527 y 1528.
TORRES, Jaume; mercader; de Gandia; jud.; 1530.
TORRES, Joan y su mujer, Leonor; jud.; penit. 1485.
TORRES, Jofre; jud.; 1499.
TORRES, Luis; de Gandia; jud.; 1516.
(TORRES), Sperança (casada con Jaume T.; médico; de Gandia); jud.; penit. 1511 y 1512.

TORRIJOS, Alfonso y su mujer, Violant; jud.; 1506.
TORRIJOS, Isabel (casada con Francès Tagamanent —I— y luego con Joan Català —I—); jud.; 1497, 1510 y 1521.
TORRIJOS, Jaime; sastre; jud.; relax. 1506.
(TRAPER), Cándida (casada con Gonzalo T.); jud.; penit. 1509.
TRAPER, Guillem y su mujer; jud.; penit. 1514, 1515, 1516 y 1520.
TRAPER, Luis; de Écija; jud.; relax. 1514 y 1515.
TREVINYO, Leonor de; jud.; relax. 1515.
TRILLES, Juan; *cotamaller*; fautoría; relax. 1490 y 1491.
(TRILLES), Úrsula (casada con Johan T.); jud.; 1493.
TRINCHER, Pere y su mujer, Isabel; librero; jud.; penit. 1524 (ella) y 1528 (él).
TRISTANY, Aldonça (casada con Pere Valera); jud. 1486.
TRISTANY, Ángela (hija de Francès —I— y Benvenguda —I—); jud.
TRISTANY, Antoni; *mestre d'escola*; jud.; 1489, 1491, 1495, 1499, 1500, 1501, 1502, 1504, 1509 y 1515.
TRISTANY, Bernat; *calceter*; de Gandia; jud.; relax. 1511 y 1521.
TRISTANY, Caterina (casada con Martín de Villena); de Murcia; jud.; 1518.
TRISTANY, Dionis; *vanover*; jud.; 1487, 1488 y 1504.
TRISTANY, Francès (casado con Benvenguda Bosch —I—; padre de Ángela T. —I—); mercader; de Teruel; jud.; relax. 1486, 1487, 1488, 1489, 1495, 1497, 1498, 1503, 1504, 1506, 1507, 1511, 1512 y 1515.
TRISTANY, Francès de Dionís y su mujer, Magdalena (padres de Joan —I— y de Luis —I—); *argenter*; de Gandia; jud.; relax. 1503, 1504, 1505, 1514, 1518, 1520 y 1521.
TRISTANY, Joan; alias *Malferit*; y su mujer, Gracia; de Gandia; jud.; penit. 1491, 1502, 1515, 1518 y 1521 (hijo de Francès de Dionís —I—).
TRISTANY, Leonor (casada con Jofre Bosch —I—); jud.; penit. 1485.
TRISTANY, Luis (casado con Isabel Bonjorna; hijo de Francès de Dionís —I—); *veler*; de Gandía; jud.; penit. 1507, 1509, 1515, 1518, 1519 y 1521.
TRISTANY, Pedro; copero y bombardero; de Gandia; jud.; relax. 1530.
(TRISTANY), Violant (casada con Jaume T.); jud.; penit. 1485.
TRUJILLO, Joan; esclavo; moriscado; relax. 1520 y 1521.
TRULLOLS, Clara; alias Enrica (casada con García Enríquez); dada en fianza; jud. 1509 y 1510.
TRULLOLS, Isabel; jud.; relax. en estatua 1528.
(TRULLOLS), Sperança (casada con Pere T.; *veler*); jud.; penit. 1486.
TRULLOLS, Tolsana; de Segorbe; jud.; relax. 1520 y 1521.
(TRULLOLS), Ventura (casada con Berenguer T.); jud.; penit. 1485.
TRUSJILLO, Joan de; esclavo; jud.; penit. 1521.
(TUDELA), Úrsula (casada con Francisco de T.); jud. 1516.

UBACH, Joan; jud.; penit. 1510.
(ÚBEDA), Johan (casada con Jaime U.; sastre); jud.; penit. 1514 y 1519.
USILLO, Alfonso; corredor; jud.; relax. 1520.
USILLO, Yolant; doncella; jud.; penit. 1520.

VALDERRAMA, Joan; jud.; penit. 1526.
VALENCIA, Alfonso y su mujer, María; tejedor; jud.; 1506.
VALENCIA, Aljama y jurados de la morería de; edificación de una nueva mezquita 1525 y 1526.
VALENCIA, Gaspar de y su mujer, Sicilia; jud.; 1513.
VALENCIA, Joan de (casado con Urraca Membrillo —I—); *sabater*; de Xàtiva; jud.; relax. 1510 y 1512.
VALENCIA, Luis de; tejedor; jud.; penit. 1522 y 1523.
VALENCIA, Manuel de (casado con Urraca Roiz —I—); jud.; 1486.
VALENTÍ, Ángela; jud.; penit. 1519 y 1522.
VALERA, Pere y su mujer, Yolant; *calceter*; de Gandia; jud.; relax. 1499, 1516, 1520 y 1521.
(VALERIOLA), Aldonça (casada con Luis V. —I—); de Teruel; jud.; 1491, 1504 y 1528.
VALERIOLA, Baltasar; cambiador; jud.; relax. en estatua 1502.
VALERIOLA, Damiata (casada con Joan de Sentfeliu); jud.; de Sagunto; penit. 1524 y 1527.
VALERIOLA, Damiel y su mujer, Brianda; droguero; jud.; penit. 1497, 1498, 1499, 1509, 1514 y 1518.
VALERIOLA, Gilabert; jud.; 1486.
(VALERIOLA), Gostança (casada con Johan V. —I—); jud.; relax. 1502, 1520 y 1521.
VALERIOLA, Isabel; jud.; penit. 1488.
VALERIOLA, Isabel; jud.; penit. 1524.
VALERIOLA, Joan y su mujer, Damiata (luego casado con Gostança —I—); mercader; jud.; relax. 1506 y 1507.
VALERIOLA, Luis (casado con Aldonça —I—); de Teruel; jud.
VALERIOLA, Sperança; jud.; penit. 1506.
VALERO; de Cometielles; jud.; penit. 1499.
VALDANYA, Nicolau; *seder*; jud.; relax. en estatua 1502 y 1509.
VALLDAURA, Violant (casada con Gabriel V.); jud.; 1485 y 1488.
VALLE, Joan del; sastre; de Alcalá de Mora; jud.; penit. 1522.
VALLE, Lope del; tejedor; jud.; relax. 1515.
VALLS, Galcerán de; jud.; penit. 1511.
VANOVER, Gilabert y su mujer, Francina; jud.; relax. 1485 y 1487.
VAU, Francès; mercader; jud.; relax. en estatua 1524.
VERA, Brianda; jud.; penit. 1510.
VERA, Clara (casada con Luis V.); jud.
VERA, Joan de (casado con Úrsula Fuster —I—); jud.; penit. 1526.
VERA, Luis de (padre de Jaime de V. —I—); jud.; penit. 1509.
VERART, Daniel; mercader; jud.; penit. 1526.
VERMELL, Juan; moriscado; penit. 1530.

VICENT, Aldonça (casada con Pere Sparça; *tintorer*; hija de Gabriel —I— y de Aldonça —I—); jud.; penit. 1485 y 1512.
VICENT, Beatriz; jud.; penit. 1528.
VICENT, Bonanat y su mujer, Leonor; jud.; penit. 1486.
(VICENT), Damiata (casada con Pere V.); jud.; penit. 1486.
VICENT, Daniel; *argenter*; de Segorbe; jud.; relax. 1491, 1493, 1501, 1502, 1504 y 1510.
VICENT, Fernando (casado con Violant Rosell —I—); *botiguer*; de Segorbe; jud.; 1486, 1489, 1493, 1499, 1500, 1501, 1502, 1503, 1504, 1509 y 1515.
VICENT, Francès; *lister*; jud.; relax. 1490.
VICENT, Gabriel y su mujer, Aldonça (padres de Aldonça V. —I—); jud.; relax. en estatua 1497 y 1504.
VICENT, Gaspar y su mujer, Sperança; jud.; penit. 1485.
VICENT, Gostança; jud.; penit. 1517 y 1519.
VICENT, Joan y su mujer, Aldonça; corredor; jud.; penit. (ella) y relax. (él) 1487, 1491, 1501, 1504, 1507, 1509, 1510, 1528 y 1530.
VICENT, Luis; mercader; de Alcudia de Mora; jud.; 1517.
VICENT, Miguel; mercader; jud.
VICIANA, Isabel; jud.; relax. 1528.
VIDAL, Aldonça; alias Marca (casada con Luis V.); jud.; relax. 1486.
VIDAL, Pere; jud.; relax. en estatua 1521.
(VIDES), Margarita (casada con mestre Joan V.; sastre de la reina); jud.; relax. 1485, 1486, 1487 y 1497.
VILANOVA, Francès; *teixidor*; jud. 1499.
VILANOVA, Gabriel; *calceter*; de Xàtiva; jud.; relax. 1512 y 1520.
VILANOVA, Rafael y su mujer, Isabel; jud.; penit. 1497, 1501 y 1510.
VILARNAU, Bernat; *argenter*; de Gandia; jud.; relax. 1521.
VILLARREAL, Alfonso de; jud.; penit. 1488 y 1491.
VILLARREAL, Fernando de; jud. 1486.
VIVES, Aldonça (casada con Pere Sparça —I—); jud.; penit. 1506.
VIVES, Blanquina (casada con Manuel Çaragoça); jud.; penit. 1486.
VIVES, Daniel; calcetero; jud.; relax. 1485 y 1522.
VIVES, Gabriel (casado con Blanquina Ferrer —I—); corredor; jud.; penit. 1485.
VIVES, Gostança, alias Martínez (casada con Salvador Martínez; hija de Pau Vives); jud.; relax. 1500.
VIVES, Isabel; jud.; penit. 1498.
VIVES, Jaume; jud.; relax. 1516.
VIVES, Jerónima; doncella; jud.; relax. 1498.
VIVES, Jerónimo; mercader; jud.; relax. 1524.
VIVES, Juan; rector de Vilallonga; criminal.
VIVES, Leonor; jud.; relax. 1497 y 1498.
VIVES, Luis (casado con Blanca March —I—); mercader; jud.; relax. 1524, 1525, 1526 y 1528.
VIVES, Manuel; de Gandia; jud.; relax. 1506, 1507, 1520 y 1521.

Vives, Miguel y su madre; jud.; relax. 1500, 1501, 1503, 1504, 1511 y 1515 (casado con Isabel Clariana; alias Castellana —I—).
Vives, Pau (padre de Damiata —I—, casada con Johan Macip —I—; y de Castellana —I—, casada con Salvador Vives —I—; y de Gostança —I—, casada con Salvador Martínez); *corredor d'orella*; jud.; relax. 1485, 1487, 1488, 1492, 1501, 1502 y 1504.
Vives, Rafael y su mujer, Isabel; tejedor; jud.; 1501.
Vives, Salvador y su mujer, Castellana Vives (hija de Pau V. —I—); mercader; jud.; relax. 1485, 1511 y 1512.
Vives, Sperança; jud.; relax. 1524.
(Vizcay), Margarida (casada con Johan V.); jud.; penit. 1493.
Vizcay, moro; palabras heréticas; relax. 1508.
Vonich, Pere; notario; de Gandia; jud.; 1511.
Vortemberg, Melchior; luterano; penit. 1529.

(Xarque), Francisca (casada con Jaume X.); jud.; 1509.
Xerez, Francisco de; jud.; relax. 1511, 1512 y 1520.
Ximénez, María; viuda; jud.; penit. 1518.
Ximénez, Salvador y su mujer, Clara; sastre; jud.; 1509.
Ximeno, Ferran; de Paterna; palabras heréticas; penit. 1530.
Xixo, Jeroni; jud.; 1511.

Yanyez, Hernando; de Alcora; jud.; 1517.

Zaban, Fernando; alias Cardona; jud.; relax. 1500.
Zuols, Aldonça (casada con Jaime Bonet); jud.; penit. 1485 y 1526.

Bibliografía

ALBERT, M.: *Repertorium haereticae pravitatis*, Valencia, 1494.
ARDIT LUCAS, M.: *La Inquisició al País Valencià*, Valencia, 1972.
BAER, F.: *Die Juden im christlichen Spanien*, Berlín, 1936.
DE LA PINTA LLORENTE, M.: *La Inquisición española y los problemas de la cultura y de la intolerancia*, Madrid, 1953.
DOMÍNGUEZ ORTIZ, A.: *Los judeoconversos en España y América*, Madrid, 1971.
ESCOLANO, G.: *Décadas de la historia de Valencia*, Valencia, 1611. Edición facsímil, Valencia, 1972.
EYMERIC, N.: *Manual de Inquisidores*, Barcelona, 1974.
FERRÁN SALVADOR, V.: *Fr. Andrés Ros, primer inquisidor general de Valencia*, Castellón, 1922.
FITA, F.: *Los judíos españoles y la Inquisición*, «Boletín de la Real Academia de la Historia», 33 (1898).
FORT I COGUL, E.: *Catalunya i la Inquisició*, Barcelona, 1973.
FUSTER, J.: *Rebeldes y heterodoxos*, Barcelona, 1972.
GARCÍA BALLESTER, L.: *La cirugía en la Valencia del siglo XV. El privilegio para disecar cadáveres de 1477*, «Cuadernos de Historia de la Medicina Española» (Salamanca), 6, 1967
—, *Medicina, ciencia y minorías marginadas: los moriscos*, en prensa.
—, *Historia social de la medicina bajomedieval en España. La minoría musulmana y morisca*, Madrid, 1975.
GARCÍA CÁRCEL, R.: *Las Germanías de Valencia*, Barcelona, 1975.
KAMEN, H.: *La Inquisición española*, Madrid, 1973.
LEA, H. Ch.: *A history of the Inquisition of Spain*, Nueva York, 1906-1907.
LÓPEZ MARTÍNEZ, N.: *Los judaizantes castellanos y la Inquisición en tiempos de Isabel la Católica*, Burgos, 1954.
LLORCA, D.: *La Inquisición en Valencia*, «Analecta Sacra Tarraconensia», 11 (1935).
—, *La Inquisición en Valencia. Nuevos documentos que ilustran su primera actividad*, «Analecta Sacra Tarraconensia», 12, 1936.

—, *La Inquisición española incipiente*, «Gregorianum», 20, 1939.
—, *La Inquisición española y los conversos judíos o «marranos»*, «Sefarad», 2 (1942).
—, *Los conversos judíos y la Inquisición española*, «Sefarad», 8 (1948).
LLORENTE, J. A.: *Historia crítica de la Inquisición de España*, Barcelona, 1870.
MARTI GRAJALES, J.: *Ensayo de un diccionario biográfico y bibliográfico de los poetas que florecieron en el reyno de Valencia hasta el año 1700*, Madrid, 1927.
NETANYAHU, B.: *The Marranos of Spain, from the late 14th to the Early 16th Century*, Nueva York, 1966.
PALACIO, J. M. y DE LA PINTA LLORENTE, M.: *Procesos inquisitoriales contra la familia de Luis Vives*, Madrid, 1964.
PARAMO, L.: *De origine et progressu Officii Sanctae Inquisitionis*, Madrid, 1598.
PILES ROS, L.: *La expulsión de los judíos y sus repercusiones económicas*, «Sefarad», XV (1955).
REGLÀ CAMPISTOL, J. y otros: *Història del País Valencià*, III, Barcelona, 1975.
RIBELLES COMIN, D.: *Bibliografía de la lengua valenciana*, Madrid, 1929.
ROMANELLO, M.: *La stregoneria in Europa*, Bologna, 1975.
SANCHIS GUARNER, M.: *La ciutat de València*, Valencia, 1972.
VENTURA, J.: *Lluis Alcanyç*, «Cuadernos de Historia Económica de Cataluña», 1973.
—, *Els heretges catalans*, Barcelona, 1963.
—, *La Inquisición española y los judíos conversos barceloneses (XV-XVI)*, Tesis doctoral inédita. Univ. de Barcelona, 1973.
VICIANA, M. de: *Crónica de la ínclita y coronada ciudad de Valencia*, Edición facsímil, Valencia, 1972.

Sumario

Prólogo, por Henry Kamen 5

Preámbulo 9
Introducción historiográfica 13

Primera parte: TRAYECTORIA DE LA INQUISICIÓN VALENCIANA.

I. *Los oscuros orígenes (1478-1484)* 37

II. *La consolidación institucional (1484-1492)* . . 47

    La primera batalla foral 47
    La puesta en marcha 61

III. *La escalada hacia la madurez (1492-1516)* . . 69

    La expulsión de los judíos 69
    De Torquemada a Deza 74
    La nueva ofensiva foral 76

IV. *La difícil prueba (1516-1523)* 83

    Carlos I: esperanza frustrada 83
    Valencia, fuera de juego de la lucha antiinquisitorial 89
    La derrota definitiva de los conversos . . . 93
    La Inquisición y las Germanías 96
    El Encubierto de Valencia 101

V. *La nueva frontera represiva (1523-1530)* . . . 109

    La Valencia de doña Germana de Foix . . . 109
    La Inquisición y los moriscos 116
    Etiología del problema morisco 124
    De la concordia a la revuelta 127

Segunda parte: LA INQUISICIÓN COMO EMPRESA.

    I. *La plantilla burocrática de la Inquisición* . . 135

   II. *La tramoya económica* 141

        Ingresos. 142
        Gastos 161

  III. *Las víctimas* 167

Tercera parte: LA INQUISICIÓN COMO CUSTODIA DEL SISTEMA DE VALORES INSTITUCIONALIZADO.

    I. *Los procedimientos* 179

   II. *El ámbito jurisdiccional* 193

        Judaísmo 195
        Moriscos 200
        Protestantismo. 203
        Blasfemia y palabras heréticas 204
        Bigamia y deshonestidad 205
        Brujería y hechicería 207
        Fautoría. 209
        Causa criminal. 210
        Otros delitos 211

  III. *La Inquisición y la cultura* 215

Apéndice: NÓMINA DE PROCESADOS POR LA INQUISICIÓN VALENCIANA (1484-1530) 241

Bibliografía 305